Botho Priebe, Georg Israel,
Dietrich Bäuerle, Rudolf Knapp, Harald Gampe

Sucht- und Drogenvorbeugung in Elternhaus und Schule

Botho Priebe, Georg Israel,
Dietrich Bäuerle, Rudolf Knapp, Harald Gampe

Sucht- und Drogenvorbeugung in Elternhaus und Schule

Ein Ratgeber

BELTZ
Quadriga

Die Deutsche Bibliothek – CIP-Einheitsaufnahme
Sucht- und Drogenvorbeugung in Elternhaus und Schule :
Ein Ratgeber / Botho Priebe ... – Weinheim ; Berlin :
Quadriga-Verl., 1994
NE: Priebe, Botho

ISBN 3–88679–227–7

Produktion: WZ Media
Leitung: Werner Waldmann
Redaktion: Elisabeth Meyer zu Stieghorst-Kastrup
Korrektur: Karl Beer
Design und Satz: Bernd Hirschmeier,
Claudia Tiffinger
Umschlaggestaltung: Dieter Vollendorf, München
Druck und buchbinderische Verarbeitung:
Druckhaus Beltz, 69502 Hemsbach
Printed in Germany

ISBN 3–88679–227–7

Inhaltsverzeichnis

Vorwort

Dieser Ratgeber wendet sich an Sie, sehr geehrte Eltern, Erzieherinnen und Erzieher, Sozialpädagoginnen und Sozialpädagogen sowie Lehrerinnen und Lehrer. Er richtet sich darüber hinaus auch an Ihre Angehörigen, an Ihre Freunde und Bekannten sowie an Ihre Kolleginnen und Kollegen in Kindergarten und Schule.

Sucht- und Drogenprobleme haben erschreckende Ausmaße angenommen, die niemand mehr ignorieren und verdrängen kann und darf. Die Bewältigung aller dieser Probleme, ihrer Ursachen und ihrer Zusammenhänge mit anderen Bedingungsfaktoren und Krisenerscheinungen, können Sie als Interessierte oder als direkt oder indirekt Betroffene selbstverständlich nicht allein leisten; das gehört weder zu Ihren Aufgaben, für die Sie verantwortlich einstehen müssen, noch liegt das im Bereich Ihrer Handlungsmöglichkeiten. Als Eltern, Erzieherinnen und Erzieher sowie als Lehrerinnen und Lehrer allerdings müssen Sie sich an Maßnahmen zur Vorbeugung und zum Schutz der Ihnen anvertrauten Kinder aktiv beteiligen. Die zuständigen Therapeuten, Ärzte und Anwälte, die Beratungsstellen und Facheinrichtungen, die Polizei und Justiz sowie nicht zuletzt die verantwortlichen Politiker haben ihre je eigenen Aufgaben in den Bereichen von Vorbeugung und Therapie, von Fahndung und Drogenbekämpfung zu erfüllen. Niemand aber, kein Wissenschaftler, kein Therapeut, kein Polizist und kein Politiker, kann Ihre Aufgaben des liebevollen und glücklichen Zusammenlebens mit Ihren Kindern und der verantwortlichen Erziehung und Bildung in der Schule stellvertretend für Sie übernehmen; die Vorbeugung in Familie, Kindergarten und Schule ist eine zentrale und unersetzliche Aufgabe von Eltern, Erzieherinnen und Erziehern sowie von Lehrerinnen und Lehrern. Für diese Aufgabe ist der vorliegende Ratgeber gedacht.

Was der Ratgeber leisten will

Niemand von uns ist vor Suchtgefährdungen und Suchterkrankungen sicher. Millionen von Menschen in unserer Gesellschaft sind direkt als Abhängigkeitskranke oder in noch größerer Zahl indirekt als Angehörige, als Pädagogen, Ausbilder und Kollegen Suchtkranker von der Drogenproblematik betroffen. Der Ratgeber versucht darum, Ihnen einen Einstieg in die Auseinandersetzung mit dieser Problematik zu eröffnen sowie Verstehens- und Verhaltensmöglichkeiten aufzuzeigen.

Es geht also darum,

- an Beispielen zu verdeutlichen, daß Sucht- und Drogenprobleme ganz unauffällig im Lebensalltag beginnen können und daß daher Suchtvorbeugung von Anfang an in Familie, Kindergarten und Schule einbezogen werden muß,
- Ihr Interesse daran zu wecken, sich aktiv mit den Lebensstilen, Verhaltensweisen, Meinungen und Auffassungen Ihrer Kinder und Schüler sowie über deren Ängste, Nöte und Schwierigkeiten auseinanderzusetzen,
- Sie zu ermutigen, das Gespräch mit Ihren Kindern und Schülern, mit anderen Eltern, mit Kolleginnen und Kollegen über Gefährdungssituationen, über Sucht und Drogenkonsum zu suchen,
- beispielhafte Möglichkeiten aufzuzeigen, wie Sucht- und Drogenvorbeugung als Teil von Gesundheitserziehung und Gesundheitsförderung in Familie, Kindergarten und Schule durchgeführt werden kann,
- Ihnen wichtige Informationen über Sucht- und Drogenprobleme sowie über deren Ursachen und Erscheinungsformen zu geben,
- Sie als Eltern auf weiterführende Literatur hinzuweisen bzw. Sie als Erzieherinnen und Erzieher sowie als Lehrerinnen und Lehrer in professionellere Erklärungsansätze und Handlungskonzepte einzuführen,
- Sie auf Partner und Beratungseinrichtungen aufmerksam zu machen, bei denen Sie Unterstützung finden können, wenn Sie Rat und Hilfe brauchen.

Zusammengefaßt geht es also um Orientierung und Information, um Anregungen, Vorschläge und Praxishilfen. In berufsbezogener Hinsicht (Kindergarten und Schule) sind über die vorgelegten Empfehlungen hinaus in jedem Fall Vertiefung und Weiterführung erforderlich, in deren Möglichkeiten hier eingeführt wird (Literatur, Handlungskonzepte, Fortbildung).

Was der Ratgeber nicht leisten kann

Dieser Ratgeber kann Ihnen keine „todsicheren" Verhaltensrezepte für alle nur denkbaren Gefährdungssituationen geben; die gibt es nicht! Er kann Ihnen auch nicht alle Sorgen und Ängste nehmen, die Sie im Zusammenhang mit Sucht- und Drogenproblemen haben. Er kann Ihr Engagement als Eltern und Pädagogen nicht ersetzen, sondern anregen und stärken. Und vor allem: Er kann bei akuten Suchterkrankungen professionelle Beratung und Therapie nicht ersetzen, sondern sie begründen, als notwendig ausweisen und zu ihr hinführen.

Ihre Sorge und Ihre Betroffenheit durch Orientierung und Handlungsimpulse zu klären und Ihr Engagement zu stützen – darum geht es hicr. Über diese Grundorientierungen und -vorschläge hinaus gibt es für die vielfältigen alltäglichen Problemsituationen keine eindeutigen Handlungsanweisungen für die Vorbeugung in Familie, Kindergarten und Schule. Dieser Ratgeber kann Ihnen aber helfen, Ihre Fragen zu klären und zu beantworten und Ihren Weg der Gesundheitsförderung, der Sucht- und Drogenvorbeugung mit Ihren Kindern und Schülern gemeinsam zu finden und zu gehen.

Wie der Ratgeber aufgebaut ist und wie Sie ihn gebrauchen können

Der Ratgeber informiert Sie in einem einführenden Kapitel (1.) über einige grundlegende Begriffe und Sachverhalte im Hinblick auf Gesundheit und Gesundheitsförderung sowie auf Ursachen und Erscheinungsformen von Sucht und Drogenabhängigkeit und vor allem: über Erfordernisse und Möglichkeiten der Vorbeugung.

Im Zentrum des Ratgebers stehen die Möglichkeiten der Suchtvorbeugung mit Kindern (2.), wobei zwischen den je verschiedenen Möglichkeiten der Erziehung in Familie und Kindergarten (2.1) und in der Grundschule (2.2) unterschieden wird sowie mit Jugendlichen (3.).

Bei der Sucht- und Drogenvorbeugung mit Jugendlichen geht es vorrangig um die Vorbeugung in den Bereichen Familie, Freundesgruppe und Freizeit (3.1) sowie um die Prävention (Vorbeugung) in den weiterführenden Schulen der Sekundarstufen I und II (3.2). In diesen Kapiteln wird eine Auswahl von Problemsituationen skizziert und auf angemessene Handlungsmöglichkeiten hin erörtert. Lehrerinnen und Lehrer finden für ihre Aufgabenbereiche hier auch eine Einführung in schulische Vorbeugungskonzepte.

Mit einer Drogenübersicht und mit Begriffen aus der „Drogensprache" (4.) sowie mit Hinweisen auf wichtige Ansprechpartner und Kontaktadressen (5.) schließt der Ratgeber.

Es liegt bei Ihnen, ob Sie mit den erklärenden Zugängen (1. und 4.) oder eher mit den Situationen und ihren Handlungsmöglichkeiten beginnen wollen, mit denen Sie sich vielleicht selbst konfrontiert fühlen und für die Sie Rat brauchen (2. und 3.).

Wir, die Autoren, sind Pädagogen in Schule, Hochschule, Lehrerbildung und Schulaufsicht und im Bereich der Sucht- und Drogenvorbeugung ein vielfältig erfahrenes und eingespieltes Team. Wir hoffen, Ihnen mit diesem Ratgeber konkrete Orientierungen und Verhaltensanregungen an die Hand geben zu können.

Frühjahr 1994

1. Sucht- und Drogenvorbeugung: Was ist das eigentlich, und worauf kommt es dabei in Familie und Schule an?

Sucht und Drogenmißbrauch und ihre Begleitumstände wie Kriminalität, seelischer und körperlicher Verfall, Verarmung usw. ängstigen viele Menschen. Die Frage, wie ich mich selbst sowie meine Kinder, meine Angehörigen und Freunde schützen kann und wie ich im Erziehungsberuf für die mir anvertrauten Kinder und Jugendlichen Schutz herstellen kann, ist von großer Bedeutung; hier vernünftige und im Lebensalltag umsetzbare Antworten zu finden, ist unabdingbar für ein gesundes, sinnvolles und glückliches Leben.

Die Frage nach den Möglichkeiten, sich und andere vor Suchtgefahren und Drogenabhängigkeit zu schützen, ist die Frage nach der Vorbeugung, nach der Prävention. Sie hängt eng zusammen mit der übergreifenden Fragestellung: wie kann ich gesund leben? Denn Prävention meint ja zunächst die Abwehr, die Vermeidung von Risiken. Gesundheit ist aber nicht einfach eine defensive Angelegenheit, die sich gewissermaßen fast zwangsläufig aus der Vermeidung von Risiken und Risikofaktoren ergibt, sondern etwas, das vor allem mit Glück, Lebensfreude, Sinn, Verantwortung und Genuß zu tun hat.

Am Beginn der Überlegungen zu den Fragen, was Sucht- und Drogenvorbeugung denn eigentlich ist, und worauf es dabei in Familie und Schule ankommt, soll darum zunächst eine kurze Betrachtung der gegenwärtigen gesundheitlichen Situation von Kindern und Jugendlichen stehen. Im Anschluß daran erfolgt eine knappe Einführung in ausgewählte Konzepte von Gesundheit und Gesundheitsförderung. Auf dieser Grundlage lassen sich Sucht- und Drogenvorbeugung dann als Maßnahmen, als Einstellungen und Verhaltensweisen darstellen, bei denen es nicht vorrangig um Verbote und Unterlassungen geht, sondern um gesunde und positive Lebensführung.

Zur gesundheitlichen Situation von Kindern und Jugendlichen

Gesundheit ist einerseits eine durch und durch persönliche Angelegenheit und zugleich wird sie andererseits sehr nachhaltig von vielen äußeren Faktoren bestimmt. Um den Einfluß dieser äußeren Faktoren besser verstehen zu können, ist es hilfreich, die vorliegenden einschlägigen Untersuchungen zur gesundheitlichen Situation von Kindern und Jugendlichen in Deutschland zur Kenntnis zu nehmen. Dabei ergibt sich im Überblick folgendes Bild:

Trotz eindeutiger Verbesserung der materiellen Lebensbedingungen und großer Erfolge bei der Vorbeugung und Behandlung von Infektionskrankheiten sind die Heranwachsenden gesundheitlich offenbar stärker gefährdet als beispielsweise vor siebzig Jahren. Im Vergleich mit früheren Zeiten haben neue Einflußfaktoren große Bedeutung gewonnen. Die steigende Zahl chronischer Krankheiten, seelischer und psychosomatischer Störungen sowie die Zunahme von Sucht- und Abhängigkeitserkrankungen bei Kindern und Jugendlichen belegen diese Entwicklung eindeutig.

Im Vergleich mit dem vergangenen Jahrhundert oder den ersten fünfzig Jahren unseres Jahrhunderts haben die Einbindung in soziale Klassen und Schichten oder die Festlegung auf eng begrenzte Rollen von Jugendlichen, von Mädchen und Frauen oder von „Älteren und Alten“ nicht mehr die seit langem vorherrschende durchschlagende Bedeutung. Herkömmliche Bindungen und soziale Zugehörigkeiten sind lockerer geworden; vermeintlich feststehende Rollen von Frauen und Männern, von Arbeitnehmern oder Rentnern haben sich vielfältig gewandelt. Mit diesen Veränderungen sind einerseits größere persönliche Freiheiten und Verfügungsräume gewonnen, zugleich aber auch Herausforderungen und Gefahren gegeben, die früher durch Einbindung in feste soziale Gefüge abgefedert waren. Für Heranwachsende bedeutet diese „Freisetzung“ sowohl größere Chancen bei der eigenen Lebensgestaltung als auch Unsicherheiten, Gefährdungen und Risiken im Lebenslauf.

Fast zwanzig Prozent aller Kinder in Deutschland wachsen nur noch mit einem alleinerziehenden Elternteil auf. Rückläufige Eheschließungszahlen und ansteigende Scheidungsziffern führen in Verbindung mit außerhäuslicher Erwerbstätigkeit alleinerziehender Elternteile zu veränderter und eingeschränkter familiärer Betreuung der betroffenen Kinder und Jugendlichen. Nicht nur die Veränderungen bei Eheschließungen und -scheidungen allein können sich hier nachteilig für die Heranwachsenden auswirken; auch die verständlichen Wünsche berufstätiger Väter und Mütter nach eigener Selbstverwirklichung und Persönlichkeitsentwicklung in Beruf und

Freizeit haben in diesem Zusammenhang große Bedeutung und Konsequenzen.

Die für die gesunde Entwicklung von Kindern und Jugendlichen notwendige körperliche, seelische und soziale Zuwendung und Betreuung ist durch diese Veränderungen in den Familienstrukturen für einen größer werdenden Teil von Heranwachsenden nicht mehr im erforderlichen Umfang gesichert. Die damit einhergehenden Gefährdungen für Gesundheit und Persönlichkeitsentwicklung werden vielfach verstärkt durch hohe Anforderungen in Schule und Ausbildung sowie durch Unsicherheiten beim Eintritt in das Berufsleben.

Weitere Verunsicherungen sind für die Heranwachsenden durch eine fast unübersichtliche Vielfalt von möglichen Wertorientierungen in der Erwachsenenwelt und in der Lebenswelt der Jugendlichen gegeben, denen gegenüber sie sich irgendwie orientieren und entscheiden müssen. Erschwert werden solche Orientierungen durch die Überflutung mit kommerziellen Freizeit- und Konsumangeboten.

Einschneidende Gefährdungen für Gesundheit und Persönlichkeitsentwicklung bei Kindern und Jugendlichen resultieren vor allem auch aus Umweltzerstörungen. Die Schädigung von Nahrung, Luft und Wasser hat ganz unmittelbare Konsequenzen für Gesundheit und Krankheit. Die Betonierung und Vermauerung von Wohnorten und Landschaften führt für die Heranwachsenden zu stetig steigenden Verkehrsunfallgefahren und zum Verlust von Erfahrungsmöglichkeiten. Langweiligkeit, Öde und Stumpfheit vieler Wohnviertel tragen dazu bei, Jugendliche z.B. durch Gewalt oder Drogenkonsum in scheinbar spannendere und interessantere Erlebniswelten abzudrängen, in denen „was los ist“ und in denen man „gut drauf ist“.

Verbinden sich diese äußeren Einflußfaktoren zu Problementwicklungen, wird deutlich, daß Heranwachsende in der Gegenwart mehr als frühere Generationen Einflüssen und Risiken ausgesetzt sind, die sie körperlich, seelisch und sozial überfordern und die zu gesundheitlichen Beeinträchtigungen führen können. Diese können sich in körperlichen, in psychosomatischen und psychosozialen Störungen und Erkrankungen zeigen und damit auch in Süchten und Abhängigkeiten (vgl. Hurrelmann 1988 und 1990).

Die Gefährdungen und Risiken betreffen Kinder und Jugendliche in den neuen Bundesländern offenbar in einem erheblich größeren Ausmaß als die Heranwachsenden in der alten Bundesrepublik.

Gesundheit: was ist das?

Gesundheit ist nach den bisherigen Überlegungen ein Zustand, der durch äußere Einflußfaktoren wesentlich mitbestimmt wird. In welchem Umfang diese wirksam sind, ist wiederum sehr weitgehend von der sozialen und wirtschaftlichen Stellung der Betreffenden abhängig. Für einen leitenden Angestellten und seine Familie, die über ein Monatseinkommen von zwanzigtausend Mark verfügen und in der Nähe von Stuttgart im Grünen wohnen, kann Gesundheit eine ganz andere Bedeutung und Erreichbarkeit haben als für eine Familie, die im Braunkohlerevier bei Cottbus lebt und deren erwachsene Mitglieder alle arbeitslos sind. In einer wiederum völlig anderen Lebenssituation mit einem wohl ganz anderen Gesundheitsverständnis befindet sich eine türkische Familie, die in Angst vor Haß und Gewalt gegen Ausländer lebt. Und auch diese Familie unterscheidet sich darin noch erheblich von den Lebens- und Gesundheitschancen einer Roma-Familie aus Rumänien, die nach vielen Entbehrungen und auf langen Umwegen endlich nach Deutschland gelangt ist und hier einen Asylantrag gestellt hat. Die Gesundheitschancen sind in unserer Gesellschaft ungleich verteilt, und die Unterschiede in dieser Verteilung nehmen eher zu als ab.

Eine große Rolle für das Verständnis und Erlebnis von Gesundheit und Krankheit spielen auch die Altersphasen im menschlichen Leben (vgl. J. v. Troschke 1993). Säuglingen und Kleinkindern sind Gesundheit oder Krankheit noch nicht bewußt. Schulkinder haben wohl dann ein Gefühl von Gesundheit, wenn sie die Erwartungen bewältigen können, die in Familie, Schule und Freundesgruppe an sie gerichtet sind. Für berufstätige Menschen geht Gesundheitsbewußtsein meist mit Arbeitsfähigkeit, aber auch mit Lebensgenuß einher. Das voranschreitende Alter bestimmt Gefühl und Bewußtsein von Gesundheit und Krankheit dann zunehmend im Sinne der je gegebenen Befindlichkeit.

Die Frage nach Gesundheit, Gesundheitsbewußtsein und Gesundheitsverhalten muß drei Phasen im Lebenslauf besonders in den Blick nehmen: die Pubertät, die Lebensmitte und den Abschied von der Arbeitswelt.

Während der Pubertät beginnen die Heranwachsenden, ihr Selbstbild und ihr Weltverständnis aufzubauen. Diese Zeit ist eine Phase der Lebenskraft und Vitalität, aber auch der Selbstüberschätzung und der Risikobereitschaft. Informationen über Gesundheit und Gesundheitsbeeinträchtigungen bleiben zumeist abgespalten vom Erlebnis der eigenen Kraft, vom Erlebnishunger und vom Wagemut der Jugendlichen, die in dieser Zeit mit Krankheit, Alter und Tod wenig anzufangen wissen. Die vielen Hinweise auf Gesundheitsrisiken und -gefahren können durchaus den Wunsch wachrufen, „es einmal darauf ankommen zu lassen", „es einmal auszuprobieren".

Ein Bewußtsein von der eigenen Gebrechlichkeit, von der eigenen Gesundheit und ihren Gefährdungen, entsteht für viele Menschen zwischen dem vierzigsten und fünfzigsten Lebensjahr. In diesem Lebensabschnitt machen Menschen mehr als in ihren früheren Lebensjahren Grenzerfahrungen mit ihrer Kraft und mit ihrem Können. Risikoverzicht tritt an die Stelle von Risikobereitschaft, und die deutlich erlebte Unterscheidung von Gesundheit und Krankheit fördert mit zunehmendem Kräfteverfall und Beschwernissen des Älterwerdens auch die Bereitschaft zu gesundem Verhalten.

Verläßt der alternde Mensch sein Berufsleben, den Kreis von anstrengenden äußeren Herausforderungen, tritt er selbst mit seinen wechselnden Befindlichkeiten und seinen zunehmenden Beschwernissen ins Zentrum des eigenen Lebens. Gesundheitliche Risiken werden jetzt nach Kräften vermieden, und ein möglichst gesundes Verhalten hat mehr denn je im Leben Bedeutung. Gesundheit als störungsfreier Zustand von Körper und Seele ist für den alten Menschen zunehmend schwerer zu erreichen; statt dessen muß er sich darauf einrichten, mit Störungen und Belastungen zu leben.

Die Frage, was Gesundheit eigentlich meint, läßt sich nach diesen Überlegungen besser beantworten:

Gesundheitsbewußtsein oder Gesundheitsgefühl ist von vielen inneren und äußeren Faktoren abhängig. Es ist sehr persönlich und verändert sich im Lebenslauf mit den Erfahrungen von Gesundheit und Krankheit. Gesundheit wird von vielen Eltern sowie von älteren Schülerinnen und Schülern und von zahlreichen Lehrerinnen und Lehrern immer noch überwiegend als die Abwesenheit von Krankheit verstanden. Dieser negative Gesundheitsbegriff, Gesundheit als Nicht-Krankheit, wird vor allem in Verbindung mit körperlichen Beschwernissen gebraucht.

In der Fachdiskussion, die sich an den Vorschlägen der Weltgesundheitsorganisation orientiert, wird Gesundheit als ein Zustand des persönlichen Wohlbefindens verstanden, der auf dem Einklang zwischen den eigenen Lebensvorstellungen und den jeweils äußeren Lebensbedingungen beruht. Dieser Gleichgewichtszustand zwischen körperlichen und seelischen, sozialen und umweltbezogenen Einflußfaktoren ist sehr labil und muß von den Menschen ständig erneut hergestellt werden.

Nach diesen Klärungen läßt sich auch die Frage nach Gesundheitserziehung und Gesundheitsförderung beantworten:

Einige Grundüberlegungen zur Gesundheitserziehung, zur Gesundheitsbildung und zur Gesundheitsförderung

An den Anfang dieser Überlegungen gehört die Feststellung, daß Familie und Schule nicht die zentralen Verursacher und Verantwortlichen für Gefährdungen und Risiken der Gesundheit von Heranwachsenden sind, daß sie aber Mitverursacher und Mitverantwortliche sind und gesundheitliche Problementwicklungen bei Kindern und Jugendlichen sowohl verstärken als auch vermindern können. Da die Heranwachsenden die meiste Zeit ihrer Kindheit und Jugend in Familie und Schule verbringen, ist das Gesundheitslernen in diesen Bereichen von großer Bedeutung. Hier soll vor allem vom Gesundheitslernen in der Schule die Rede sein.

Gesundheitserziehung allgemein – aber vor allem die schulische Gesundheitserziehung – war bisher weitgehend auf die Vermeidung von Krankheiten durch entsprechende Information und Abschreckung im Unterricht gerichtet. Zentraler Bezugspunkt der Gesundheitserziehung war nicht die Gesundheit, sondern die Krankheit. Es herrschte ein (Miß)Verständnis vor, nach dem es in der Gesundheitserziehung vor allem um die Vermittlung von Krankheitswissen und von Kenntnissen über gesundheitliche Risikofaktoren ging. Dieses Konzept hat sich kaum bewährt. Dafür sind verschiedene Gründe maßgebend:

- Viele Ängste von Kindern und Jugendlichen, das zeigen vorliegende Untersuchungen, zielen gar nicht vorrangig oder sogar ausschließlich auf die eigene Gesundheit bzw. auf eigene Erkrankungen. Die Gegenwarts- und Zukunftsängste von Heranwachsenden haben viel mit Krieg und Umweltzerstörung, mit Hunger und Elend zu tun. Gesundheitserziehung, die auf diese Sorgen nicht eingeht und außerdem verkennt, daß die persönliche Gesundheit in Pubertät und Jugendalter keine herausragende Bedeutung für die Betroffenen hat, greift zu kurz.

  Diese Ängste von Kindern und Jugendlichen, die weit über die eigene Gesundheit hinausgehen, beziehen sich auf Probleme des Zusammenlebens der Menschen in der Welt, die als Bedingungsfaktoren von Gesundheit wie z. B. Frieden, stabiles Ökosystem und Gerechtigkeit eine zentrale Bedeutung haben.

- Die Informations- und Abschreckungsdidaktik hat nicht berücksichtigt, daß Schule in der für Jugendliche vielfältigen und oft verwirrenden Wirklichkeit keine eindeutigen Werte und Orientierungsmuster mit Anspruch auf Ausschließlichkeit vermitteln kann. Die wirksame Erziehung zum „richtigen" Gesundheitsverhalten kann von daher nicht gelingen.

- Die überkommene Informations- und Abschreckungsdidaktik hat außerdem ein in diesem Zusammenhang sehr wichtiges Ergebnis der Lerntheorie ignoriert: Gesundheitsabträgliche Einstellungen und Verhaltensweisen haben nur dann Aussicht auf Veränderung durch „Umlernen", wenn die angestrebten gesundheitsförderlichen Haltungen und Verhaltensweisen mit positiven, lustvollen, emotionalen Erlebnissen verbunden sind. Rationale Informationen und emotionalisierte Abschreckung, die mit Angst arbeitet, berücksichtigen nicht, daß das gesundheitliche Risikoverhalten von Jugendlichen mit Lust und Abenteuer verbunden ist. Alternativen zum gesundheitlichen Risikoverhalten müßten, wenn sie erfolgreich sein wollen, vergleichbar lustvoll und erlebnisorientiert sein; sonst haben sie für die Jugendlichen eher den Geruch von langweiligem, spießigem und ödem Erwachsenenverhalten. Erst im Zusammenhang mit solchen Erfahrungsmöglichkeiten sind wirksame Informationen angebracht.

Weil sich das Risikofaktorenmodell im Zusammenhang mit Information und Abschreckung als Grundlage von Gesundheitserziehung weitgehend nicht bewährt hat, ja häufig eher das Gegenteil bewirkte (Neugierverhalten und Selbstüberschätzung von Jugendlichen), sollte es durch ein „Gesundheitsfaktorenmodell" (vgl. V. Schneider 1993) abgelöst bzw. ergänzt werden.

Gesundheitsfaktoren sind nach Schneider alle Bedingungen, die in persönlicher (körperlicher und seelischer), sozialer und umweltbezogener Hinsicht gesundheitsförderlich sind. Als wichtige Elemente einer solchen Gesundheitsförderung für den schulischen Bereich werden genannt:

- Abkehr von der Überbewertung medizinischer Faktenvermittlung
- Betonung und Einbeziehung ganzheitlicher (nicht nur biologisch-medizinischer) Aspekte
- Beachtung des Netzwerks sozialer Beziehungen
- Vermeidung einer Fixierung auf einzelne Risikofaktoren
- Personenbezug vor Sachbezug
- Nutzung vorhandener Interessen, Erlebnisse und Motivationen bei den Jugendlichen
- „Modische Trends" berücksichtigen
- nicht nur herausstellen, „was wir alles erreichen wollen", sondern ausgehen von dem, „was wir schon können und haben"
- Rückschläge und Mißerfolge akzeptieren
- Alltagstauglichkeit und Realitätsbezug der Gesundheitsförderung
- Vorrang von Erlebnis- und Erfahrungsaspekten vor rationaler Aufklärung
- langfristig denken und arbeiten.

Risikofaktoren **und** Gesundheitsfaktoren bestimmen das tägliche Leben. Die Gesundheitsförderung, die sich allein an Risikofaktoren orientiert, kann den Jugendlichen aber letztlich keine Entwicklungsperspektive bieten. Gesundheitsfaktoren können demgegenüber Perspektiven eröffnen; sie bieten ein „Hoffnungspotential" (Schneider).

Von hier aus lassen sich Gesundheitserziehung, Gesundheitsbildung und Gesundheitsförderung wie folgt skizzieren:

Gesundheitserziehung bleibt in diesem Horizont ein angemessenes Konzept für die Kleinkinderziehung in der Familie. Im schulischen Bereich ist mit Gesundheitserziehung eher das entsprechende Lernen in den einschlägigen Fächern gemeint. Gesundheitserziehung kann dabei nicht der Versuch sein, den Schülerinnen und Schülern autoritativ das „richtige" Denken und Verhalten beibringen zu wollen; solche Versuche sind nach den vorliegenden Erfahrungen weitgehend folgenlos oder können das Gegenteil bewirken.

Demgegenüber geht es in der **Gesundheitsbildung** (vgl. H.G. Homfeldt 1991) um die persönliche Bemühung, zu einer eigenen und persönlich richtigen Lebensführung zu gelangen. Hierbei geht es nicht allein um die Korrektur individuellen Verhaltens, sondern um den Einbezug von sozialen, ökologischen und auch politischen Aspekten neben den persönlichen. Gesundheitsbildung greift weiter als Gesundheitserziehung und ist auf gesundheitsbewußtes Handeln im Sinne von Selbst- und Mitbestimmung sowie von Solidarität gerichtet.

Noch weiter reicht der Horizont der **Gesundheitsförderung**. Sie schließt den gesamten Lebenszusammenhang mit ein und umfaßt damit auch die Gesundheitserziehung und die Gesundheitsbildung. Im Schulalltag meint Gesundheitsförderung die Unterstützung aller Maßnahmen und Aktivitäten, die eigene Schule humaner, sozialer und ökologischer zu gestalten. Gesundheitsförderung ist hier auf das engste mit dem schulischen Erziehungs- und Bildungsauftrag verbunden und ist auf das Entwicklungsziel „gesunde Schule gestalten" gerichtet.

Auf der Grundlage dieser Überlegungen

- zur gesundheitlichen Situation von Kindern und Jugendlichen
- zum Verständnis von Gesundheit und
- zur Gesundheitserziehung, zur Gesundheitsbildung und zur Gesundheitsförderung

soll nachfolgend in die Sucht- und Drogenvorbeugung in Elternhaus und Schule eingeführt werden:

Vorbeugung gegen Sucht- und Drogengefahren, gegen Verführung und Abhängigkeit, ist der beste Weg, um die Gesundheit zu schützen. Vorbeugen ist immer besser als heilen!

Eltern sowie Lehrerinnen und Lehrer sollen über das Thema „Sucht und Drogen“ sachlich informiert sein. Sie müssen über die Wirkungen und Zusammenhänge auf diesem Gebiet Bescheid wissen und helfen. Es kann aber nur derjenige Gefahren abwenden, der sachgerecht informiert ist, d.h. um die eigenen Einflußmöglichkeiten zum Aufbau von Abwehrkräften bei Kindern und Jugendlichen weiß. Bei einem Verdacht von Suchtkrankheit geht es vor allem darum, sich besonnen zu verhalten und nicht hysterisch zu reagieren.

Sucht

- ist ein zwanghafter Drang, bestimmte Lustgefühle und Lustzustände herbeizuführen und Unlustgefühle zu vermeiden
- ist ein zwanghaftes Verlangen nach einem bestimmten Erlebniszustand („Feeling“)
- ist die Neigung, mit Hilfe eines Wirkstoffes (Rauschmittel, Droge, Medikament) einen intensiven Erlebniszustand zu erreichen
- ist das Leiden an Entzugserscheinungen, wenn der Wirkstoff oder die betreffende Situation nicht mehr zur Verfügung steht
- ist eine völlige körperliche und/oder seelische Abhängigkeit bis zum Verlust der Selbstkontrolle
- ist das völlige Beherrschtwerden von Mitteln oder Situationen, die zum wichtigsten Lebensinhalt, zum eigentlichen Lebenssinn werden
- ist eine Krankheit, weil sich der Süchtige oder Abhängige nicht selbst aus diesem „Teufelskreis“ befreien kann
- ist vermeidbar und auch heilbar, sofern der Suchtabhängige Hilfe von Fachleuten annimmt.

Diese Erläuterungen verdeutlichen, daß süchtiges Verhalten und Drogenabhängigkeit auf zweifache Weise auftreten können:

- als stoffgebundene Sucht (Abhängigkeit von Drogen wie Alkohol oder Heroin, wie Medikamente oder Tabakerzeugnisse) und
- als nicht stoffgebundene Sucht (z.B. Spiel- und Arbeitssucht).

Drogen

Drogen nennt man alle pflanzlichen, synthetischen oder halbsynthetischen Stoffe, von denen eine seelische und/oder körperliche Wirkung ausgeht. Da beim Drogenkonsum in der Regel der Rausch gesucht wird, spricht man auch von Rauschdrogen oder, wegen der schädigenden Wirkungen, von Rauschgiften.

Aus rechtlicher Sicht wird unterschieden zwischen

- legalen Drogen, wie z.B. Alkohol, Nikotin oder bestimmte Medikamente mit Rauschwirkung, die in der Regel jedem ohne gesetzliche Strafen zugänglich sind, und

- illegalen Drogen, wie z.B. Heroin, Kokain oder Haschisch und die meisten Designerdrogen, die gemäß Betäubungsmittelgesetz nicht gehandelt und konsumiert werden dürfen (vgl. Drogenübersicht: Kapitel 4).

Faktoren der Sucht- und Drogenabhängigkeit

Suchteinstellungen, Suchtneigungen und Suchthaltungen entwickeln sich oft schon in den frühen Jahren der Kindheit. Solche Fehlentwicklungen werden nicht selten durch falsche Erziehungsmethoden in Elternhaus und Schule wie z.B. durch Überbehüten, zu strenge Erziehung, lieblose und zu kontrastierende Erziehung oder Überforderung gefördert. Eltern, die ihren Kleinkindern statt Zuneigung und menschlicher Wärme z.B. Süßigkeiten geben oder deren spontane Wünsche stets blindlings befriedigen, leisten unbewußt einem Verhalten Vorschub, das zur Sucht, d.h. zur Krankheit, führen kann. Ein Kind, das sich an ständigen Konsum und an prompte Befriedigung seiner Wünsche gewöhnt hat, kann später nur schwer Verzicht üben.

Die Flucht in die Scheinwelt der Drogen hat offensichtlich eine faszinierende Wirkung und Macht gerade auf Jugendliche, die Abenteuer suchen oder vom Leben enttäuscht sind. Das Eintauchen in die Welt der Droge schafft für viele Rauschsüchtige ein Schlaraffenland, in dem ihnen scheinbar Wünsche erfüllt werden. Doch der Schein trügt. Die Sucht tötet den Sinn für eigene Empfindungen, Überlegungen, die Mitmenschen und die Umwelt. Die Sucht täuscht die Sinne, trübt das Bewußtsein, lähmt die Fähigkeit, das Leben mit eigener Kraft zu meistern – und zwar mit klarem Kopf. Spielsüchtige z. B. verlieren zuerst Geld, dann ihre Selbstkontrolle, das Vertrauen der Verwandten und Freunde und am Ende – sich selbst!

Viele Drogensüchtige nehmen aus Ärger über Probleme mit Eltern, Lehrerinnen und Lehrern, Vorgesetzten, aus Flucht vor Verantwortung oder aus Unfähigkeit, die eigenen Gefühle mitzuteilen, Rauschmittel. Sie merken viel zu spät oder gar nicht, daß sich dieses Vorgehen als Mittel zur Problemlösung nicht eignet.

Manche Kinder und Jugendliche geraten auch aus reiner Neugierde an Suchtmittel. Nicht zu vergessen sind dabei auch die schlechten Vorbilder, die ihnen Erwachsene geben. Wenn bei jeder Familienfeier Alkohol fließt, bei jedem kleinen Kopfschmerz oder sonstigen Verstimmungen der Griff in den Medikamentenschrank zur Gewohnheit wird, ahmen Jugendliche dieses Verhalten nach. Eltern als Kettenraucher sind keine guten Beispiele, um die Kinder zu Nichtrauchern zu erziehen. Schulfeste, bei denen der Alkohol in Strömen fließt und alles in Zigarettenqualm eingenebelt ist, machen Jugendlichen klar, daß die Schule diese Alltagsdrogen akzeptiert, was immer die Lehrer sonst erzählen.

Die nachfolgende Skizze verdeutlicht, daß immer mehrere Faktoren zusammenspielen, die von der Gewöhnung über den Mißbrauch zur Abhängigkeit und Sucht führen: die Persönlichkeit des einzelnen, seine nähere Umwelt, die Gesellschaft und die Droge bzw. das Milieu. Insofern ist Sucht nicht nur eine Krankheit des einzelnen Menschen, sondern immer auch eine Krankheit und Belastung seiner Umwelt.

Ursachen und Bedingungen von Abhängigkeit und Sucht

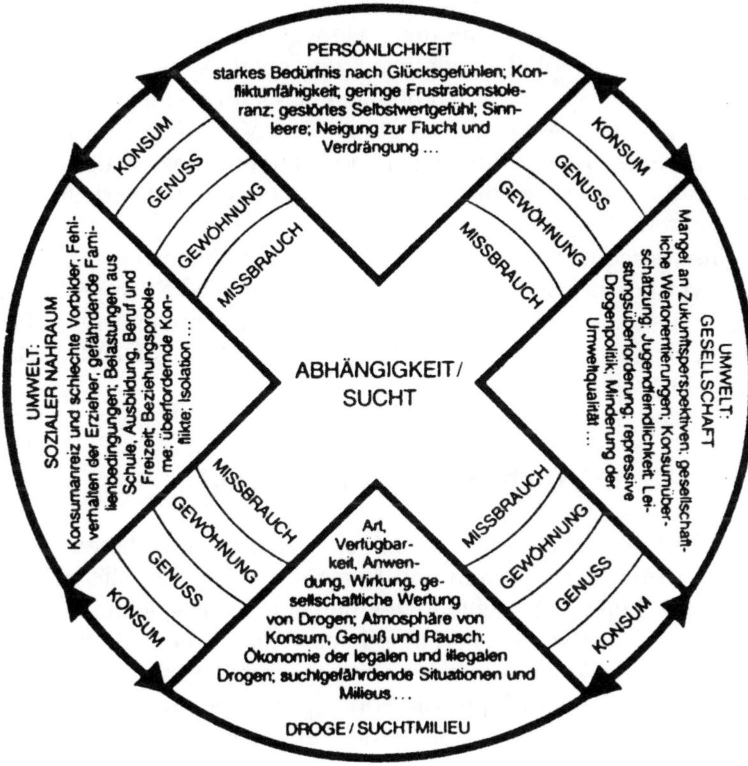

Am Beispiel Alkohol, der Droge Nr. 1 in unserer Gesellschaft (rund 2 Millionen Alkoholkranke in der „alten" Bundesrepublik im Jahre 1989), wird der Ursachenkomplex „UMWELT" in der Grafik deutlich. Mit Alkohol kommen alle Menschen in vielfältiger Art und Weise in Berührung: in der Familie, im Verein, in der Freizeit, im Betrieb usw. Hin und wieder betrunken zu sein und einen Rausch zu haben, ist für die wenigsten etwas Besonderes. Ab einem bestimmten Alter wird es sogar als Zeichen des Erwachsenseins gewertet. Alkohol ist ein hochaktives Zellgift, das den Organismus vielfältig schädigt. Diese Kenntnis interessiert offensichtlich nicht!

Erst wenn jemand regelmäßig und immer größere Mengen alkoholischer Getränke zu sich nimmt, wird die Umwelt aufmerksam (z. B. Eltern, Ehepartner, Lehrer, Vorgesetzter). Das soziale Umfeld wird also in den Krankheitsverlauf eines Alkoholikers einbezogen. Entscheidend ist dabei, daß diese Umwelt oftmals durch falsches Handeln diese Alkoholabhängigkeit verlängert.

Mit dem Versuch, den Alkoholabhängigen zu schützen, seinen Ausflüchten und Ausreden zu glauben, erweist man ihm keinen Gefallen. Seine Entschuldigungen und Erklärungen verstärken seine Schuld- und Minderwertigkeitsgefühle noch mehr und verleiten ihn zu erhöhtem Alkoholkonsum.

Nur konsequentes Vorgehen und Vertrauen können einem Süchtigen wirklich helfen. Dazu zählt die Tatsache, daß Suchtprobleme von niemandem allein gelöst werden. Der Alkoholabhängige benötigt beispielsweise – wie sein Umfeld – die Hilfe von außen: Beratungsangebote und entsprechende Therapie.

Vorbeugung (Prävention)

Ziel aller Vorbeugung ist es, süchtiges Verhalten zu verhüten. Dazu ist es wichtig, die Faktoren und Ursachen zu kennen, die bei der Suchtentstehung und Suchtentwicklung eine Rolle spielen. Wie die Kreisgraphik vorher gezeigt hat, gibt es nicht nur einen Faktor, der süchtig machen kann. Zumeist sind es mehrere Gründe. Daher gibt es auch keine Patentrezepte zur Vorbeugung. Sie muß vielmehr so angelegt werden, daß sie auf eine Fülle von Faktoren Einfluß nimmt.

Primärprävention	⇒	Vorbeugung im Vorfeld der Suchtgefährdung als Erziehung bzw. Gesundheitserziehung und schulische Gesundheitsförderung
Sekundärprävention	⇒	Hilfen für Gefährdete
Tertiärprävention	⇒	„Nachsorge", Rückfall-Vorbeugung

Primärprävention

Auf der ersten Ebene der Suchtvorbeugung geht es vor allem darum, in der Familie durch Gesundheitserziehung, d. h. durch bewußtes Begleiten und Fördern von Kindern, grundlegende Fähigkeiten und Einstellungen zu einem gesunden und fröhlichen Leben gegen das Entstehen von Suchthaltungen und Suchtneigungen aufzubauen. Außerhalb der Familie haben Kindergarten und Grundschule bei der Suchtvorbeugung große Bedeutung. In allen drei Bereichen kommt es entscheidend darauf an, daß die Kinder in ihrer persönlichen Entwicklung gestärkt werden und daß sie Selbstbewußtsein und Selbstvertrauen entwickeln können. In Verbindung mit dieser persönlichen Entwicklung lernen Kinder, ihre Beziehungen zu anderen Kindern, zu Eltern, Lehrerinnen und Lehrern sowie zu anderen Erwachsenen zu gestalten. Dabei dürfen sie weder überfordert noch überbehütet werden. Umgang mit Konflikten, „ich und die anderen", Freundschaft und Schmerz, Fröhlichkeit und Trauer, Süßigkeiten und Fernsehen… – so viel ist zu lernen! Wenn in all diesen Situationen nichts oder das Falsche gelernt wird, kann leicht die Weichenstellung für eine Suchtentwicklung erfolgen.

In der Zeit des Jugendalters (Pubertät) kommt es sehr darauf an, daß die Jugendlichen sich selbst finden und lernen, verantwortlich über sich selbst, über eigene Lebensvorstellungen und eigene Werte zu entscheiden. Zugleich müssen sie lernen, mit anderen gemeinsam in Familie, Schule, Betrieb und Freundesgruppe ihre Beziehungen zu klären und verantwortlich mitzubestimmen. Das geht nicht ohne die Fähigkeit zur Einfühlung in andere Menschen und Situationen, nicht ohne die Fähigkeit zu Mitleid und Solidarität.

Die Entwicklung zu einer selbstbewußten, sozial verantwortlichen und solidaritätsfähigen Persönlichkeit ist ein zentrales Ziel in Erziehung und Bildung der Heranwachsenden in allen ihren Lebensbereichen; sie ist zugleich der entscheidende und wichtigste Beitrag zur Vorbeugung gegenüber Süchten und Drogengefahren (Primärprävention).

Sekundärprävention

Auf der zweiten Ebene der Vorbeugung sollen spezielle Personen und Personengruppen angesprochen werden, z. B. rauchende Schülerinnen und Schüler, alkoholgefährdete oder drogengefährdete Jugendliche. Hierbei sollen auch bestimmte Verhaltensweisen durchdacht werden, die zu einer Suchtgefährdung führen können. Dem Suchtgefährdeten soll deutlich werden, wie leicht eine Neigung zum Fluchtverhalten und zur Resignation sowie zum Verdrängen von Problemen und Konflikten in süchtiges Verhalten umschlagen kann. Die Information dient dazu, Kenntnisse über Suchtursachen sowie über Beratungs- und Behandlungsangebote bereitzustellen. Solche Informationen können z. B. Beratungslehrerinnen und -lehrer für Suchtvorbeugung in der Schule, eine Beratungsstelle, ein Arzt, eine Person des besonderen Vertrauens leisten. Gerade die pädagogische Institution Schule, die alle jungen Menschen viele Jahre besuchen müssen, aber auch Einrichtungen offener Jugendarbeit, haben mit Blick auf Gesundheit folgende Fähigkeiten zu vermitteln:

- mit Informationen und Erfahrungen zur Gesundheit sachgerecht umgehen können
- persönliche Probleme und Gruppenkonflikte konstruktiv bearbeiten können; dazu gehört, auch in akuten Gefährdungssituationen, die die eigene Gesundheit betreffen, nein sagen können

- Gefühle in Abwägung eigener und fremder Rechte verantwortlich leben können
- sich in die Erwartungen und Gefühle des Gegenübers hineinversetzen können
- eigene Bedürfnisse und Interessen anderen gegenüber darstellen können
- im Bereich der Normen und Werte einen eigenen Standort gewinnen und von diesem aus moralisch selbstbestimmt entscheiden können.

In der Schule können Projekte und erlebnisorientierte pädagogische Aktionen hier oft bedeutsame Erfahrungen und Orientierungen vermitteln.

Es muß ferner darüber informiert werden, wo bei problematischen Lebenssituationen Rat und Hilfe geholt werden kann.

Neben der Vermittlung individueller Fähigkeiten muß aber auch die Notwendigkeit weiterer Maßnahmen gesehen werden: preisgünstige alkoholfreie Getränke auf Festen und Feiern; Werbeverbote für Alkoholika, Medikamente und Tabakwaren; Verbesserung der Fahndungsmethoden gegen die Verbreitung illegaler Drogen. Suchtvorbeugung ist demnach nicht Aufgabe allein von Elternhaus, Kindergarten und Schule, sondern umfaßt netzartig die außerschulische Jugendarbeit, Vereine, Betriebe, öffentliche Gesundheitseinrichtungen, Ärzte, Polizei u. a. m.

Die Sekundärprävention versucht auch, gesellschaftliche Verhältnisse zu beeinflussen und zu verändern, die Suchtkrankheiten verursachen oder begünstigen. Sie versucht möglichst soweit zu wirken, daß schädigende Ursachen und Bedingungen neutralisiert werden.

Damit gerät die Sekundärprävention häufig in Konflikt mit Personen und Einrichtungen, die bei der Sucht verursachend mitwirken können, z. B. die Hersteller alkoholischer Getränke, die Tabakwarenindustrie, die Medikamentenhersteller. Besonders schwierig wird die Suchtvorbeugung, wenn sie gegen krankmachende Situationen in Elternhaus und Schule aktiv werden will.

Von mitentscheidender Bedeutung in sekundärpräventiver Hinsicht ist, daß Eltern in der Familie sowie Lehrerinnen und Lehrer in der Schule bei sich prüfen, ob sie durch ihr Vorbild und ihr Verhalten nicht selbst „Flucht in die Sucht“ bei Kindern und Jugendlichen fördern.

Tertiärprävention

Diese dritte Ebene der Suchtvorbeugung umfaßt Krisen- und Rückfallhilfe für akut abhängige und süchtige Menschen wie auch für ehemalige Suchtkranke. Damit sind Maßnahmen gemeint, die die Behandlung der Suchtkrankheit, die Verhinderung einer Verschlimmerung der Krankheit, die Beseitigung von Folgeschäden und die Sicherung des Therapieerfolgs in der Form der Nachsorge umfassen. Rehabilitationsmaßnahmen sollen die soziale und berufliche Wiedereingliederung erleichtern sowie einen erneuten Suchtmittelmißbrauch verhüten. Zwar kann auch auf dieser Ebene die Familie mithelfen, aber gerade hier sind die Fachleute in psychiatrischen und Therapieeinrichtungen, in der Nachsorge und Rehabilitation gefragt: die Ärzte, Therapeuten, Sozialarbeiter/Sozialpädagogen, Berater. Die während der Therapie erlernten Verhaltensweisen müssen sich im Alltag (Familie, Schule bzw. Arbeitsplatz, Freizeit) bewähren. Dabei ist das soziale Umfeld: Eltern, Geschwister, Freunde, äußerst wichtig. Es kann in enger Zusammenarbeit mit qualifizierten Beraterinnen und Beratern wesentliche Stützaufgaben für die drogenfreie Lebensweise des Behandelten übernehmen.

Diesen drei Ebenen der Vorbeugung ist das Ziel gemeinsam, Kindern und Jugendlichen, aber grundsätzlich auch allen Erwachsenen, vor allem denjenigen, die mit Problemen und Krisen zu kämpfen haben, zu helfen, verantwortlich mit sich selbst und mit ihren Mitmenschen umzugehen.

Eltern stehen also nicht allein und verlassen vor dem Sucht- und Drogenproblem. Im Gegenteil: Sie haben viele Verbündete an ihrer Seite, auch wenn sie diese nicht sofort wahrnehmen. Eltern sind außerdem nicht die Alleinzuständigen und die Alleinverantwortlichen des Problems. Denn so vielfältige Ursachen und Bedingungen des Sucht- und Drogenproblems es gibt, so viele Personen, Gruppen und Einrichtungen müssen an der Bewältigung beteiligt werden. Keiner kann sich dem entziehen oder gar Verantwortung und Schuld allein den Eltern aufbürden. Insofern haben Eltern auch das Recht, die Hilfe der anderen zu fordern und ggf. einzuklagen.

Wege der Vorbeugung

Es ist nicht immer einfach, die richtigen Wege in der Vorbeugungsarbeit zu finden. Denn jeder bringt seine eigenen Erfahrungen, aber auch die eigenen Interessen, Vorlieben, Abneigungen und Ängste mit ein. Das gilt für Eltern ebenso wie für professionelle Beraterinnen und Berater oder Lehrerinnen und Lehrer. Deshalb können hier nur in Grundzügen hilfreiche oder weniger nützliche Wege nach dem gegenwärtigen Stand der Erfahrungen und Erkenntnisse benannt werden, wie sie von der überwiegenden Mehrzahl der Beteiligten und Betroffenen eingeschätzt werden.

Als wenig hilfreich haben sich erwiesen:

- die bloße Abschreckung vor und die bloße Information über Folgen der Sucht und des Drogenkonsums. So hat man die Erfahrung gemacht, daß auch drastische Anti-Raucher-Kampagnen oder Anti-Drogen-Aufklärung mit Horrorplakaten keine erkennbaren Erfolge gebracht, sondern zur Verdrängung negativer Eindrücke als zur sachlichen Auseinandersetzung geführt haben. Abschreckung blockiert eher die Einsicht in das eigene schädigende Verhalten. Zudem werden manche Jugendlichen erst neugierig auf bisher unbekannte Erlebnisse und Vorstellungen. Die Abschreckung wirkt bei manchen positiv verstärkend auf die persönliche Risikobereitschaft;

- die Androhung und Praxis von Sanktionen. Strafen lenken beispielsweise von der Gefährdung ab, bringen die Auseinandersetzung zwischen Bestraftem und Strafenden auf eine andere Konfliktebene und rufen mehr Trotz und Flucht hervor als die vernünftige Beschäftigung mit dem Problem;

- der Liebes- und Kontaktentzug, weil er die Persönlichkeit des betroffenen Gefährdeten eher schwächt anstatt sie gegen die Gefahren von Sucht und Drogen zu stärken. Ähnlich wie bei Sanktionen gerät der Zweck und das Ziel der Vorbeugung in den Hintergrund, und der Liebesentzug wird zum vordergründigen Problem;

- die soziale Ausgrenzung und Isolation: Denn gerade der Gefährdete benötigt Kontakte mit der Nicht-Sucht-Welt und Nicht-Drogen-Welt. Ausgrenzung aber führt häufig in die Subkultur der Sucht- und Drogenszene, anstatt aus ihr in eine weitgehend suchtfreie Alltagswelt zu führen, die eher noch attraktiv gemacht werden muß, um vom Sucht- und Drogengefährdeten angenommen zu werden.

Dagegen haben sich in Familie und Schule als hilfreich erwiesen:

- die liebevolle und partnerschaftliche Erziehung zur Selbständigkeit und Verantwortlichkeit, mit der Kinder und Jugendliche lernen, mit Problemen selbst fertig zu werden;

- gerechtfertigte Anforderungen, bei denen die Kinder und Jugendlichen ihre Fähigkeiten entwickeln und beweisen können, ohne durch Überforderungen geängstigt zu werden;

- die Gewährleistung von Hilfen, mit denen die Erwachsenen die Kinder und Jugendlichen nicht vereinnahmen und unter Druck setzen, sondern die Eigenständigkeit lassen und Freiheiten sichern;

- eine Aufklärung und Beratung über Gefahren, wobei die Fragen und Wünsche der Ratsuchenden ernst genommen werden;

- das Aufzeigen von Konsequenzen aus gefährdenden Handlungen, wobei Abschreckung und Drohung vermieden, statt dessen die Fähigkeit zum verantwortlichen Handeln mobilisiert und eingeübt werden muß;

- Anregungen und Angebote für aktives, selbstbestimmtes Erleben von Freizeit mit anderen Menschen unter bewußtem Verzicht auf schädigende Genußmittel wie Alkohol oder Nikotin;

- ein sucht- und abhängigkeitsfreies gutes Vorbild der Erwachsenen, mit dem sie ihre Glaubwürdigkeit vor den Kindern und Jugendlichen unter Beweis stellen können;

- die menschlichere Gestaltung unserer Umwelt, dazu gehört die Vermeidung jeglicher Kinderfeindlichkeit, auch die Unterlassung der vielen kleinen Unfreundlichkeiten gegen Kinder und Jugendliche, um deren Persönlichkeitsentwicklung hin zur aktiven Lebensgestaltung ohne Sucht und Drogen zu fördern;

- ein gutes Familienleben, das auch Probleme nicht ausklammert;

- eine gute Schule, in die Schülerinnen und Schüler, Lehrerinnen und Lehrer gern gehen und in der man sich auch wohl fühlen kann. Eine gute Schule, in der man lernen und neue Erfahrungen machen kann und in der man bei Problemen Beratung und Unterstützung erhält.

Literaturempfehlungen:

Bäuerle, D.: Im Kampf gegen die Drogensucht. Hilfen für Eltern und ihre Kinder. Frankfurt 1991.

Homfeldt, H. G. (Hrsg.): Sinnliche Wahrnehmung – Körperbewußtsein – Gesundheitsbildung. Weinheim 1991.

Hurrelmann, K.: Sozialisation und Gesundheit – Somatische, psychische und soziale Risikofaktoren im Lebenslauf.

Hurrelmann, K.: Familienstreß, Schulstreß, Freizeitstreß; Gesundheitsförderung für Kinder und Jugendliche. Weinheim und Basel 1990.

Knapp, R. (Hrsg.): Vorbeugung gegenüber Suchtgefahren – Aufgabe einer Gesundheitserziehung im Kindes- und Jugendalter. Heidelberg 1989.

Priebe, B., Israel, G., Hurrelmann, K. (Hrsg.): „Gesunde Schule“: Gesundheitserziehung, Gesundheitsförderung, Schulentwicklung; Konzepte und Perspektiven. Weinheim und Basel 1993.

Schneider, V.: Entwicklungen, Konzepte und Aufgaben schulischer Gesundheitsförderung – vom Konzept der Risikofaktoren zum Konzept der Förderung von Gesundheitsfaktoren; in B. Priebe, G. Israel, K. Hurrelmann (Hrsg.): „Gesunde Schule“: Gesundheitserziehung, Gesundheitsförderung, Schulentwicklung; Konzepte und Perspektiven. Weinheim und Basel 1993.

Troschke, J. v.: Von der Gesundheitserziehung zur Gesundheitsförderung in der Schule; in: B. Priebe, G. Israel, K. Hurrelmann (Hrsg.): „Gesunde Schule“: Gesundheitserziehung, Gesundheitsförderung, Schulentwicklung; Konzepte und Perspektiven. Weinheim und Basel 1993.

2. Sucht- und Drogenvorbeugung mit Kindern

Fragen und Probleme, Möglichkeiten und Empfehlungen zur Suchtvorbeugung im Zusammenhang mit Gesundheitserziehung im Kindesalter sind die Themen dieses Kapitels. Im Vordergrund stehen dabei die Bereiche Elternhaus und Schule, also das Handeln von Eltern sowie von Lehrerinnen und Lehrern.

2.1 Vorbeugung in der Familienerziehung

Einführende Überlegungen: Was hat die Erziehung in der Familie mit der Sucht- und Drogenvorbeugung zu tun ?

In diesem Kapitel geht es darum, an Beispielen zu verdeutlichen, wie Suchtvorbeugung und Gesundheitsförderung von Anfang an in den Erziehungsprozeß im Elternhaus und in Tageseinrichtungen für Kinder einbezogen werden können. Die bewußte Begleitung von Kindern im Umgang mit ihren kindlichen Lebenswelten und die Unterstützung der Kinder beim Bewältigen ihrer Entwick-lungsaufgaben stehen im Mittelpunkt.

Beim **Erziehen** geht es darum, jungen Menschen gezielt auf dem Weg in Selbständigkeit und Selbstverantwortung zu helfen. *Selbständigkeit* heißt dabei soviel wie, sich in den Alltagssituationen des Lebens und gegenüber Gefahren für die eigene Gesundheit zunehmend selbst helfen zu können. Hierzu ist es erforderlich, Fähigkeiten, Fertigkeiten und Kenntnisse zu erwerben. *Verantwortlichkeit* bedeutet soviel wie, für das eigene Sprechen und Handeln mehr und mehr einstehen zu können.

Die für die Erziehung verantwortlichen Erwachsenen müssen auch zur Entwicklung moralischer Fähigkeiten kindgerecht Anstöße geben und Wertmaßstäbe vermitteln. Ihr eigenes Verhalten im Zusammenleben mit Kindern stellt allerdings für den gesundheitsbewußten Umgang der Kinder mit sich selbst eine prägende Orientierung dar.

Was heißt das nun mit Blick auf Gesundheitserziehung als Grundaufgabe der Suchtvorbeugung?

Wie in der Erziehung, geht es auch in der Gesundheitserziehung maßgeblich darum, daß Kinder ein Verhältnis zu sich selbst, zur Mitwelt und zur Umwelt entwickeln, ja daß sie zu einem wert- und sinnbestimmten Leben finden.

Damit Kinder ein Verhältnis zu sich selbst erhalten, muß das selbstbestimmte, mitverantwortliche und eigenverantwortliche Handeln gefördert werden. Die Gesundheitserziehung berücksichtigt den ganzen Menschen mit seinem Fühlen, Denken, Wollen, seiner Körperlichkeit und seiner Suche nach einem sinnerfüllten Leben. Bei allem gesundheitserzieherischen Bemühen wird an vorhandenen, für die Gesundheit bedeutsamen Anlagen und Fähigkeiten angeknüpft. Sie werden entfaltet oder kindgerecht zu verbessern versucht. Ziel ist es, den Kindern ihrem Alter entsprechende Selbstverantwortung für ihre Gesundheit zu vermitteln. Sie müssen eigene Bilder von sich und ihrer Person entwerfen und im Rahmen gegebener Lebenswelten in ihrem Alltag, verwirklichen können.

Die *Mitwelt* umfaßt die sozialen Bezüge, in denen ein Mensch lebt: Eltern, Geschwister, Verwandte, Freunde, Freundinnen... Für die gesunde psychosoziale Entwicklung der Kinder ist es wichtig, Freundschaften aufzubauen, soziale Kontakte zu pflegen, aber auch auf andere Menschen z.B. Rücksicht nehmen zu lernen. Die erziehenden Erwachsenen spielen mit ihrem Verhalten, ihrem Lebensstil, die maßgebliche Rolle für die Kinder.

Hanna B. Gerl sagt das sehr schön: „So formt sich aus dem Spiegel der anderen langsam das eigene Gesicht. Identität wächst von außen nach innen. Sie beginnt im „Gehäuse" der Familie, der Gruppe, der Kultur und der Sprache..." Dabei leben wir alle „in einem unersättlichen Hunger nach Bestätigung, wir leiden, wenn sie ausbleibt" (Gerl 1993, S.143 f.).

Den Kindern muß die Vernetzung unserer Gesundheit mit der *Umwelt*, d.h. mit den natürlichen Gegebenheiten und Bedingungen, der Wohnumwelt, den Freizeitmöglichkeiten, deutlich werden. Sie müssen es daher von klein auf lernen, vorsichtig mit den Gütern der Natur umzugehen.

Kinder orientieren sich an ihren Eltern (und anderen Erziehungsberechtigten)

Die Kinder lernen sehr vieles, vielleicht sogar das meiste, ohne daß wir Erwachsenen sie bewußt begleiten, sie auf etwas aufmerksam machen, bewußte Lernprozesse in Gang setzen, ihr Tun anerkennen, ihnen helfen, wenn sie traurig sind, ihnen aber auch gelegentlich Grenzen setzen durch ein klares Nein. Wir Erwachsenen können viel dazu beitragen, daß die Überbewertung des Leistungsprinzips in unserer Gesellschaft, der Konsumorientierung, der schnellen Bedürfnisbefriedigung, daß die übertriebene Bewertung von Streben nur nach Erfolg und Glück nicht auch noch die Lebenswelt der Kinder beherrschen. Die Familie kann mit ihren besonderen Möglichkeiten, vor allem durch das Vorbildverhalten der Eltern, viel tun, daß die Kinder für ihre Einstellung zu Fragen der Gesundheit und Krankheit sowie für ihre persönliche Lebensgestaltung eine Orientierung erhalten.

So müssen Kinder z.B. erfahren, daß die menschlichen Grundbedürfnisse nach Geborgenheit, Anerkennung und Liebe nicht wie eine konsumierbare Ware oder Dienstleistung zu haben, sondern immer Geschenke eines anderen Menschen sind. Der natürliche Ort für solche Erfahrungen ist zunächst die Familie. Auch wenn sich unsere Familien verkleinern, sich das Familienleben verändert und Familien in ihren Erscheinungsformen vielfältiger werden: Das Kind bedarf der seelischen Geborgenheit; es muß sich darauf verlassen können, daß es irgendwo zu Hause ist und daß es Menschen (vielleicht auch nur einen !) gibt, die es bedingungslos akzeptieren.

Bei der grundlegenden Vorbeugung in der Gesundheitserziehung geht es nicht vorrangig darum, die Erziehung im Elternhaus einseitig auf die Abwehr krankmachender Suchtmittel und Suchtsituationen zu richten. Wichtiger ist es, daß Eltern sich ihres wirksamen und unverzichtbaren Einflusses auf die Entwicklung ihrer Kinder bewußt sind bzw. werden.

Der Pädagoge Andreas Flitner hat einmal gesagt: „Das wichtigste für die Qualität der Erziehung ist also die Weise, wie Eltern und Erzieher dem Kind helfen, sich selbst zu finden und die eigene Person lernend zu entfalten.“

Diese Lebenshilfe durch die Familie ist der beste Schutz gegen die Sucht- und Drogengefahr. Erziehen in der Familie vollzieht sich im gegenseitigen Geben und Nehmen. Eltern lernen ebenso viel von ihren Kindern, wie Kinder von ihren Eltern. Gesundheitsförderung als grundlegende Aufgabe der Suchtvorbeugung gilt als Chance, die uns vielleicht manche Krankheit (Sucht gilt als Krankheit!), manches Leid erspart, wenn sie früh genug einsetzt. In der Bundesrepublik bestimmt eine relativ kleine Zahl von Krankheitsgruppen rund 90% des Krankheits- und Sterbegeschehens. Besonders erwähnt werden hier: Herz-Kreislauferkrankungen, Krebs, Krankheiten der Verdauungsorgane, Zuckerkrankheit und rheumatische Erkrankungen. Sie gelten als **verhaltensabhängige** Erkrankungen. Damit wird angedeutet, daß deren Ursachen auch z.T. in den Lebens- und Arbeitsbedingungen, in bestimmten Risikoverhaltensweisen, in den sozialen Gegebenheiten (Verwandte, Bekannte und Freunde), aber auch in der natürlichen Umwelt und ihren gesundheitsabträglichen Faktoren liegen.

Erziehungsberechtigte tun viel für die gesunde Entwicklung ihres Kindes, wenn es ihnen gelingt, ihr Erziehungsverhalten auszubalancieren, d.h. in der Fürsorge nicht überängstlich sind, nicht zu stark kontrollieren, das Kind in seinem Denken, Fühlen, Handeln anregen, aber nicht überfordern. Gefragt sind Väter und Mütter, die sich ihrer Aufgabe und „natürlichen" Autorität bewußt sind, aber diese „Macht" nicht autoritär zu Lasten der Kinder mißbrauchen. Forschungsergebnisse aus der Sozialpsychologie stützen keineswegs die verbreitete Auffassung, daß es für die gesunde Persönlichkeitsentwicklung des Kindes am besten wäre, „alles laufen zu lassen", auf jegliche Kontrolle zu verzichten. Auch Kinder dazu anzuhalten, soziale Regeln und Vorschriften zu beachten, wäre im Sinne eines solchen Erziehungsverhaltens nicht richtig. Die Forschungsergebnisse lassen aber erkennen:

- Kinder haben dann keine Orientierung;
- sie erleben den Erwachsenen nicht als aktiven Partner, der verantwortungsbewußt sein Wissen und seine Lebenserfahrungen zum Wohle des Kindes weitergeben will.

Dabei wäre es für das Wachstum ihrer seelisch-geistigen Fähigkeiten, ihrer Gefühle und sozialen Anlagen wichtig, in bestimmten Lebenssituationen die Gedanken und Ansichten von Erwachsenen zu erfahren und damit evtl. klarer zu sehen, was gut und was weniger gut für die eigene Person ist.

Das pädagogische Verhältnis ist durch die Rechte des Kindes bestimmt, die im Kinder- und Jugendhilfegesetz (KJHG) zu finden sind: „Jeder junge Mensch hat ein Recht auf Förderung seiner Entwicklung und auf Erziehung zu einer eigenverantwortlichen und gemeinschaftsfähigen Persönlichkeit" (§1).

Januscz Korczak, der berühmte polnische Arzt und Pädagoge, hat die „Rechte" der Kinder noch anders formuliert:

- **Das Kind hat das Recht auf Liebe und Achtung**
- **Das Kind hat das Recht, in der Gegenwart zu leben und es selbst zu sein**
- **Das Kind hat das Recht auf Fehler**
- **Das Kind hat das Recht, sich gegen Ungerechtigkeit zu wehren**

Das „Recht auf Förderung..." und die von Korczak angedeutete Verantwortung der Erwachsenen, die Rechte der Kinder zu beachten, verlangen auch nach Maßnahmen zur Förderung der Gesundheit:

– Stärken körpereigener Abwehrkräfte (gesunde Ernährung, Bewegung, Sport...),
– Stärken von Fähigkeiten (Kompetenzen), um ein gesundheitsorientiertes und verantwortungsbewußtes Verhältnis zu sich selbst und zur Um- und Mitwelt zu gewinnen. Als Leiter von Heimen für Waisenkinder war dies dem Arzt Korczak ein besonderes Anliegen. Ihm war klar, daß Gesundheit ein aktiver Prozeß eigenen Bemühens darstellt. Gerade Kinder benötigen hierzu die liebevolle Zuwendung Erwachsener.

Bei allen noch so gut gemeinten Ratschlägen an Eltern ist zu berücksichtigen, daß das Erzieherische immer etwas ganz Persönliches ist. Es geht um einmalige Menschen in ihren individuellen Lebensumständen und Zeitverhältnissen. Sie leben unter bestimmten Bedingungen zusammen, verstehen sich – manchmal auch nicht, beanspruchen und helfen einander und beeinflussen sich gegenseitig.

Alle allgemeinen Ratschläge müssen Eltern daher auf ihre besondere Situation hin überprüfen. Sie müssen ihre eigenen Vorstellungen und ihren spezifischen Erziehungsstil entwickeln. Anhaltspunkte dafür bieten ihre persönlichen Eigenarten und Einstellungen, aber auch die charakterlichen und intellektuellen Besonderheiten ihrer Kinder.

Kinder gestalten ihre Entwicklung aktiv mit

An das Kind mit seinen individuellen Entwicklungsmöglichkeiten werden Erwartungen und Aufgaben der Eltern, der Geschwister, Freundinnen, Freunde und der Gesellschaft herangetragen. Auf diese Anforderungen reagiert es ganz unterschiedlich. Dabei baut es sich aktiv ein Bild von der Welt und von sich selbst. Es setzt sich mehr und mehr selbst Entwicklungsziele in der Spannung zwischen seinen Leistungsmöglichkeiten, Handlungsbereitschaften und -fähigkeiten sowie den kulturellen Normen. Das Kind wählt das aus seiner ihn umgebenden Welt aus, was seinen Fähigkeiten und Begabungen besonders entspricht. Findet es solche Möglichkeiten zur Verwirklichung, dann können sich die Erbanlagen entfalten. Die gesellschaftliche Institution Schule, aber auch Tageseinrichtungen für Kinder begründen ihre Existenzberechtigung damit, daß es viele Lernfelder gibt, in denen kindliche Erfahrungen und Entwicklungsprozesse der systematischen Steuerung durch Erwachsene als Ergänzung zur Familienerziehung bedürfen. Allerdings müssen wir feststellen:

> *„Kinder sind auch unter normalen familiären und schulischen Verhältnissen permanenten Störbedingungen ausgesetzt, die sie auffangen müssen. Eltern verhalten sich falsch, Geschwister unterdrücken, Lehrer bedrohen und übersehen, traumatische Ereignisse (Unfall, Krankenhaus) müssen verarbeitet werden. Kinder sind ohne weiteres in der Lage, ungünstige Einflüsse aufzufangen, wenn die Anzahl der Risikofaktoren nicht zu groß wird“*
> (Oerter 1993, 85).

Für alle diejenigen, die für Kinder Verantwortung tragen und meinen, ihrer Verantwortung nur völlig unzureichend gerecht werden zu können, steckt hier etwas Tröstliches: **Entwicklungsbedin-**

gungen mit Nachteilen für Kinder können die Kinder oft unmittelbar oder später ausgleichen. Schwerer auszugleichen ist aber ganz sicher der prägende Lebensstil der erwachsenen Bezugsperson hinsichtlich der Bewertung von Gesundheit und Krankheit.

Wichtige Aspekte bei der Förderung und Unterstützung von Kleinkindern (bis 6 Jahre)

Im vorgeburtlichen Leben und in der frühesten Kindheit liegen die Wurzeln für die Persönlichkeitsentwicklung und damit auch wesentliche Grundlagen für die Gefährdungen der Gesundheit. Risiken vor der Geburt können z. B. sein: körperliche Überlastungen der Mutter, Partnerprobleme, Infektionskrankheiten, Alkoholkonsum, Rauchen, Drogen – und Medikamentengebrauch, falsche Ernährung und Stoffwechselstörungen.

Ärzte haben festgestellt, daß Ungeborene bereits stark auf die Stimmungen der Mutter reagieren, also eng verbunden deren Freude, Trauer und Streß miterleben.

Säuglinge zeigen schon sehr früh bestimmte Fähigkeiten, ihre Bezugspersonen zu sozialen Verhaltensweisen zu bewegen. Ihr Weinen kann sie herbeiholen, ihr Lächeln und Anschmiegen den Kontakt intensivieren. Wenden sie sich ab, zeigen sie hiermit, daß sie etwas anderes im Moment mehr interessiert. Mit Händen, Mund und Körper nehmen kleine Kinder mit der Mutter oder einer anderen Bezugsperson Verbindung auf, um Nahrung und Körperkontakte zu erhalten. Durch den Körperkontakt wird aktive Auseinandersetzung mit der Umwelt ausgelöst. Zugleich wird die seelische und geistige Entwicklung gefördert. Aufmerksame Erwachsene antworten auf die Signale des Kindes z. B. durch Sprechen mit dem Kind, Lächeln, In-den-Arm-Nehmen.Ursprünglich werden beim Neugeborenen Hunger und Sättigung durch Körpersignale gesteuert. Der Säugling ist in der Lage, „instinktiv“ die erforderliche Nahrungsmenge zu steuern. Wichtig ist, daß die Mutter die Signale, die das Kind ausschickt, wenn es Hunger hat, als solche erkennt, richtig deutet und das Kind füttert. Auf diese Weise lernt das Kind, Hunger als Bedürfnis, deutlich von anderen Bedürfnissen abgegrenzt, zu entwickeln. Kinder müssen nach und nach lernen, auf ihre Innenreize Hunger und Sättigung selbst zu reagieren. Dazu trägt wesentlich bei, daß das Kind nur so viel zu essen braucht, wie es will bzw. bis es satt ist. Es sollte sich später als größeres Kind die Portionsmenge an Essen selbst auf den Teller füllen.

Die sichere Bindung und eine stabile emotionale Zuwendung sind eine wichtige Grundlage dafür, daß Kinder im Vorschulalter soziale Fähigkeiten entwickeln und sich Gleichaltrigen gegenüber einfühlsam zeigen.

Mit der Fähigkeit des Sprechens wachsen die Möglichkeiten zur sozialen Interaktion. Gerade die sprachlichen Anregungen beeinflussen das geistige Niveau der Kinder. Positive Auswirkungen auf die Entwicklung des Kindes haben frühzeitige Erfahrungen mit Materialien und Spielmitteln, vor allem, wenn Kinder zunehmend lernen, sich selbständig damit auseinanderzusetzen.

Über das Krabbeln, Stehen und schließlich ohne Hilfe allein Gehenkönnen erweitert das Kind zunehmend seinen Erfahrungsraum. Es erfährt hierbei auch stets Grenzen seines Könnens. Eltern, die ihre Kinder aus Angst vor Gefahren überbehüten, schränken neue Lernerfahrungen wesentlich ein. Bei Kindern, die häufig in ihrem Verhalten durch Erwachsene eingegrenzt werden, bilden sich psychomotorische Fähigkeiten (z. B. das Gehen oder die Handgeschicklichkeit) verspätet oder gar unzureichend aus. Es wird damit der Horizont zur geistigen Entwicklung verkürzt. Negativ wirken allerdings Reizüberflutung und zu häufiger Wechsel der Eindrücke.

Erziehende sollten ihre Aufgabe auch darin sehen, Kinder davor zu bewahren, daß sie durch negative Erfahrungen und Eindrücke verängstigt werden oder sich bedroht fühlen. Beispielsweise gilt dies auch dort, wo das Fernsehen die brutale Erwachsenenwelt ins Kinderzimmer holt.

In der frühen Kindheit spielen also nicht nur Reifungsvorgänge eine große Rolle, sondern es werden die seelisch-geistigen und sozialen Voraussetzungen grundgelegt, die unsere Gesellschaft zur Bewältigung der noch folgenden großen Lernaufgaben verlangt.

Tageseinrichtungen für Kinder als wichtige Erziehungs- und Bildungsstätten zur Ergänzung der Familienerziehung

Angesichts sich wandelnder gesellschaftlicher Verhältnisse erhalten Tageseinrichtungen für Kinder eine zunehmende Bedeutung.

Fast jedes zweite Kind verlebt heute seine Kindheit nur eine begrenzte Zeit lang in der sogenannten vollständigen Familie. So kann die Tageseinrichtung, wie z.B. der Kindergarten, für Kontinuität in Erziehungsfragen sorgen. Alleinerziehende Mütter oder Väter benötigen, wenn sie berufstätig sind (oder sein müssen), eine halbtägige oder ganztägige Betreuung für ihr Kind.

Viele Erziehungsberechtigte sehen aber auch den Besuch eines Kindergartens als die beste Vorbereitung auf die Schule an.

Tageseinrichtungen für Kinder entwickeln sich offensichtlich mehr und mehr als Zentren für Kontakte von Kindern (Einzelkindern) und Eltern, denn viele Kinder finden immer seltener Spielpartner in ihrer nächsten Umgebung. Zudem ist das Spielen auf der Straße und auf Garagenhöfen zu gefährlich.

Viele Kinder leben in zu engen Wohnverhältnissen. Es fehlen ihnen damit die zur gesunden Entwicklung notwendigen Erfahrungsspielräume.

Wichtig für das Wohl der Kinder ist, daß der alleinerziehende Elternteil nicht durch den Beruf voll beansprucht wird und damit nicht mehr in der Lage ist, sich nach dem Berufsalltag mit seinem Streß dem Kind zu widmen.Aber auch die mit ihrer Berufstätigkeit unzufriedenen Mütter oder Väter schaffen keine Gesamtatmosphäre, in der Kinder gut heranwachsen können.

Das Kinder- und Jugendhilfegesetz (KJHG) stellt ab 1.1.91 die Rechtsgrundlagen für die Jugendhilfe insgesamt und damit auch für die Tageseinrichtungen dar. Tageseinrichtungen orientieren sich am Lebensalter der Kinder. Kinderkrippen oder Krabbelstuben sind für die Kleinkinder bis zur Vollendung des 3. Lebensjahres gedacht, Kindergärten für 3- bis 6jährige Kinder und Horte für die außerschulische Betreuung von Kindern im Schulalter. Das Leistungsangebot richtet sich pädagogisch und organisatorisch nach den Bedürfnissen der Kinder und ihrer Familien (vgl. § 22 KJHG). Als allgemeines Ziel weist das Gesetz „die Entwicklung des Kindes zu einer eigenverantwortlichen und gemeinschaftsfähigen Persönlichkeit“ (§ 22 Abs. 1) aus. Nach Grundgesetz und Landesverfassungen stellen Pflege und Erziehung der Kinder ein natürliches Recht der Eltern und eine ihnen obliegende Pflicht dar. Tageseinrichtungen für Kinder als Institutionen der Jugendhilfe wollen:

1. junge Menschen in ihrer individuellen und sozialen Entwicklung fördern und dazu beitragen, Benachteiligungen zu vermeiden oder abzubauen,

2. Eltern und andere Erziehungsberechtigte bei der Erziehung beraten und unterstützen,

3. Kinder und Jugendliche vor Gefahren für ihr Wohl schützen,

4. dazu beitragen, positive Lebensbedingungen für junge Menschen und ihre Familien sowie eine kinder- und familienfreundliche Umwelt zu erhalten oder zu schaffen (§ 1 KJHG).

Gesundheitserziehung. und Gesundheitsförderung hatten in Kindertagesstätten, wie z.B dem Kindergarten und Hort, immer schon ihren Stellenwert. Als grundlegende Aufgabe im Zusammenhang von Suchtvorbeugung wird sie zur Zeit neu diskutiert. Ein Beispiel, unter welchen Aspekten vorbeugendes Handeln gegenüber Suchtgefahren in der Arbeit mit Kindern und Eltern in Tageseinrichtungen fest verankert werden kann, bringt G. Eschenbach:

UMSETZUNG IN KITA/KIGA

ARBEIT MIT KINDERN

drogenunspezifisch	drogenspezifisch
päd. Konzepte – soziales Lernen – Gesundheitsförderung – Konsumerziehung	Umgang mit Drogen: – eigene Erfahrungen der Kinder – Umgang in der Familie
Intervention im Alltag: u. a. – Konfliktbewältigung – Umgang mit Gefühlen – Gruppenfähigkeit – Selbständigkeit – Abgrenzung/ Durchsetzungsfähigkeit	Umgang mit Ersatzbefriedigungen: u. a. – Süßigkeiten/ Eßverhalten – Fernsehkonsum
spez. Angebote: – Spiele/Lieder – Bilderbücher – Theater	Umgang mit Krankheiten: u. a. – Verständnis von Gesundheit und Krankheit – Medikamente
	Gesundheitsvorsorge: – gesunde Ernährung – „Vitaminpillen“

Umgang mit Auffälligkeiten:
u. a.
– Hyperaktivität
– Konzentrationsmangel
- Ängstlichkeit/Depression
– Aggressivität/Mangel daran

ELTERNARBEIT

drogenunspezifisch	drogenspezifisch
Problembearbeitung: z. B. – Trennungsangst – Grenzen setzen – Selbständigkeit	Aufklärung: – über Suchtmittel – über Suchtgefährdung – über Vorbeugung

Vorbild-Funktion der Eltern

– psychosoziale Kompetenz
– bewußte Erziehungshaltung
– Umgang mit Suchtmitteln/ Suchthaltung

Alternativ-Angebote:
(über Elternbeirat/Elterninitiativen)
u. a.
– aktive Freizeitgestaltung
– Eltern-Kind-Projekte
– alkohol- und rauchfreie Feste

INSTITUTIONELLE RAHMENBEDINGUNGEN

- kindgerechte Ausstattung der Einrichtung
- adäquate Arbeitsbedingungen
- Verpflichtung zur Weiterqualifizierung
- Kiga/Kita als suchtmittelfreier Raum

Aus: Eschenbach, G.: Suchtprävention in der Arbeit mit Kindern; in: KiTa, Kindertageseinrichtungen aktuell, 1/1993, S. 4

Ein wichtiges Thema der grundlegenden Suchtvorbeugung stellt in Tageseinrichtungen für Kinder, z. B. dem Kindergarten, die Ernährungserziehung dar. Falsches Ernährungsverhalten der Erwachsenen findet seine Grundlage bereits im Kindes- und Jugendalter. Die folgende Grafik stellt z. B. den Krankheitskostenanteil von typischen Krankheiten dar, die durch falsches Ernährungsverhalten mitbedingt werden:

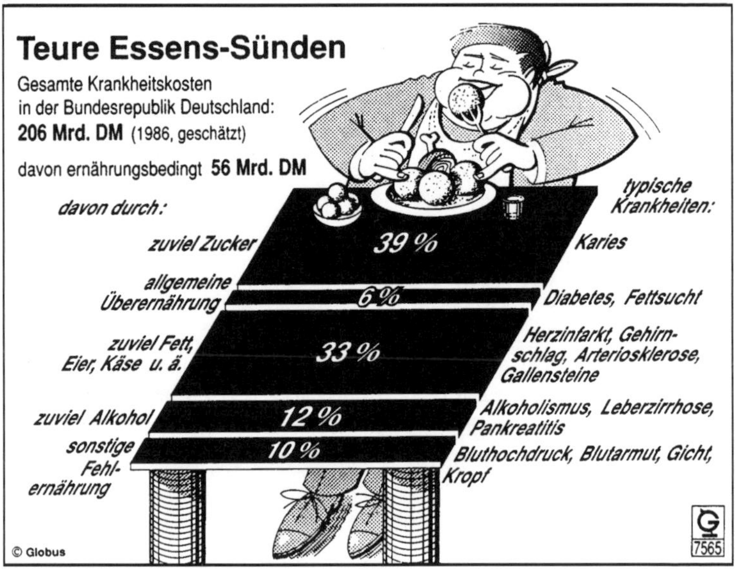

Im Kindergarten wird die Ernährungserziehung auf alltägliche Vorgänge und Abläufe, d. h. auf situative Anlässe, bezogen. Da die Versorgungsaufgaben des Kindergartens infolge der zunehmenden Berufstätigkeit der Mütter größer werden, ist die Nachfrage nach einer Übermittagbetreuung groß. Frühstück und Mittagessen bilden daher im Alltag der Tageseinrichung zumeist schon einen festen Bestandteil.

Zur alltäglichen Situation „Frühstück" bringen die Kinder eigene Ideen ein:

– bei der Planung des appetitlichen und gesunden Angebots, beim Einkauf

- und bei der Zubereitung der Nahrungsmittel,
- beim Decken des Tisches,
- beim Schaffen einer angenehmen Atmosphäre durch Tischdeckchen, Blumen, Kerzen.

Die Erzieherin setzt sich dazu. Sie ißt gemeinsam mit der Kindergruppe. Sie schafft hierdurch ein Gefühl von Gemeinschaft. Gespräche kommen ganz natürlich in Gang. Es gehört dann später auch dazu, daß die Gruppe anschließend den Tisch gemeinsam wieder abdeckt und das benutzte Porzellan und Besteck säubert.

Ohne Absprachen (auch wegen der Kosten) mit den Eltern geht das nicht. Gerade bei der Ernährungserziehung müssen Elternhaus und Kindergarten gut zum Wohle des Kindes zusammenarbeiten.

Hinweise zur Förderung und Unterstützung von Grundschulkindern (bis 12 Jahre) bei ihren Entwicklungsaufgaben

Mit Beginn der Grundschulzeit erweitert sich der Kreis der engen Bezugspersonen erneut. Lehrkräfte motivieren zum systematischen schulischen Lernen. Sie rügen unaufmerksame Kinder, unangepaßtes Verhalten und auch Desinteresse. Kinder werden in ihrer Leistungsfähigkeit gemessen, miteinander verglichen, sie werden beurteilt. Die Schulkinder brauchen die Aufmerksamkeit ihrer Eltern weiterhin (evtl. sogar besonders). Sie brauchen sie als aufgeschlossene, interessierte Partner, die mit ihnen über ihre Neuigkeiten, Bedürfnisse, Belastungen, Freuden und Sorgen sprechen – wenn sie das möchten. Manchmal geht es den Kindern nur darum, daß ihnen jemand zuhört.

Im Verlauf der Grundschulzeit kommt es oft infolge einer neuen Sachlichkeit des Kindes zu einer gewissen inneren Distanzierung von den Eltern. Das Kind sieht seine Eltern und andere Erwachsene mit ihrem Verhalten kritischer als bisher. Es stellt fest, daß diese nicht immer wahr und gerecht sind, daß sie z. B. selbst auf ihre Gesundheit wenig Rücksicht nehmen, dies aber von ihm verlangen. Die gefühlsmäßige Bindung des Sohnes an die Mutter lockert sich. Der Vater spielt nun für ihn eine größer werdende Rolle, weil er sich mit ihm, einem Vertreter des männlichen Geschlechts, identifizieren will.

Vorbereiten auf die Schulzeit ?

Natürlich sollte die Hilfe im Elternhaus nicht gezielt auf die Unterrichtsfächer ausgerichtet sein. Das Unterrichten ist Sache der Lehrkräfte, die dafür ausgebildet wurden.

Der Übergang in die Schule bringt für manches Kind eine risikoreiche Lebenssituation mit Schlüsselcharakter mit sich. Sie wird am besten gemeistert, wenn Kindern nicht mit den Anforderungen der Schule gedroht wird, sondern wenn – wie schon gesagt –

- Kinder von früh an ermuntert wurden zum selbständigen Handeln,
- Liebe, Anerkennung erfuhren bei bewältigten Aufgaben und Problemen,
- angeregt wurden zum kreativen Tun und zur Eigeninitiative,
- darin unterstützt wurden, die Umwelt neugierig zu erkunden,
- auf ihre wißbegierigen Fragen Antworten erhielten,
- durch Erzählen, Vorlesen, Gespräche Interesse am Sprachlichen bekamen.

Dies förderte im Laufe der Jahre die von der Schule erwartete Bereitschaft. selbst Leistung erbringen zu wollen.

Zentrale Bedeutung auf dem Gebiet der Gesundheitsförderung kommt dem Bewußtsein zu: „Ich kann mir selbst in den meisten Lebenssituationen helfen. Komme ich nicht mehr weiter, hole ich mir Hilfe von erfahrenen Erwachsenen".

Ein Kind entwickelt sich gesund, wenn seine seelischen Grundbedürfnisse befriedigt werden und wenn es sich geborgen fühlt. Selbst beste Körperpflege läßt kleine Kinder und Schulkinder verkümmern, wenn Eltern nur wenig oder gar kein Interesse an ihrem Spielen, Malen, ihren Erlebnissen zeigen.

Was vom schulfähigen Kind erwartet wird

Der Entwicklungsstand des Kindes zu Beginn der Schulpflicht wurde früher mit „Schulreife" bezeichnet. Heute hat sich der Begriff „Schulfähigkeit" durchgesetzt. Er weist deutlicher darauf hin, daß das Kind zu Anfang der Grundschulzeit nicht nur biologisch „reif" für das systematische Lernen sein muß, sondern auch bestimmte Fähigkeiten haben sollte, die von vorausgegangenen Lernerfahrungen im Elternhaus, in der Gruppe der Gleichaltrigen und im Kindergarten herrühren.

Folgende Fragen werden z. B. zur körperlichen Schulfähigkeit gestellt:

- Wie ist der allgemeine Gesundheitszustand?
- Hat sich die erste körperliche Streckung, der sogenannte Gestaltwandel, vollzogen?
- Hat ein Zahnwechsel bereits eingesetzt?
- Ist das Kind körperlich belastbar angesichts der schulischen Ansprüche?
- Kann es Bewegungsabläufe aufeinander beziehen, z. B. beim Gehen und Klatschen im unterschiedlichen Tempo? Kann es Gleichgewicht beim Balancieren halten ?
- Geht es mit kindgerechtem Werkmaterial ohne besondere Schwierigkeiten um?

Zum Stand der seelischen und geistigen Fähigkeiten wird z. B. gefragt:

- Kann sich das Kind konzentrieren?
- Ist es in der Lage, sich bestimmte Einzelheiten zu merken und zu benennen ?
- Drückt es sich sprachlich altersangemessen aus?
- Wie steht es mit seiner Verknüpfungs- und Denkfähigkeit ? – Ist die Bereitschaft zum Lernen und Leisten vorhanden?
- Zeigt es bereits eine mehr sachliche Einstellung zur Umwelt ?
- Versteht es, einzelne Symbole richtig zu deuten?
- Ist es entsprechend seinem Alter selbständig? Kommt es auf der Toilette allein zurecht? Kann es sich rasch und ordentlich (ohne fremde Hilfe) an- und ausziehen? Kann es den Schulweg an den sichersten Stellen allein zurücklegen?

Zum Stand sozial-emotionaler Fähigkeiten wird z. B. gefragt:

- Kann sich das Kind in eine Gruppe einfügen ?
- Findet es leicht Kontakt oder verhält es sich sehr zurückhaltend?
- Zeigt es seine Empfindungen und Anliegen selbstsicher oder ängstlich und sehr zurückhaltend ?

- Ist es in der Lage, seine Gefühle und momentanen Bedürfnisse einigermaßen zu kontrollieren ?
- Kann es die Trennung von der Bezugsperson für einige Stunden ohne Angst verkraften ?

Probleme und Situationen, Überlegungen und Handlungsvorschläge:

Frühe Vorbeugung?

Eltern von Kleinkindern und Kindern im Grundschulalter lesen über die zunehmende Sucht- und Drogengefahr in der Tagespresse. Sie sorgen sich, daß auch ihr Kind einmal in irgendeiner Form süchtig werden, krankmachende Mittel ausprobieren oder durch Freunde verführt werden könnte. Sie möchten wissen, was sie generell vorbeugend tun können, damit das nicht passiert.

?

- Beginnt Drogengefährdung früh, und muß deshalb Vorbeugung gegenüber Suchtgefahren früh ansetzen?
- Kann man überhaupt früh vorbeugen?
- Worauf ist bei früher Vorbeugung besonders zu achten?

!

Es gibt natürlich keine Patentrezepte zur Vorbeugung gegenüber Suchtgefahren, da Süchte verschiedenste Ursachen haben. Alle Süchte entwickeln sich allmählich, sie sind nicht urplötzlich da. Eltern und andere Erzieher sollten daher alles versuchen, um junge Menschen so zu stärken, daß sie den Gefährdungen einen starken Widerstand entgegensetzen. Weder zerrüttete Familienverhältnisse noch übertriebener schulischer Leistungsdruck, noch individuelle Probleme der Kinder, noch fehlendes elterliches Vorbildverhalten – z.B. übertriebener Fernsehkonsum, Nikotin- und Alkoholgenuß –, noch schlechte Freunde, gesellschaftliche Mißstände, die Anziehungskraft von Suchtmitteln oder die Verführung zum Konsum durch andere gelten je für sich als einziger Verursachungsfaktor. Gespräche mit Suchtkranken zeigen, daß immer mehrere solcher Verursachungsfaktoren zusammenkommen müssen, um den Irrweg in die Sucht oder den Drogenkonsum zu begünstigen.

Zudem variiert die Bedeutung einzelner Ursachenfaktoren bei

den Gefährdeten und Suchtkranken von Person zu Person. Daher ist auf jeden Fall die Stärkung der Persönlichkeit wichtiger als der gebannte Blick auf die Gefahr durch Drogen. Vorbeugung beginnt aber nicht erst mit dem 6. Lebensjahr, sondern mit dem ersten Lebenstag. Die Erfahrungen zeigen nämlich, daß nicht allein die Droge oder ein bestimmtes Milieu Abhängigkeit schaffen, sondern daß es von der gesunden Entwicklung der Persönlichkeit des einzelnen abhängt, ob und wie stark er gefährdet ist. Hier können Eltern sehr viel tun.

Gesundheitsgrundlagen

Fachleute der Bundeszentrale für gesundheitliche Aufklärung in Köln sprechen davon, daß Drogengefährdung früh und unauffällig beginnen kann, wenn z. B. das Schreien des Babys nicht als Verlangen nach Zuwendung und gemeinsamem Spiel, sondern immer nur als Aufforderung zum Füttern verstanden wird. Etwas ältere Kinder würden dann häufig mit Bonbons getröstet oder still gehalten. Später könnten Fernsehen oder Comics diese Aufgabe übernehmen, im Jugendalter teuere Konsumartikel. Wer als Kind gelernt habe, Bedürfnisse nach Lob und Trost, nach Liebe und körperlichem Kontakt stets nur durch unpersönliche Mittel zu befriedigen, der neige auch später leichter dazu, sich mit solchen Mitteln über das, was ihm fehle, hinwegzutrösten.

Das Essen und Trinken, überhaupt die Mahlzeiten, bilden einen wichtigen Punkt im Familienleben. Sie sollten möglichst nicht mit Konflikten belastet werden. So ist es z. B. nicht gut zu drohen: „Wenn du nicht aufräumst, bekommst du kein Abendessen!“ Auch die folgende Äußerung ist nicht sinnvoll: „Und wenn ihr schön spielt und euch nicht zankt, kauf’ ich euch ein Eis.“ Derartige Redensarten sind problematisch, weil die Verbindung von gewünschtem kindlichen Wohlverhalten und Nahrungsmitteln zur Belohnung ein gestörtes Verhältnis zum Essen erzeugen kann.

Gesundheitserziehung

erfolgt zunächst in der Familie. Sauberkeitserziehung, Erziehung zur Körperhygiene, Ernährungsgewohnheiten, Einstellung zum Rauchen, zum Alkohol, Art und Weise der Freizeitgestaltung werden von den Gewohnheiten der Eltern und älteren Geschwister mitbestimmt. Dem persönlichen Beispiel kommt eine prägende Wirkung im Hinblick auf gesundheitsbewußtes Handeln des Kindes und Jugendlichen zu. Einschlägige Grundeinstellungen und Verhaltensweisen werden dem Kinde im Elternhaus vermittelt, also längst bevor die schulische Gesundheitserziehung einsetzt. Die Grundlagen der Gesundheitserziehung, die in der frühen Kindheit gelegt werden, sind für das ganze Leben bestimmend. Deshalb sind z.B. die Folgen einer Fehlernährung für die geistige und körperliche Entwicklung des Kindes unabsehbar.

Dem anfänglich routinemäßigen Einüben in gesundheitsbewußtes Verhalten in der frühen Kindheit folgen zunehmend bewußtere und selbst verantwortete Entscheidungen. Kindern und Jugendlichen muß deutlich werden, daß es auch ihre Aufgabe ist, Risikofaktoren für die eigene Gesundheit auszuschalten oder zumindest abzuschwächen. Es muß für sie selbstverständlich werden, sich gesundheitsbewußt zu verhalten. Sie müssen es für sich ablehnen, die Folgen ihres ungesunden Lebens einfach der Gemeinschaft aufzubürden. Das fällt natürlich alles leichter, wenn es Freude macht, sich gesund zu ernähren, sich körperlich zu bewegen und fit zu halten oder sich einem Hobby, einer Arbeitsaufgabe intensiv zu widmen. Der Sport ist eine der häufigsten und beliebtesten Freizeitbeschäftigungen in der Bevölkerung. Er eignet sich von seiner Aufgabenstellung (Kreislauftraining, Stärken von Kondition und körperlicher Leistungsfähigkeit, Entwickeln von Gruppenzusammenhalt z.B. beim Mannschaftssport) als Übermittler von Gesundheitsideen. Er wird um so wirksamer, je stärker sich die Gesundheit mit einem jugend- und kindgemäßen Lebensstil im Sinne der Fitneß verbinden läßt. Die sportliche Betätigung von klein auf (z.B. Mutter- und Kindgruppen, Sportvereine) und in der Gemeinschaft mit Gleichaltrigen macht Freude. Die sportliche Betätigung ist für viele Menschen der Antrieb, sich gesundheitlich vernünftig zu verhalten. Auch andere Freizeitbetätigungen geben Sinnorientierungen, z.B. die Mitgliedschaft in Kinder- und Jugendgruppen, das Musizieren und Mitwirken in Kinder- und Jugendchören.

Was Kinder noch brauchen

Kinder brauchen für ihr gesundes Heranwachsen, damit ist nicht nur die körperliche Gesundheit gemeint, Liebe, Lob, Anerkennung und das Gefühl von Geborgenheit. Gerade wenn Eltern ein bestimmtes Verhalten des Kindes verstärken oder besondere Leistungen auszeichnen wollen, sollten sie bedenken, daß hierfür nicht nur Süßigkeiten, Geld oder Konsumartikel taugen. Liebevolle Zuwendung ohne ein Wissen um die persönlichen und altersgemäßen Bedürfnisse des Kindes reicht allerdings nicht. Sie wirkt sich sogar nachteilig aus, wenn sie z. B. die Selbständigkeitswünsche des Kindes übersieht, vielleicht sogar durch Überbehüten und Verwöhnen behindert.

Junge Menschen haben das Bedürfnis, Erfahrungen zu machen und Verantwortung zu übernehmen. Dazu benötigen sie Freiräume und Vertrauen, nicht jedoch ständig neue Verbote. Eigenerfahrungen sind für jede Persönlichkeitsentwicklung unverzichtbar. Erhält ein Kleinkind z. B. nicht den altersgemäßen Handlungsspielraum, leidet darunter zunächst seine körperliche Entwicklung. Das ist evtl. daran erkennbar, daß es sich etwas ungeschickt bewegt. Vielleicht erwachsen aus dem Mangel an Handlungsspielraum aber auch Haltungsschäden und Entwicklungsverzögerungen. Diese können sich auf seine geistige Entwicklung auswirken. Das Kind ist dann nämlich in seinem Erkundungsdrang eingeschränkt. Es erfährt nicht genug Neues, es fehlen ihm die vielen kleinen Erlebnisse und selbstgesuchten Aufgaben, die seine Fertigkeiten und sein Wissen erweitern.

Vorbeugung gegen Suchtgefahren, die im frühen Lebensalter beginnen soll, bedeutet für die Eltern demnach, schon vom Säuglings- und Kleinkindalter an die individuellen Abwehrkräfte so stärken, daß Heranwachsende den akuten Gefährdungen im Alter von 12 bis 20 Jahren widerstehen können. Hierbei braucht das Wort „Sucht“ oder „Droge“ überhaupt nicht zu fallen.

Frühe Vorbeugung heißt für die Eltern auch, sich möglichst umgehend und gründlich über die Suchtproblematik zu infor-

mieren und das eigene Verhalten im Hinblick auf seinen Modellcharakter kritisch zu durchleuchten.

Dem jungen Menschen bei der Bewältigung seiner Entwicklungsaufgaben ein verständnisvoller, hilfsbereiter Gesprächspartner sein; Kontakte zu anderen Kindern anregen, um die Sozialkompetenz weiter zu entwickeln; selbst ein gutes Beispiel für aktives Leben und gesunde Ernährung bieten; glaubhaft sein in den Anforderungen an das Kind: Das sind einige wichtige Grundsätze einer Vorbeugung, die selbstverständlich möglichst früh beginnt.

Etwas Süßes zur Belohnung?

Petra (9 Jahre): „Von den Süßigkeiten esse ich am liebsten Schokolade und Eis. Wenn ich meine Oma in der Nachbarschaft besuche, steht immer eine Schale mit leckeren Sachen bereit. – Meine Mutter schimpft, wenn ich zuviel Süßes esse. Sie hat aber immer einen Riegel Schokolade und Schokoladenkugeln im Schrank. Wenn ich mal besonders brav oder fleißig bin, kann ich ein Eis im Bäckerladen holen…“

?

- Was ist denn so schädlich am Konsum von Süßigkeiten im Blick auf die Suchtgefährdung?
- Welche Verhaltensweisen sollten verändert werden?
- Wie könnte dies ohne großen Zwang erfolgen?

!

Angesichts unserer sogenannten Überflußgesellschaft haben es Eltern besonders schwer, ihr Kind gesund zu ernähren. Dabei wissen alle, daß gerade Kinder mit Vorliebe süße Speisen und Süßigkeiten vertilgen. Süßigkeiten gehören in ihren vielfältigen Formen und bunten Verpackungen wie selbstverständlich zum Alltag des Kindes. Daran etwas ändern zu wollen ist nicht leicht. Zahnschmerzen und schlechte Zähne als Folge von Süßigkeiten können Kindern das Naschen nicht verleiden. Bereits Säuglinge bevorzugen Süßes. Die Muttermilch enthält Milchzucker. Die Vorliebe für Süßes wird leider oft dazu benutzt, unruhige Säuglinge mit gesüßtem Tee zu beruhigen.

Auf ein anderes Risiko machen Ernährungsfachleute besonders aufmerksam: Zucker (als reines Kohlenhydrat) kann körperlich abhängig machen. Als Industrieprodukt stellt der weiße Zucker ein reines Kohlenhydrat dar. Bei seiner Verarbeitung im Körper wird körpereigenes Vitamin B_1 benötigt. Den Vitamin-B_1-Bedarf signalisiert der Körper als Mangel. Wir interpretieren das Signal jedoch nicht als Mangel an Vitaminen, sondern entwickeln statt dessen einen Heißhunger auf weitere Süßigkeiten oder Weißmehlprodukte. So entsteht ein gefährlicher Kreislauf.

Die bekannten Werbesprüche „Zucker stärkt die Nerven" und „Traubenzucker ist gesund" verwirren zusätzlich. Sie stimmen auch nicht! Unser Körper braucht diese Zuckerzufuhr nicht. Er stellt den körpereigenen Blutzucker vielmehr selber aus verschiedenen Kohlehydraten her, z. B. aus Obst, Gemüse und Getreideprodukten.

Abhängig von Zucker?

Der starke Genuß von Süßigkeiten kann seelisch abhängig machen. Das Süße schmeckt angenehm. Es ruft positive Gefühle hervor. Oft steuert es die Kontakte zwischen Kindern und Erwachsenen. Ein Bonbon beruhigt das weinende Kind, wenn es sich gestoßen hat. Wir meinen, wir machten jungen Menschen mit süßen Geschenken eine besondere Freude; bei Kinderfeiern und Familienfesten stehen sie traditionell auf dem Tisch. Oft dienen sie als Erziehungsmittel, um ein Verhalten zu belohnen. Süßigkeiten als Ersatz für Zuwendung, Zärtlichkeit und Liebe sprechen im Grunde für Gedankenlosigkeit, mangelnden Einfallsreichtum und bloße Bequemlichkeit. Wenn Naschereien auch noch vor dem Fernsehschirm, durch flotte Werbung massiv gestützt, selbstverständlich werden, wird das Kind auf die Dauer falsch ernährt.

Der Verzehr von Süßigkeiten in bestimmten Problemsituationen kann einen Lernprozeß in Gang setzen, wie er bei den Alltagsdrogen der Erwachsenen (Nikotin und Alkohol) vergleichbar ist: Ich erfahre, wie ich

- mir mit Hilfe eines Mittels angenehme Gefühle bereiten,
- etwas nur für mich haben,
- mich selbst belohnen,
- etwas Unangenehmes – zumindest kurzzeitig – vergessen machen kann.

Was läßt sich tun?

In der Kindererziehung sollte die Regel gelten, mit Zucker so sparsam umzugehen wie mit einem Gewürz. Auch für Kinder ist der kontrollierte Umgang mit Süßigkeiten unverzichtbar. Um dieses Ziel zu erreichen, gilt es,

- sich zunächst die Situationen, in denen Süßigkeiten verzehrt werden, bewußt zu machen und zu überlegen, wie der Konsum eingeschränkt werden kann;

- Kinder über mögliche Folgen übermäßigen Süßwarenkonsums altersgerecht aufzuklären;

- sie zur Zahnpflege anzuhalten, vor allem nach dem Genuß von Süßigkeiten.

Mit Drohungen, radikalen Verboten oder totalem Verzicht ist nicht viel auszurichten, da die Kinder dann bei ihren Freundinnen, Freunden und Verwandten immer noch an Süßigkeiten herankommen. Richtiger scheint die Veränderung der Eßgewohnheiten zu sein. Wir Erwachsenen müssen dabei jedoch mitmachen.

Solch eine Umstellung kostet Zeit und Mühe!

Zuerst ist es wichtig, daß wir Erwachsenen uns gründlich informieren. Dazu gehört das Wissen, wie das Essen trotz Umstellung weiterhin Spaß machen kann. Wenn wir uns einer allmählichen Umstellung gewachsen fühlen, kommt das schwierige Umgewöhnen der Kinder. Nicht zu früh aufgeben! Viel Geduld ist erforderlich! Die gesunde Ernährung soll und kann schon im Angebot appetitanregend sein. Die Augen „essen mit“. Ein schön gedeckter Tisch trägt mit dazu bei. Das Kind sollte nicht zum Essen gezwungen werden. Zwang verleidet das Essen und ist nervenaufreibend. Beim Besprechen des Speiseplans sollten die Kinder mitreden dürfen. Bei Tisch sollten sie sich selbst bedienen oder gefragt werden, wieviel sie von diesem oder jenem haben möchten. Kleinkinder verstehen es nicht, wenn es heißt: „Das ist sehr gesund. Das mußt du deshalb essen“.

Vielleicht können die Kinder für „alternatives", vollwertiges Essen durch Einbezug in die Vorbereitung der Mahlzeiten gewonnen werden?

Eltern sind auch nicht allein gelassen bei der Umstellung. Kindergarten und Schule helfen zumeist mit und übernehmen gern Informationspflichten. Fragen Sie bei Elternveranstaltungen nach! Diese pädagogischen Felder bieten gute Übungsmöglichkeiten, damit nicht nur Ihr Kind, sondern auch dessen Freundes- und Bekanntenkreis die Zubereitung von Vollwertkost und die gesunde Ernährung erlernen.

Das Gespräch im Bekanntenkreis

über Ernährungsfragen sollten Sie selbst einmal anstoßen. Großeltern, Oma und Opa, Tanten und Onkel der Kinder sollten behutsam darauf aufmerksam gemacht werden, daß es außer Süßigkeiten noch andere schöne Kleinigkeiten gibt, an denen Kinder Freude haben, z.B. ein Bilderbuch, ein spannendes Taschenbuch, eine Theaterkarte, ein Bastelbogen, ein Geldbetrag zum nächsten Ausflug...

Das eigene Verbraucherverhalten und die eigene Einstellung im Hinblick auf den Verzehr von Süßigkeiten kritisch überprüfen. – Sich selbst gründlich über Vollwertkost informieren. Sich mit der Bitte um Information hierzu z.B. an Verbraucherberatungsstellen wenden. Auch Jugendamt, Gesundheitsamt, Krankenkassen sind zur Information bereit. Programme von freien und öffentlichen Trägern der Weiterbildung auf Angebote mit Themen zur gesunden Ernährung durchsehen und sich für einen solchen Kurs anmelden. – Mit viel Geduld daran gehen, die Kinder allmählich von zuviel Süßem auf wenig Süßes und gesunde Vollwertkost umgewöhnen.

Von der Beziehung zu unseren Kindern

Eltern unterhalten sich über das Verhältnis zu ihren Kindern. Ehepaar A. beschreibt das eigene Bemühen um guten Kontakt zu den Kindern und wie sie beide versuchen, Alltagsprobleme nicht „unter den Teppich zu kehren", sondern sich darüber aussprechen.

Frau B. betont die Notwendigkeit guten Einvernehmens zwischen Eltern und Kindern. Die Erwachsenen müßten sich über deren Verhalten ärgern oder freuen. Sie sollten ihren Kindern deutlich zeigen, wenn sie sich über deren Verhalten ärgern oder freuen. Sie sollten auch mitfühlen, wenn die Kinder traurig sind. Die Kinder müßten stets klar wissen, woran sie bei ihren Eltern seien.

?

– Müssen Eltern ihre Gefühle von Freude und Ärger unterdrücken, weil sie sonst evtl. dem Kind schaden?

– Was sollten Eltern bei Alltagsproblemen mit ihren Kindern beachten?

– Gibt es eine generelle Richtschnur für das Verhalten Erwachsener gegenüber ihren Kindern?

!

Die Auffassungen der beiden Elternpaare widersprechen sich nicht. Sicherlich gibt es den einzig richtigen Erziehungsstil, zu dem allen Eltern geraten werden kann, nicht. Hierbei wäre auch zu fragen, ob sie ihn dann ggf. mit ihrer Auffassung von Erziehung in Einklang bringen könnten. Kinder entweder zu gängeln oder auf der anderen Seite „alles laufen zu lassen", sind bestimmt ungeeignete Erziehungsstile. Der Umgang der Generationen miteinander führt zu wechselseitigen Beeinflussungen, so daß sich auch das Verhalten der Erwachsenen verändert. Allerdings zeigt sich die Verantwortung der Erwachsenen gegenüber ihren Kindern darin, daß sie ihr Verhalten besonders im Hinblick auf die Auswirkungen überdenken sollen. Dazu ist es wichtig, sich klar zu machen, daß Kinder stets als mithandelnde Subjekte, niemals als Objekte der Erziehung anzusehen sind. Ein partnerschaftliches Beziehungsverhältnis baut vor allem auf Achtung und Vertrauen gegenüber dem Kind. Übertriebene Äußerungen von Lob, Ärger und Tadel der Erwachsenen können den jungen Menschen belasten und ängstigen. Sie sind in der Regel kaum als positive Anreize zum Nachahmen geeignet.

Eine Richtschnur

Der Psychotherapeut Carl R. Rogers hat sich bei seiner Arbeit von Einstellungs- und Verhaltensprinzipien leiten lassen, die auch Eltern beim Bemühen um eine gute Beziehung zu ihren Kindern eine Orientierung bieten können:

- Einfühlungsvermögen in das innere Erleben der Welt des anderen dient dem Verstehen des Heranwachsenden;

- Annahme und Wertschätzung des jungen Menschen mit seinen Stärken und Schwächen geben ihm Sicherheit;

- Echtheit und Wahrhaftigkeit der Eltern und anderen verantwortlichen Erwachsenen schaffen ein Klima der Offenheit und des Vertrauens.

Allerdings sollten Kinder und Jugendliche zu gleichem Verhalten angeregt werden. Wenn die Erwachsenen im Umgang mit den jungen Menschen Höflichkeit, Takt und Achtung zeigen, können sie diese auch von ihnen erwarten. Gerade in der Art, wie sie die Alltagsprobleme mit ihren Kindern bewältigen, d.h. inwiefern es ihnen gelingt, die Bedürfnisse und Standpunkte von Eltern und Kindern gemeinsam zu klären und zu einem für beide Seiten tragbaren Ergebnis zu kommen, liegt ein gutes Stück Lebenshilfe für die Heranwachsenden. Im Rahmen von „Echtheit“ und „Wahrhaftigkeit“ sollten Eltern auch ihre Gefühle und Schwierigkeiten gegenüber dem Kind äußern. Die Betonung von Partnerschaft könnte sich dann z.B. in folgenden Äußerungen zeigen: „Ich habe da Schwierigkeiten mit deinem Verhalten. Ich weiß im Moment nicht, wie ich reagieren soll. Ich fühle mich durch dein Verhalten verletzt und kann deshalb jetzt auf deine Forderung nicht eingehen…“

Gesprächsbereitschaft

Von besonderer Bedeutung ist die Gesprächsbereitschaft der Eltern. Die Bitte um das Verschieben eines Gesprächs, weil es Vater oder Mutter im Moment überhaupt nicht paßt, muß ehrlich gemeint sein. Ein unüberlegtes Abweisen des Kindes mit seinem wichtigen Anliegen, das aber Eltern nebensächlich erscheint, läßt das Kind mit seinem Problem allein. – Es muß allerdings kein Anzeichen eines Vertrauensverlustes sein, wenn Kinder, vor allem in der Pubertät, das Gespräch mit ihren Eltern meiden. Es ist eher ein Hinweis darauf, daß der betreffende junge Mensch Zeit für sich benötigt und sich von den Eltern löst.

Trauer und Freuden der Kinder

Achtung gegenüber Kindern haben heißt auch, Trauer und Freuden des Kindes oder Jugendlichen ernst zu nehmen, sich im Gespräch in die Situation hineinzuversetzen, ohne durch eigene Bewertung das Kind gefühlsmäßig zu belasten. Wenn das Kind z.B. mit schlechten Noten nach Hause kommt und das Gefühl hat, versagt zu haben, braucht es gerade in diesem Moment die Unterstützung der Familie besonders dringend. Es fühlt auf diese Weise, daß jemand ihm beisteht; sein eigenes Unglück ist auch das der anderen. Ist das Kind enttäuscht über die Freundin bzw. den Freund, die ihn bzw. der sie im Stich gelassen hat, braucht es Mitgefühl. Ein Bagatellisieren der kindlichen Gefühle, etwa im Sinne von „kleinen", „unreifen" Gefühlen, enttäuscht das Kind. Die Gefahr besteht, wenn Eltern sich öfter so verhalten, daß es solche Gefühle irgendwann gar nicht mehr äußert. Dann haben wir aber kaum noch die Chance, ihm zu helfen. Ist das Kind traurig, sollte die Trauer auch respektiert werden. Ein künstliches Aufheitern, so verständlich das ist, weil wir ein glückliches Kind haben möchten, greift unnötig der eigenen Verarbeitung von Trauer vor. Daß wir Verständnis haben, können wir oft viel besser ohne Worte zeigen, indem wir es in den Arm nehmen.

Eltern zeigen auch dadurch Annahme und Wertschätzung, daß sie sich für die Hobbys ihrer Kinder interessieren. Ihre Hobbys sollten sich die Kinder zwar selbst suchen, die Erwachsenen können jedoch sinnvoll zu Aktivitäten anregen, ohne zu bedrängen.

Sie sollten auch darauf achten, welche Freunde das Kind hat.

Oft fällt es den Eltern schwer, den Kindern eigene Wege, eigene Beurteilungen zuzugestehen. Sie meinen, ihre Autorität könne leiden, wenn sie mal „nachgäben“. Das ist sicher nicht der Fall. Allerdings müssen sie die entstehenden Gefahren bei riskanten Entscheidungen ihrer Kinder prüfen. Bei zu großem Risiko müssen sie auch ein klares Nein sagen können, sollten dieses aber auch begründen.

Eltern sollten versuchen, ihr Verhältnis zu den Kindern auf gegenseitiger Achtung und gegenseitigem Vertrauen aufzubauen.

Die Annahme des Kindes mit seinen Stärken und Schwächen sowie der ehrliche Umgang miteinander schaffen ein Klima, bei dem sich Kinder (und Erwachsene!) wohl fühlen.

Vorbildverhalten von Eltern bei Genuß von Nikotin und Alkohol

Bei einem Elternseminar zum Thema „Sucht und Drogen...“ wird das Vorbildverhalten von Eltern angesprochen. Dabei wird deutlich, daß sich einige Raucher offensichtlich unwohl fühlen. Einer sagt aggressiv: „Die Zigarette lasse ich mir nicht verbieten. Sie gehört bei mir zur Lebenskultur.“ – Zum Stichwort des sehr hohen Alkoholkonsums in der Bundesrepublik äußert sich eine Mutter: „Familienfeste und andere Feste ohne Alkohol? Das gibt es doch gar nicht! Hier kann kein Erwachsener ein positives Vorbild sein!“

?

- Ist der völlige Verzicht Erwachsener auf Nikotin und Alkohol erforderlich?

- Erfordert Vorbeugung eine suchtfreie Gesellschaft?

- Wieso gefährdet es Kinder und Jugendliche, wenn Erwachsene Genußmittel dieser Art konsumieren?

- Welches sind realistische Ziele im Hinblick auf den Konsum von Nikotin und Alkohol?

!

Niemand kann Erwachsene zum Verzicht auf den Konsum dieser Suchtmittel zwingen, obwohl sie gesundheitsschädlich sind. Die Erwachsenen müssen es schon selbst wollen! Bekanntlich bewirkt der Appell an Jugendliche, sie sollten auf den gesundheitsschädigenden Genuß dieser sogenannten „legalen Drogen“ verzichten, wenig, wenn die Erwachsenen ihre Trink- und Rauchkultur pflegen. Manche rechtfertigen den Konsum von Alkohol und Tabak so: „Sie erleichtern Kontakte zu anderen Menschen. Sie wirken problemlösend“. Andere bagatellisieren die giftige Wirkung mit dem Hinweis: „Dann fühle ich mich erst richtig wohl und vergesse meine Alltagssorgen.“

Der Einfluß der Werbung ist enorm. Sie verbindet den Alkoholgenuß mit festlichen Ereignissen, den Nikotinkonsum mit Abenteuer.

Junge Menschen erfahren tagtäglich, daß solche Mittel Bestandteil der Erwachsenenwelt sind. Sie möchten sie und ihre Wirkung daher möglichst bald selbst erleben. Ihre natürliche Neugierde treibt sie dazu an. Später stellen sie beim Konsum dieser Mittel fest, daß es ihnen – wie den Erwachsenen – z. B. mit Alkohol gelingt, Probleme, Unbehagen oder Ärger zu überdecken. Dabei ist es nicht wichtig, daß dies nur für kurze Zeit gelingt. Wenn sie diese Art der Problembewältigung zur Regel machen, lernen sie nicht, aktiv und mit klarem Kopf Lösungen für die eigenen Probleme zu entwickeln. Es entgeht ihnen auch, daß z. B. persönliche Mißerfolge Teil ihres Lebens sind und verarbeitet werden müssen. Das Fliehen in die Suchtsituation läßt keine Probleme verschwinden. Es macht sie eher größer.

Realistische Ziele

Eine absolut suchtfreie Gesellschaft ist wohl nicht zu erreichen. Ein solches Ziel der Vorbeugung gegenüber Nikotin- und Alkoholkonsum wäre unrealistisch. Aber zumindest ein Rückgang im Verbrauch wäre ein Erfolg. Als Ziele der Suchtvorbeugung hat die UNESCO formuliert:

- Die Erziehung zur Abstinenz gegenüber illegalen Rauschmitteln;
- Nichtrauchererziehung bzw. Abstinenz gegenüber Tabakerzeugnissen;
- Erziehung zum selbstkontrollierenden Umgang mit Alkohol und langfristig zur Abstinenz.

Die Bitte an die Eltern

geht dahin, ihr eigenes Verhalten daraufhin zu überprüfen, ob sie selbst ein gutes Beispiel für maßvolles Konsum- und Genußverhalten geben oder sich zukünftig etwas mehr darum bemühen können. Sie sollen bereit sein, sich eigene Schwächen einzugestehen. Das Verleugnen oder Verdrängen gegenüber Kindern geht auf die Dauer nicht gut. Mit etwas Phantasie läßt sich ein starker Konsum dieser Suchtmittel zumindest einschränken. Warum kann z. B. nach dem Sport nicht ein Glas Mineralwasser das kühle Bier ersetzen? Können nicht der „Verdauungsschnaps“ oder die „Verdauungszigarette“ nach dem guten Essen wegfallen?

Einschränkungen oder Änderungen liebgewordener Verhaltensweisen fallen schwer, aber es geht um das Wohl des Kindes!

Eltern können im Umgang mit Nikotin und Alkohol gute Vorbilder für ihre Kinder sein. Sie müssen sich ihren Einfluß bewußt machen und sollten bei sich selbst mit ersten Änderungen beginnen, möglichst noch heute!

Grenzen ziehen

Oliver (7 Jahre) kann nicht einschlafen. Die Eltern haben seit einer Stunde Besuch im Wohnzimmer, und er darf nicht dabeisein. „Morgen früh ist Schule. Da mußt du ausgeschlafen sein“, hat Mutter gesagt. Er will aber nicht länger allein sein in seinem Zimmer und steht plötzlich mitten unter all den Gästen. Diese begrüßen ihn herzlich. Natürlich will Oliver auch etwas trinken. Er will unbedingt Wein. Onkel Theo bemerkt: „Ein Glas kann nicht schaden. Vielleicht schläft er dann besser!“ Die Eltern lehnen zwar ab, wollen aber auch keinen Aufstand machen, um mit Oliver keine Szene zu erleben.

?

- Wie kann ich die Fähigkeiten des Kindes im Hinblick auf das Bewältigen von Situationen richtig einschätzen?

- Wann gewähre ich u. U. zuviel, wann zuwenig Freiraum?

- Was sind „vernünftige“ Verbote?

- Welche Strafen sind pädagogisch vertretbar?

Freiraum gewähren und Grenzen ziehen

Grundschulkinder sollten auch nicht einen kleinen Schluck Alkohol trinken und keine alkoholhaltigen Pralinen essen. Alkohol kann schon in sehr kleinen Mengen den sehr sensibel reagierenden kindlichen Organismus schädigen. Hier muß das Kind sehr klar die Grenze durch ein „Nein!“ erfahren. Eine Erklärung und Begründung sollte folgen. Die Auffassung mancher Erwachsener: „Es wird schon von alleine feststellen, wie widerlich Alkohol schmeckt und das Trinken lassen“, ist nicht haltbar. Für das Kind bedeutet Alkohol trinken, daß es schon etwas erwachsener geworden ist. Das zählt u. U. mehr als der Geschmack von Wein. Erziehen heißt auch: Richtung aufzeigen, Orientierungshilfen anbieten. Dabei braucht das Kind Freiräume, aber auch Grenzen, die wir ziehen. Es fällt uns allerdings schwer, in besonderen Situationen auf die Fähigkeiten und Selbstentfaltungskräfte des Kindes zu vertrauen. Wir wissen auch nicht, wann wir durch Gebote und Verbote einschreiten sollen. Fehler passieren natürlich immer. Davon kann sich kein Erwachsener frei sprechen. Ein Fehler wäre es, wenn wir bei einer Situation eingreifen, die das Kind selbst meistern oder aus der es lernen und Erfahrungen machen kann, ohne sich körperlich oder seelisch zu schaden.

Wir müssen uns die Welt erst „erarbeiten"

Wir Menschen sind in unseren Lern- und Erfahrungsmöglichkeiten relativ wenig festgelegt. Wir müssen uns die Welt erst für unsere Ziele und Zwecke erarbeiten. Für Erfahrungen und Entdeckungen brauchen wir Freiräume. Es gehört dazu, daß wir Fehler machen, uns verletzen, andere ärgern, den Mitmenschen Schaden zufügen. Durch die unangenehmen Folgen können wir belehrt werden, bei der nächsten ähnlichen Situation anders zu handeln.

Mit dem Erziehen wollen wir Erwachsenen einen jungen Menschen bei der Bewältigung seiner Entwicklungsaufgaben begleiten, ohne ihn aus Angst vor Gefahren permanent „an die Hand" zu nehmen.

Neben uns haben auch andere Menschen Einfluß auf das Kind bzw. den Jugendlichen, manchmal sogar einen größeren: Verwandte, Bekannte, Mädchen und Jungen aus der Gleichaltrigengruppe, Pädagogen aus dem Kindergarten, der Schule, dem Hort, der Jugendarbeit.

Kinder benötigen beim Erobern ihrer Welt Freiräume, in denen sie ohne ständige Kontrolle spielen, Krach machen, toben können. Kinder haben einen starken Bewegungsdrang. Bewegung hält sie gesund. Für Zuneigung anderen gegenüber, Ausprobieren von Grenzen, auch für Auseinandersetzungen brauchen sie andere Kinder, Nachbarskinder, Klassenkameraden, mit denen sie etwas unternehmen können.

Mit den Augen der Kinder sehen

Wenn Erwachsene Grenzen ziehen, heißt das soviel wie Signale, Stoppschilder, Richtungspfeile setzen, und zwar dort, wo sie es für unbedingt nötig halten, damit sich das Kind nicht verletzt, damit es nicht seiner Gesundheit schadet oder anderen weh tut. Dabei ist der momentane Entwicklungsstand des Kindes zu beachten, nicht nur das Lebensalter. Das Kind soll ja weder unterfordert noch überfordert werden. Zumeist spüren junge Menschen eine Richtschnur der Erwachsenen für ihr Verhalten. Sie müssen aber die Grenze des Erlaubten oft erst ausprobieren und das rechte Maß bei der Durchsetzung ihrer Interessen finden. Das erfordert viel Geduld von uns, ist aber ein wichtiger Erfahrungsprozeß für die Kinder.

Vieles müssen wir Erwachsenen mit den Augen der Kinder sehen und hören lernen, um uns in sie hineinfühlen zu können. Dazu müssen wir uns Zeit nehmen und aufmerksam sein. Unsere Freude, Anerkennung oder auch Zweifel will das Kind im Blickkontakt sehen und erleben. Tonfall, inhaltliche Aussage und Mimik werden vom Kind genau registriert und auf Übereinstimmung geprüft. Mit einem langweilig gedehnten „Jaaa…“ ist der Sohn wohl kaum anzuregen, weiterzuerzählen und Interesse des Erwachsenen herauszuhören. Grundschulkinder haben selbstverständlich zu allen möglichen Themen ihre eigene Meinung. Setzen Sie hier nicht unnötig Grenzen, indem Sie diese nicht ernst nehmen.

Vernünftige Verbote

Vernünftige Verbote sind solche, die die Sicherheit des Kindes und die begrenzte Belastbarkeit der Eltern betreffen. Unvernünftige Verbote sind solche, die nur kraft der Autorität gesetzt werden, oft auch nur aus Gewohnheit. – Versuchen Sie auch einmal, so zu sprechen, daß es nicht wie ein Gebot klingt, was Sie sagen. Statt der Äußerung: „Du mußt jetzt aufhören zu malen, weil wir jetzt zum Arzt gehen wollen“, wäre ja auch eine einfache Feststellung möglich, z. B.: „Wir brechen in wenigen Minuten auf, da wir einen Termin beim Arzt haben.“ So können Sie Angriffspunkte vermeiden, in denen das Kind eine Einschränkung seiner Freiheit sieht. Günstig ist es auch, eine Veränderung eine Weile vorher anzukündigen, z. B.: „Den Turm kannst du noch fertig bauen, dann gibt es Essen."

Die meisten Kinder brauchen einigermaßen feste Essenszeiten. Hat das Kind zu dieser Zeit aber noch keinen Appetit, sollte es auch mal später essen dürfen, wenn sich das mit dem Angebot vereinbaren läßt. Sie sollten es auch zu bestimmten Zeiten an das Schlafengehen erinnern. Die regelmäßigen Essens-, Schlaf-, Wasch-Spiel- und Hausaufgabenzeiten haben den Vorteil, daß sie für das Kind Klarheit und Übersichtlichkeit mit sich bringen, ja auch eine gewisse Geborgenheit schaffen. Das heißt: Regeln stehen fest, aber über Ausnahmen kann von Fall zu Fall gesprochen werden.

Noch einmal zur Form des Grenzen-Ziehens

Wenn Erwachsene Grenzen ziehen, um ihrem Kind anzudeuten, dies kannst du tun, jenes nicht, ist eine klare Anweisung oder Forderung mit wenigen, aber gut verständlichen (und möglichst freundlichen!) Worten angebracht. Der richtige Ton muß dabei sein. Reißen Eltern z. B. ihrem Kind verbotene Dinge aus der Hand, können Kinder an diesem Beispiel lernen, wie sie sich im Streit um Gegenstände zu verhalten haben. Einem Kind muß man aber Gefährliches (z. B. die Säureflasche) abnehmen, wenn die Situation dies erfordert. Das Handeln sollte dann sowohl von der Sache her („Säure ist gefährlich") als auch von der Person her („tut mir leid, aber ich bin sehr erschrocken, deswegen war ich so heftig") erklärt werden.

Gebote und Verbote

Ein Verbot schränkt den Freiraum ein, während ein Gebot bzw. eine Aufforderung mitteilt, wie ein Freiraum genutzt werden soll. Beide erübrigen sich, wenn ein freundlicher Hinweis oder ein leichtes Beiseitenehmen ausreicht. Gebote und Verbote sind vor allem angebracht, wenn die Gesundheit der Kinder gefährdet ist, z. B. durch witterungsunangemessene Kleidung, falsche Ernährung, zu nachlässige Körperhygiene.

Aber alle Überbehütung und ein Übermaß an Geboten und Verboten schränken die eigenen Lernmöglichkeiten ein! Ein einfühlsamer, partnerschaftlicher Umgang mit dem Kind sorgt oft wie von selbst dafür, daß das Kind Eigenarten und Bedürfnisse anderer erkennen und respektieren lernt.

Das Streitthema Hausaufgaben

Umstritten ist immer wieder, ob Eltern bei den schulischen Arbeiten (Hausaufgaben) ihrer Kinder etwas gebieten und verbieten sollten. Hausaufgaben sind als Sache der Kinder bzw. Schülerinnen und Schüler gedacht. Bei dauernder Kontrolle oder Mithilfe gewöhnt sich das Kind an diese Unterstützung. Es lernt dabei weder Selbständigkeit noch Selbstverantwortung. Eine zurückhaltende, punktuelle Hilfe auf Wunsch des Kindes kann allerdings auch besonderes Interesse an der Sache andeuten und ihm in einer Problemsituation nützlich sein. Welcher Zeitraum für die Erledigung der Hausaufgaben am günstigsten ist, hängt vom einzelnen Kind und seiner Belastbarkeit sowie seinem Bedürfnis nach Erholung und Entspannung im Anschluß an die Schule und das Mittagessen ab. Ein bestimmter Zeitrahmen sollte aber entsprechend den Bedürfnissen des Kindes für das Anfertigen der Hausaufgaben vorgesehen werden.

Sinnvolle Strafen,

gibt es die überhaupt? Wenn ein Kind die gezogenen Grenzen überschreitet, muß es eigentlich auch Folgen spüren. Vorher sollten Sie aber prüfen, ob das Kind wirklich zur Verantwortung zu ziehen ist. Vielleicht waren bestimmte Umstände Auslöser für das nicht akzeptierbare Verhalten?

Welche Orientierungspunkte gibt es zum Thema Strafe?

Körperstrafen sind für Kinder etwas Schlimmes, das sie erniedrigt und ihnen angst macht. Die Erziehung sollte ganz auf sie verzichten! Sie stellen zudem ein zur Nachahmung völlig ungeeignetes Konfliktverhalten dar.

Oft wird durch die Strafe das bestrafte Verhalten nur unterdrückt, aber nicht beseitigt. Manchmal wirkt schon die Angst vor der Strafe neurotisierend. Ein Kind sollte daher nicht bestraft werden, wenn es Angst hat. Drohungen, Anschreien, Gewaltanwenden können autoaggressives Verhalten, wie z. B. Nägelbeißen, Haareausreißen, auslösen.

Wenn Fritz etwas mutwillig zerstört hat, sollte er es (unter Mithilfe der Eltern) ersetzen. Hat Claudia trotz guten Zuredens der Mutter beim Spülen des Kaffeegeschirrs von der eigenen Geburtstagsparty nicht geholfen, fällt der beabsichtigte Gang zur Kirmes aus. Solch ein Verhalten versteht das Kind dann recht gut, wenn es erläutert wird. Damit wird auch deutlich, daß keine Strafen verhängt werden dürfen, bei denen das Kind den Zusammenhang zwischen Tat und Strafe nicht erkennt. So ist es z. B. für das Kind wenig verständlich zu sagen: „Weil du dein Zimmer nicht aufgeräumt hast, darfst du in dieser Woche nicht fernsehen!"

Hat das Kind in der Schule für sein Stören des Unterrichts durch dauerndes Dazwischenreden eine Sonderaufgabe zu leisten, dann muß es zu Hause nicht noch eine zusätzliche Strafe bekommen.

Das Kind sollte auch nicht vor den Augen seines Freundes bzw. seiner Freundin bestraft und somit bloßgestellt werden.

Als Strafe grundsätzlich die Freizeit des Kindes einzuschränken ist einseitig und nicht sinnvoll. Kinder brauchen diese Zeit für ihre seelische und körperliche Gesundheit. Zudem neigen Kinder dann dazu, ein von der Laune der Eltern abhängiges Freizeitvergnügen auszukosten.

Versöhnung

Auf jede Strafe sollte möglichst rasch die Versöhnung folgen. Hier können auch die Erwachsenen den ersten Schritt tun. Sie verlieren dadurch nicht an Ansehen. Dieser Schritt muß aber ehrlich sein. Er darf nicht zu einer formalen Angelegenheit verkommen. Das Kind muß ja in sein eigenes Wertsystem zurückkehren können!

Eltern müssen sich auch stets selbst fragen: Habe ich genügend positives Vorbildverhalten zum Nachahmen und zur Bewältigung von Problemen gezeigt? Hat mein Kind bisher die Chance gehabt, andere Verhaltensweisen zu lernen, mit denen es nicht so schnell Schwierigkeiten mit anderen bekommt?

Hat mein Kind nur deshalb gezogene Grenzen überschritten, weil es sich im Moment nicht gut zurecht fühlte?

Freiraum gewähren und Grenzen ziehen gleichen einem Balanceakt, der schwierig ist. Er ist von den Eltern nur mit viel Einfühlungsvermögen in das kindliche Denken, Erleben und Verhalten zu bewältigen.

- **Daß dennoch immer wieder Fehler passieren, ist menschlich. Auch wir Erwachsenen lernen immer noch dazu und sehr viel zusammen mit unseren Kindern und durch unsere Kinder.**

- **Gebote und Verbote ohne Einsicht in ihre Notwendigkeit sind wenig wirksam. Im Gegenteil: Gerade Verbotenes reizt!**

- **Strafen für Kinder müssen gründlich durchdacht werden im Hinblick auf Angemessenheit und Nebenwirkungen.**

Umgang mit Konflikten

Wieder einmal hat es zwischen dem neunjährigen Sebastian und seiner Mutter frühmorgens „Krach" gegeben. Er trödelte so lange beim Anziehen, daß das Frühstück ausfallen mußte, damit er noch pünktlich zur Schule kam. Ein Wort gab das andere. Sebastian ging mit Tränen und Wut aus dem Haus, Mutter mußte sich erst mal setzen und beruhigen. Ihrer Tochter Monika, die erst zur zweiten Stunde zur Realschule mußte, war im Moment auch nicht mehr nach Gespräch zumute. Sie hatte alles aus der Ferne mitgehört.

?

- Wie können Eltern Konflikte mit ihren Kindern besser bewältigen?
- Gibt es evtl. Hinweise oder Tips, die helfen können, daß durch das Streiten die Beziehungen von Erwachsenen und ihren Kindern nicht zu stark belastet werden?
- Was können Erwachsene tun, damit sie auch beim Lösen von Konflikten nicht ihre Autorität und Vorbildwirkung verlieren?

!

Natürlich muß Sebastian pünktlich in der Schule sein. Vielleicht täte es ihm aber gut, mal selbst zu erleben, wie störend sich seine Unpünktlichkeit in seiner Schulklasse auswirkt! Völlige Freiheit und damit Orientierungslosigkeit würde ihm hier – wie in vielen anderen Lebenssituationen – wenig helfen.

Bestimmte Regeln und Gebote müssen beim Zusammenleben mit anderen beachtet werden. Eltern schonen ihre Nerven und die ihres Kindes, wenn sie ihm auch einmal zeigen, wann Schluß ist mit ihrer Geduld.

Aus dem Gleichgewicht geraten…

Im Zusammenleben von Menschen gibt es selbstverständlich immer wieder Reibungspunkte und Schwierigkeiten, Mißverständnisse und Meinungsverschiedenheiten. Das ist normal. Gravierende Auseinandersetzungen, Konflikte, stellen sich manchmal bei geringfügigen Anlässen ein. Sie können mit Vorwürfen und Verletzungen auf beiden Seiten enden und das Klima des Zusammenlebens schwer belasten. Die Schuld wird oft nur beim Kind oder Jugendlichen gesucht. Vielleicht hat sich die momentane seelische Verfassung des Kindes oder Erwachsenen auf ein vorangegangenes Ärgernis verstärkend ausgewirkt?

Dabei fällt es gerade dann schwer, liebevoll zu einem Kind zu sein, wenn wir uns aus Liebe zu ihm Sorgen machen.

Eltern fühlen sich oft durch die Streitigkeiten der Kinder und mit ihren Kindern aus dem Gleichgewicht gebracht. Zeigen sie dies, kann sich die Situation nur noch verschärfen. Der Streit „schaukelt sich auf" und eskaliert. Da mit einem Konflikt viele und starke Gefühle verbunden sind, ist es schwer, aus einer solchen aggressiv angespannten Situation wieder herauszufinden.

Beim Umgang mit Konflikten zeigen manche Eltern ihren Kindern, wer hier das Sagen hat: nämlich die Erwachsenen. Natürlich sind diejenigen, die mehr Lebenserfahrung haben, redegewandter und körperlich stärker sind, eher in der Lage, eine Entscheidung des Streits durchzusetzen. Bei allem Verständnis für die gefühlsmäßige Betroffenheit auch der Erziehungsberechtigten im Konfliktfall, es sollte dennoch mitbedacht werden, wie eine solche Machtentscheidung den jungen Menschen in seinem Bild von sich selbst verletzen kann, ja wie etwas Falsches im Hinblick auf Konfliktlösungen gelernt werden kann: Die Stärkeren setzen sich immer durch, ob sie im Recht sind oder nicht!

Der Blick auf uns selbst…

Manchmal sieht die schwierige Situation ganz anders aus, wenn wir beunruhigt feststellen, daß das Kind ein Verhalten zeigt, gegen das wir in uns selbst immer wieder ankämpfen müssen. Wir regen uns dann eigentlich mehr über uns selbst als über unser Kind auf. Das heißt, das Problem liegt zunächst bei uns, erst dann beim Kind.

Vielleicht hilft diese Vorstellung, das Kind in solch einem Fall weniger hart anzufassen?

Patentrezepte...

zur besseren Bewältigung von Konflikten gibt es nicht, wohl einige Tips, die anregen können, daß ein Konflikt gemeinsam und konstruktiv bewältigt werden kann. Die Betonung liegt auf gemeinsam und konstruktiv. Die Erwachsenen sollten dabei ein gutes Beispiel geben – soweit es ihnen möglich ist. Wenn Vereinbarungen zwischen Eltern und Kindern getroffen wurden, müssen Eltern diese auf jeden Fall solange es überhaupt geht, einhalten, auch wenn sich ihre Kinder nicht daran halten mögen. Evtl. entspannt es die Eltern bei Streitigkeiten, wenn sie sich klarmachen, daß die Konfliktregelung mit Kindern als deren Lernen und nicht als Konkurrenzkampf anzusehen ist.

☞ Tip 1

Nicht jede nach Konflikt aussehende Auseinandersetzung macht ein spontanes Engagement der Erwachsenen erforderlich, indem massiv Stellung bezogen wird. Manchmal reicht das freundliche Bagatellisieren und humorvolle Akzeptieren („Das hast du sicher nicht ganz so gemeint...“), vielleicht auch das Überhören.

☞ Tip 2

Versuchen Sie folgende Spielregel zu beachten oder einzuführen: „Jeder läßt den anderen zuerst ausreden, bevor er selbst spricht.“ Diese Spielregel trägt mit dazu bei, sich besser in das Kind einfühlen und seine Erlebnislage vorstellen zu können. Durch Nachfragen und aktives Zuhören, wie z.B. „Du fühlst dich jetzt ungerecht behandelt“, wird das aggressive Verhalten als Gesprächsanlaß akzeptiert. Das Kind kann so von Ihnen lernen, in welcher Weise schwierige Beziehungssituationen durch verständnisvolles Verhalten bearbeitet werden können.

☞ Tip 3

Versuchen Sie gemeinsam, den Konflikt und seine Ursachen herauszufinden und klar zu benennen.

☞ Tip 4

Geben Sie sich Mühe so zu sprechen, wie sie selbst das auch von der anderen Seite erwarten. Mit der Sprache werden Gefühle ausgedrückt. Eine sorgfältige Wortwahl kann helfen, sachlicher miteinander umzugehen.

☞ Tip 5

Eigene Betroffenheit und der Ärger müssen nicht verdrängt werden. Wichtig ist, durch den Gebrauch des Wortes „Ich…“ zum Ausdruck zu bringen, daß der Ärger sie selbst betrifft und nicht irgendwen anders.

Sie sollten die Äußerungen des Kindes allerdings auch nicht auf die Goldwaage legen, sondern versuchen, so gut es geht, den sachlichen Gehalt der Aussage aufzunehmen. So zeigen Sie trotz eigener Betroffenheit, daß sie sich um Verständnis bemühen. Sollte sich herausstellen, daß Sie sich geirrt oder offenkundig selbst falsch verhalten haben, so sollten Sie ehrlich genug sein, dies auch zuzugeben. Das schadet ihrem Ansehen keineswegs!

☞ Tip 6

Manche Konflikte verlieren durch zeitliches Verschieben der Auseinandersetzung oder durch Überschlafen einen Teil ihrer übertriebenen Gefühlsanteile und lassen sich am nächsten Tag u. U. besser im Hinblick auf der Suche nach Lösungskompromissen angehen. Die „Vertagung“ muß aber eingehalten werden. Sie darf nicht nach Abschieben eines lästigen Übels aussehen oder dazu dienen, den Konflikt unter den Teppich zu kehren.

☞ **Tip 7**

Suchen Sie gemeinsam nach alternativen Lösungen des Konflikts Bitten Sie ggf. Ihr Kind um Vorschläge. Das klappt natürlich dann nicht, wenn jeder auf seinem Standpunkt verharrt. Ein Entgegenkommen beider Seiten ist erforderlich, damit ein Kompromiß möglich wird. Vielleicht machen Sie als Erwachsener den Anfang, um den guten Willen zu zeigen?! Die Bewertung der Alternativen ist ebenso Aufgabe beider „Konfliktparteien". Als Ergebnis sollte die Entscheidung für einen Kompromiß fallen, den beide Seiten akzeptieren können.

Vom Gespräch in der Familie

Die Familie ist für den Menschen normalerweise das erste und ein bleibendes Übungsfeld für alles, was Menschsein im Selbst- und Miteinandersein ausmacht. Da müssen wir unseren Kindern auch manches Unausgegorene, Überschäumende und Vorläufige zugestehen. Auch für Kraftausdrücke und Übertreibungen muß es in der Familie Raum geben! Unterschiedliche Meinungen befruchten das Gespräch. „Erst am Widerstand des Einwands wird das Denken schöpferisch" (O. Fr. Bollnow). Ein falsches Harmoniebedürfnis, das „um des lieben Friedens willen" alles Gegensätzliche meidet und Auseinandersetzungen aus dem Raum der Familie heraushalten will, nimmt den einzelnen wichtige Reifungschancen. Mangelnde, zurückgehende und sich verändernde Gesprächsbereitschaft in der Familie kann ein Signal sein, das etwas über den Stand und die Qualität der familiären Lebensbezüge aussagt. Die Bereitschaft zum Gespräch in der Familie hängt entscheidend davon ab, in welchem Grad Vertrauen zueinander da ist. Das Zugeben von Rat- und Hilflosigkeit, von Grenzen und Versagen wird sich nur dort ereignen, wo oft erfahren wurde, daß der erwachsene Gesprächspartner sich genügend Zeit zum Zuhören nahm und eigene Anliegen, zumindest zeitweilig, zurückstellte.

Konflikte von Erwachsenen mit ihren Kindern sind etwas Natürliches und kein Hinweis, daß die Beziehungen der Generationen nicht stimmen.

Damit Kinder den Umgang mit solchen Problemen auch für Situationen z.B. mit Gleichaltrigen lernen, ist ein bestimmtes Erwachsenenverhalten erforderlich.

Die Erwachsenen sollen ihren Ärger nicht verdrängen, aber sich doch so ausdrücken, daß das Kind nicht unnötig verletzt wird. Zudem können sie gerade bei Auseinandersetzungen für ihre Kinder nachahmenswertes Verhalten zeigen. Dazu gehört nicht zuletzt die Bereitschaft zur Versöhnung.

Freundschaften unter Kindern

Tobias ist als Einzelkind der Mittelpunkt im Leben seiner alleinerziehenden Mutter. Da es nur wenige Nachbarskinder im gleichen Alter gibt, muß Frau G. stets den Spielplatz am Ende der Straße aufsuchen, damit Tobias Kontakte bekommt. Es fällt ihm aber schwer, von sich aus auf andere Kinder zuzugehen. Die Mutter muß hierbei mithelfen. Nun ist Tobias vier Jahre alt. Seine Mutter möchte wieder als Grundschullehrerin tätig werden. Der Kindergarten, für den Tobias bereits seit einem Jahr vorgemerkt ist, erscheint nach ihrer Auffassung als die richtige Lösung für sie und für ihn.

?

- Welche Bedeutung hat die Freundschaft von Kindern untereinander?
- Was erschwert Freundschaften unter Kindern heute?
- Welche Anregungen zur Förderung von Kinderfreundschaften könnten gegeben werden?

!

Eine Kinderfreundschaft leistet einen wichtigen Beitrag zur kindlichen Entwicklung. Dabei haben die gemeinsamen Tätigkeiten der Kinder, das gemeinsame Spielen, die größte Bedeutung und Wirkung. Selbst Kleinkinder sind in der Lage, durch Mimik, Gestik und Lächeln die Aufmerksamkeit anderer Kinder auf sich zu lenken. Anwortet das Gegenüber mit Interesse, berührt das kontaktsuchende Kind das andere, erfährt es auch selbst Kontakte. „Kinder, die sich kennen, erzählen sich mehr, gehen aufeinander ein und imitieren sich gern“ (Schneider/ Wüstenberg 1993, S. 128).

Schon vom 3. Lebensjahr an bevorzugen viele Kinder gleichgeschlechtliche Spielpartner. Das liegt vor allem daran, daß das Spielverhalten der Mädchen und Jungen, geprägt durch die elterlichen Erziehungsvorstellungen, sich in der Regel unterschiedlich zeigt. Bei Mädchenfreundschaften herrscht in dieser Altersphase das Parallelspiel vor, während Jungen wilder miteinander umgehen und schneller in Konflikte geraten. Mädchen sind nach Untersuchung des DJI

(München) aus dem Jahre 1992 behüteter. Ihnen wird eher das Spielen im Park oder angrenzendem Wald verboten als Jungen.

Was Kinder bei einer Freundschaft erleben und erfahren

Bei einer Freundschaft mit einem anderen Kind erlebt das Kleinkind – wie auch das Grundschulkind

- daß es die eigenen Fähigkeiten mit denen des anderen Kindes vergleichen kann und so ein Bild von sich selbst, von den eigenen Stärken und Schwächen erhält,

- wie es als Spielkamerad wirkt und angenommen oder in bestimmten Situationen abgelehnt wird; wie zu helfen und zu trösten ist und damit das Gefühl der Verbundenheit wächst,

- daß das andere Kind auch Wünsche und Ansprüche hat, die berücksichtigt werden wollen bzw. bei denen es auch mal kompromißbereit sein muß,

- daß es teilen lernen muß – und dies oft nicht einfach ist,

- wie es möglich ist, die eigenen Ideen für das gemeinsame Tun durchzusetzen, ohne die Freundschaft zu gefährden,

- daß sie im Zusammenhalten stark gegenüber anderen Kindern und Erwachsenen sein können.

Die besondere Erfahrung mit Gleichaltrigen liegt in der Gleichrangigkeit. Die Kinder finden „unter Kindern eine grundsätzlich andere Situation vor als in der Familie. Es ist wirklich allein an ihnen zu entscheiden, was sie von irgeneiner Sache halten oder was sie gemeinsam tun wollen…“ (Krappmann 1993, 135). Die über einen längeren Zeitraum bestehende Freundschaft regt das geistige und soziale Wachstum an, bereichert das Gefühlsleben und schafft immer wieder neue Anreize zum Tätigsein. Kinder können auf diese Weise die für ihre Entwicklung so wichtigen sozialen Fähigkeiten und Fertigkeiten weitgehend eigenständig erwerben.

Ein Kind, das nur wenig oder gar keinen Anschluß an eine Gruppe Gleichaltriger hat, kann über das befreundete Kind Kontakte mit anderen Kindern und Gruppen finden.

Was Kinderfreundschaften erschwert

Die Eltern bestimmen durch ihren Wohnort die Lebenswelt und zugleich die Chancen auf Freundschaften für ihr Kind entscheidend. Wohnen sie z.B. in einer kinderreichen Gegend, gibt es eigentlich wenig Probleme, daß die Kinder sich in den Wohnungen gegenseitig besuchen oder draußen gemeinsam spielen können. Leben nur wenige Kinder in der betreffenden Gegend, müssen die Eltern die Kontakte organisieren. Da dies heute häufig wegen der stark rückläufigen Geburtenrate ist, haben es Kinder dann besonders schwer, andere Kinder eigenständig anzusprechen und somit Freunde selbst zu finden.

Haben Eltern einen großen Freundeskreis mit vielen Kontakten untereinander, so haben auch ihre Kinder gute Möglichkeiten, Freundschaften zu schließen; denn über Freunde und Bekannte der Eltern können sich die Kinder leicht kennenlernen.

Kontakte nur für ein Treffen der Kinder zu organisieren ist allerdings für viele Erziehungsberechtigte eine zeitaufwendige und mühselige Angelegenheit. Nicht alle Erwachsenen sind daher dazu bereit. Hinzu kommt, daß eine Kinderfreundschaft zugleich ein Ablösen von den Eltern darstellt. Manche alleinerziehende Mutter und mancher alleinerziehender Vater sehen zwar ein, was die Freundschaft ihrem Kind bedeutet, finden aber Ausreden, um ihrem Kind diesen Schritt in die Selbständigkeit zu verwehren. Dabei könnte das Gespräch mit ihrem Kind über dessen Freundschaft, über das, was es hier Schönes und auch Belastendes erlebt, die Kontakte zwischen Eltern und Kind vertiefen. Sie könnten so auch in eine Beraterrolle kommen, um die Fragen ihres Kindes aus eigener Lebenserfahrung zu beantworten.

Anregungen zur Förderung von Kinderfreundschaften

Wenn die Familien grundsätzlich Kontakte halten zu Freunden, Bekannten, Berufskollegen, Nachbarn, tun sie zugleich sehr viel für ihre Kinder. Damit ist sowohl gemeint, das eigene Haus für solche Kontakte zu öffnen, wenn Anlässe vorliegen (oder geschaffen werden): Geburtstage, Jubiläen, Umbau der Wohnung oder des Hauses, Kinderparty, Grillfest, Weihnachtsfeier u. a. m.

Das heißt aber auch, mit dem Kind bzw. den Kindern die Freundschaft zu anderen Familien zu pflegen, Einladungen anzunehmen. Die Eltern sollten aber auch mit Rücksicht auf bestimmte Interessen ihrer Kinder Möglichkeiten nutzen, die sie mit anderen Kindern (und Erwachsenen) zusammenbringen. Das kann z. B. ein Zoobesuch sein, das Pfarr- oder Stadtteilfest, eine Sportveranstaltung oder eine sonstige Freizeitveranstaltung.

Besondere Möglichkeiten für das Entstehen von Freundschaften, die dann auch oft noch in der Grundschule Bestand haben, bietet das Zusammenkommen der Kinder in der Tagesstätte, wie z. B. dem Kindergarten. Die Erzieherinnen sorgen darüber hinaus durch gezielte pädagogische Angebote dafür, daß Kinderfreundschaften entstehen oder gefestigt werden. Sie bemühen sich darum, die Freundschaftsfähigkeit durch soziales Lernen zu fördern. In gelenkten Spielen und Gesprächen regen sie an, über die Vorzüge von Freundschaften, aber auch über vorhandene Schwierigkeiten hierbei nachzudenken und Auswege aus problematischen Beziehungen zu finden.

Zusammenarbeit mit den Eltern

In Zusammenarbeit mit Eltern der Kindergartenkinder werden gemeinsame Aktivitäten von Erwachsenen und Kindern geplant, z. B. ein Sommerfest mit ausländischer Folklore, ein Ausflug in den Wald, das St.-Martins-Fest, der Tag der offenen Tür; der Kindergarten kann zum Zentrum für die Vernetzung von Kontakten und das Entstehen neuer Freundschaften sowohl auf der Seite der Erwachsenen wie auch der Kinder werden. Eigene Angebote für Eltern oder offene Gesprächsabende bieten Gelegenheit zur Diskussion aktueller erzieherischer Probleme oder zu zwanglosem Erfahrungsaustausch.

Eine Ferienmaßnahme als besondere Möglichkeit

Ein besonderes Erfahrungsfeld zur Vertiefung von Kinderfreundschaften stellt eine Ferienmaßnahme für Kinder einer Tagesstätte dar. M. Kober berichtet z.B.:

„Gemeinsam mit den Erzieherinnen übernahmen die Kinder selbständig Aufgaben im alltäglichen Bereich. Sie bezogen selbst ihre Betten und hielten sie in Ordnung, deckten die Tische, teilten Mahlzeiten aus und hielten Gemeinschaftsräume in Ordnung.

Wert legten wir auch auf die eigentlich selbstverständliche körperliche Hygiene und das regelmäßige Wechseln der Kleidung, denn in der Kindertagesstätte war die relative körperliche Verwahrlosung einiger Kinder aufgefallen. Es war eine Freude zu beobachten, wie die Kinder – teilweise nach einigem Widerstreben – durch die Gemeinschaft und ihre Freunde ein Gefühl für die eigene Körperlichkeit entwickelten (Zähneputzen, Zahnpasta tauschen, sich gegenseitig frisieren und eincremen). Besonderen Anklang fand das tägliche Duschen. Unter Anleitung wählten die auch selbst der Situation und dem Wetter angepaßte Kleidung…“ (Kober 1993, S.55).

Freundschaften unter kleinen und großen Kindern bewirken Entwicklungsanreize, die unverzichtbar für die Sozialwerdung des Menschen sind.

Erziehungsberechtigte sollten daher alles tun, um Freundschaften für ihre Kinder zu ermöglichen.

Es gibt eine Vielfalt an Möglichkeiten, bei denen Eltern und deren Kinder Kontakte knüpfen können.

Zu einer zentralen Kontaktstelle für die Entwicklung kontinuierlicher Freundschaften unter Kindern entfalten sich Tageseinrichtungen für Kinder. Diese pädagogischen Institutionen widmen sich auch grundlegend der Gesundheitserziehung und damit der Suchtvorbeugung. Ein Platz in diesen Tagesstätten sollte daher allen Kindern zur Verfügung gestellt werden.

Mit sich und anderen gut umgehen

Elternvertreter und Erzieherinnen eines Kindergartens überlegen gemeinsam, was sie tun können, um bei den Kindern ein besseres Verständnis für die eigene Gesundheit zu wecken. Im Verlauf des Gesprächs wird herausgearbeitet, daß es dabei nicht nur ums Zähneputzen und Waschen, sondern überhaupt um ein gutes Gefühl und Umgehen mit dem Körper und mit den eigenen Empfindungen geht, aber daß zur Gesundheit auch die gute Beziehung zu den Mitmenschen gehört.

Aus diesem Gespräch entwickelt sich eine Initiative, das Verhalten der Kinder zu Hause und im Kindergarten besser aufeinander abzustimmen. Ein Vater formulierte es so: „Das darf einfach nicht passieren: am Vormittag im Kindergarten gesund essen mit Obst und Vollkornbrot, und dann am Nachmittag zu Hause haufenweise Süßkram.“ Eine Mutter ergänzte: „Dann müssen aber auch wir vernünftiger werden und gesünder leben.“

Das Thema sollte beim nächsten Elternabend mit allen Eltern besprochen werden. Die Erzieherinnen erklärten sich bereit, einige konkrete Vorschläge zu unterbreiten.

?

- Was haben unsere Empfindungen mit Suchtvorbeugung zu tun?
- Wird Suchtvorbeugung nicht durch allgemeine Maßnahmen im Bereich der Gesundheit verwässert?
- Was hat Suchtvorbeugung mit Kindergartenerziehung zu tun?
- Und wenn schon Suchtvorbeugung im Kindergarten – ist das nicht allein Sache der Erzieherinnen, anstatt auch noch die Eltern mit einzuspannen?

Erwachsene – verantwortliche Vorbilder für die Gesundheit der Kinder

! Zunächst gilt die allgemeine Devise, daß Eltern für ihre Kinder verantwortlich sind, also auch für deren Gesundheit. Da aber Sucht eine schwere Krankheit darstellt und nicht irgendeine Absonderlichkeit, die uns in der Regel nichts angeht, hat Suchtvorbeugung etwas mit Gesundheit und mit Gesundheitserziehung zu tun – und das ist auch Angelegenheit des Kindergartens. Da man aber Kindergarten und Elternhaus nicht berührungslos voneinander trennen kann, erscheint es nur sinnvoll, wenn die wichtigsten Erziehungsmaßnahmen für die Kinder in beiden Bereichen sich nicht nur nicht radikal widersprechen, sondern auch aufeinander abgestimmt werden.

Erwachsene und insbesondere die Eltern sind die Vorbilder ihrer Kinder. Wenn Erwachsene sich gesundheitsbewußt verhalten, fördern sie, auch wenn sie nicht ständig darüber reden, allein durch ihr Vorbildverhalten bei den Kindern das Verständnis für die eigene Gesundheit.

Gesundheit gegen Sucht

Gesundheit ist aber nicht nur das Freisein von Krankheit und kann nicht nur auf den Körper beschränkt werden, sondern betrifft auch die Seele und unsere soziale Umwelt. Es gibt also körperliche, seelische und soziale Gesundheit. Zudem ist Gesundheit nicht nur einfach ein Zustand, sondern sie ist ein Lebensprozeß, weil die Menschen sich entwickeln, sich verändern und in vielen sozialen Beziehungen leben. Daher ist Gesundheit auch ein Indiz dafür, wie wir mit uns selbst und mit unseren Mitmenschen umgehen.

Da aber Sucht ein Zeichen dafür ist, daß Menschen mit sich und mit anderen Menschen, die von ihrer Sucht betroffen sind, schlecht umgehen, sollte mit allen guten Mitteln dagegen gewirkt werden, daß unsere Kinder eines Tages gefährdet werden. Dafür gibt es eine Reihe guter Möglichkeiten und Maßnahmen, an denen sich die Erzieherinnen, die Eltern und die Kinder beteiligen können. Dabei darf nicht übersehen werden, daß auch bei Erzieherinnen und Eltern mit alten Gewohnheiten (z.B. Rauchen, zuviel Alkohol, Bewegungsmangel) gebrochen werden muß. Auch ist nicht zu übersehen, daß manche Kindergärten für eine gesundheitsbewußte Erziehung nicht gut genug ausgestattet sind. Hier müßten die Träger und andere Geldgeber helfend eingreifen und verändern.

Es gibt viele Möglichkeiten, wie wir alle auf unterschiedliche Weise gesundheitsbewußt etwas für Leib und Seele, für uns und unsere Mitmenschen tun können!

„Gesund essen und trinken"

Eine bewußte gesunde Ernährung vermittelt ein positives Verhältnis zum Wohlergehen des Körpers, belastet wenig und hat auch Auswirkungen auf Gefühle und Empfindungen. Man kann auch in Kindergärten ein gesundes Essen bieten, vor allem die Kinder daran beteiligen, es selbst mit herzurichten. Ernährungsberaterinnen können Hinweise geben, die sowohl dem Kindergarten wie auch dem Elternhaus dienen.

„Meinen Körper pflegen"

Das bedeutet Zähneputzen und Waschen – aber auch vom Körper alles fernzuhalten, was ihm schadet. Körperpflege der Kinder ist leider nicht in allen Familien gut ausgeprägt, sondern muß unter Umständen von außen an Kinder und Eltern, auch gegen bisherige Gewohnheiten, herangetragen werden. Ein heikles Thema! Es hilft aber, wenn Eltern und Kinder von einer Fachkraft über die gesundheitlichen Vorteile der Körperpflege informiert werden. Durch einen Zahnarzt, durch eine Gesundheitsberaterin o.ä.!

Kinder können auch lernen, daß es Stoffe gibt, die dem Körper schaden, z.B. Gifte, Säuren, bestimmte Kosmetika, oder daß man sich körperlich schädigen kann durch unvorsichtiges Verhalten, z.B. im Straßenverkehr.

Den Körper zu pflegen bedeutet auch, sich bei Krankheiten gesundheitsbewußt zu verhalten, z.B. Medikamente im richtigen Maß zu sich zu nehmen, sich nicht zu überanstrengen, aber sich auch nicht unnötig zu schonen. Eine Krankheit muß ernst genommen, darf aber nicht verharmlost, aber auch nicht übertrieben werden.

Viele Erwachsene haben Schwierigkeiten, vernünftig mit ihrem eigenen Körper umzugehen. Hier ist es wichtig, daß auch die Erwachsenen sich bei diesem Teil der Gesundheitserziehung im Kindergarten einbringen, also sich selbst und den Kindern gegenüber ehrlich sind.

„Sich bewegen, springen, laufen…“

Körperliche Aktivität sollte lustbetont erlebt werden, nicht als Zwang, den die Erwachsenen den Kindern auferlegen, sich selber aber nicht antun wollen. Dem Stillsitzen oder ruhigen Arbeiten sollten Bewegung und Auslauf folgen, nicht ritualisiert, sondern an den kindlichen Bedürfnissen orientiert. Das erfordert nicht nur im Kindergarten mitunter Mühe, sondern oftmals auch im Elternhaus einschneidende Veränderungen von gesundheitsschädigenden Gewohnheiten (minimale körperliche Bewegung, wenig frische Luft, zuviel Autofahren). Die Abwechslung zur Schreibtischarbeit heißt dann unter Umständen nicht Fernsehapparat plus Bier, sondern Ausgang bei jedem Wetter oder aktiver Sport.

Weder Kindergärtnerin noch Eltern sind nun aufgerufen, Leistungssport zu betreiben. Doch ein Minimum an Abwechslung der körperlichen Aktivitäten kann jeder Mensch erbringen und auch von Kindern verlangen.

„Schnuppern, schmecken, fühlen, hören, sehen!“

Vielen Kindern ist gar nicht bewußt, was sie alles wahrnehmen können. Man kann als Erzieher wie auch als Mutter und Vater den Kindern bewußt machen, wie etwas riecht, schmeckt, aussieht, sich anhört oder anfühlt. Dafür gibt es wunderschöne Spiele und Anregungen: etwas mehr über sich und seine Sinne erfahren heißt auch, sich selbst besser wahrnehmen können.

Mit dem Fühlen ist es etwas ganz Besonderes. Hier kann man

Kindern eine spezielle Sensibilität vermitteln, weil man nicht nur äußerlich beim Tasten und Greifen fühlt, sondern auch innere Empfindungen und Gefühle spüren kann.

Für die Beziehungen der Kinder untereinander und zu ihren Eltern, Geschwistern, Erzieherinnen und Lehrerinnen ist es wichtig, sich gegenseitig, ohne sich auszulachen, ohne sich zu beschimpfen, ohne Kränkungen oder Verurteilungen, mitteilen zu können, was man wahrnimmt und was man fühlt. Sowohl im Kindergarten wie in der Familie sollte man davon häufiger Gebrauch machen. Denn wenn kleine Kinder gelernt haben, sich gegenseitig und den Erwachsenen gegenüber ohne Vorbehalt und Urteil eigene Wahrnehmungen und Gefühle auszudrücken und von anderen zu empfangen, fällt es ihnen leichter, sich im späteren Leben mitzuteilen und andere Menschen anzunehmen.

„Etwas machen!“

„Etwas machen“ kann heißen, etwas zu produzieren oder einfach nur etwas tun, allein oder mit anderen gemeinsam. Auch im Kindergarten wird was Machen gelegentlich gleichgesetzt mit der Herstellung eines vorzeigbaren Produkts, damit die Erzieherinnen von sich sagen können, etwas geschafft zu haben, den Eltern etwas vorzeigen zu können oder dem Träger die Qualität der pädagogischen Arbeit der Einrichtung zu beweisen.

Man muß aber nicht immer etwas produzieren, sondern im Machen selbst liegt oft die größere Befriedigung.

Für Kinder ist es wichtig zu erfahren, daß ihr Bemühen selbst und nicht nur das präsentierte Erzeugnis einen eigenen Wert besitzt.

Daher sollten Eltern die Erzieherinnen davon entlasten, möglichst viel zu produzieren. Erziehung – das sollten die Eltern von sich selbst wissen – liegt weniger in vorzeigbarem Verhalten der Kinder, sondern in gelingenden Beziehungen zwischen Eltern und Kindern.

Das heißt, daß der Kindergarten für Kinder ein Ort gemeinschaftlichen Lebenlernens, aber nicht ein Zirkus mit vorzeigbaren Kunststücken werden sollte.

„Ich stelle mir jetzt vor…“

Unverstellte kindliche Phantasie ist grenzenlos: Autos fahren unter Wasser, die Blätter der Bäume sind blau, das Kamel fliegt durch die Luft, und ich bin ganz weit weg. Kinder werden oft zu schnell mit der oft rücksichtslosen Wirklichkeitsschau der Erwachsenen konfrontiert, so daß ihnen das Träumen vergeht. Wer aber das Träumen zu früh verloren hat, dem fällt es auch schwer, Wünsche, Gefühle, Wahrnehmungen zu äußern, ja überhaupt etwas über sich selbst auszusagen – das ist eine Botschaft aus der Begegnung mit Suchtkranken.

Kindergarten und Elternhaus müßte es eigentlich gelingen, die Phantasie der Kinder anzuregen, anstatt sie zu beschneiden: durch freies Gestalten, freies Bewegen, durch eigene Spielecken, beim Malen, beim Basteln, beim Tanzen, beim Spielen…

Kinder müssen vieles lernen an Verhaltensweisen, an Gesten und Mimik, mit denen sie sich mit anderen verständigen können und müssen. Da ist es für sie wichtig, wenn sie Freiräume haben, in denen sie das tun können, was ihnen in den Sinn kommt und wo sie träumen können, was sie nicht sofort offenbaren müssen.

Diese Möglichkeiten sollten den Kindern zeitlich wie auch räumlich sowohl im Kindergarten wie auch in der Wohnung zugestanden werden.

„Gutes Wohnen“

Erwachsene wissen meistens sehr genau, was man unter einer guten Wohnung versteht. Auch Kinder haben ihre Vorstellungen, was ein Platz bedeutet, wo sie leben, spielen, für sich sein können und wo es ihnen dabei gutgeht. Allerdings sind ihre Vorstellungen noch nicht so festgelegt wie die der meisten Erwachsenen.

Oft anders als diese möchten Kinder in ihrer Welt so leben und gestalten, wie es ihnen – und nicht immer den Erwachsenen – gefällt. Da muß es nicht immer aufgeräumt sein, da muß man auch etwas liegenlassen können, da muß es schön viel „Müll“ geben zum Bauen und Schlamm zum Rummatschen, und da muß es auch nach Kindern riechen und nicht nach Seife und Putzmitteln.

Erzieherinnen und Eltern (und der Kindergartenträger übrigens auch) sollten sich einig werden, daß es im Kindergarten auch „drunter und drüber“ gehen, daß man dort toben, aus Pappe Häuser und Schlösser und aus Tüchern und Decken „ganz furchtbare“ Höhlen bauen, auch einmal Matsche in Töpfen und Schüsseln anrühren und sich im Sand- und Erdekasten richtig „einsauen“ darf.

Das brauchen die Kinder: Räume und Ecken, wo sie ihre Wohn- und d.h. Lebensideen und sich selbst verwirklichen können, ohne daß die Erwachsenen ihnen sofort mit Ver- und Geboten ihre Wohn- und Lebenswirklichkeit aufdrängen.

„Ausruhen tut gut“

Kinder haben unterschiedliche Ruhebedürfnisse. Manche sind sehr lebhaft und scheinen nur wenig Pausen zwischen verschiedenen Aktivitäten zu benötigen, andere Kinder wiederum lieben es, sich längere Zeit an einen ruhigen Ort zurückzuziehen.

Entspannung sollte bei Kindern, die nur schwer zur Ruhe kommen, eingeübt werden. Denn wer sich selbst Entspannung verschaffen kann, braucht dafür z.B. keine Medikamente, die beruhigen, aber die auch suchtfördernd wirken.

Man kann im Kindergarten Ruhepausen einlegen, z.B. nach einem anstrengenden gemeinsamen Spiel, nach dem Mittagessen, sollte man Kinder aber nicht Schlafenlegen. Manchmal ist einfach nur das Verweilen an einem ruhigen Platz zweckmäßig, oder man kann eine kleine nicht aufregende Geschichte erzählen. Manchmal möchte ein Kind auch etwas zur Entspannung malen.

Dasselbe gilt für das Elternhaus. Man kann Kindern vermitteln, daß es in einer Familie Ruhepausen gibt, die das Kind auch einhalten, deren Ausgestaltung aber nicht erzwungen werden sollte.

„Ich – Du – Wir“

In den meisten Familien erleben Kinder, daß jedes Familienmitglied seine besonderen Plätze und Markierungen hat: z. B. im Badezimmer die verschiedenen Handtuchhalter oder im Schlafzimmer die verschiedenen Wäschefächer von Mutter und Vater. Das Kind selbst hat z. B. sein eigenes Spielzeug, seine eigene Bekleidung usw. Es markiert für sich: „Das habe ich – das bin ich“ und für seine Eltern und Geschwister weiß es: „Das gehört der Mutter und das dem Vater, und das da gehört meiner Schwester…“

Hinzu kommen besondere Erfahrungen des Wir: „Vater und Mutter und ich – das sind wir.“ Das erkennt das Kind an besonderen Situationen: Wir rudern in einem Boot, wir fahren Auto, wir sind das auf dem Foto, wir spielen miteinander, wir sitzen alle am Tisch.

Dieses Gefühl des Ich-Du-Wir nimmt das Kind mit in den Kindergarten und will es angewendet wissen, was nicht immer, zumindest am Anfang, leicht ist. Ganz wichtig ist für die Identität des Kindes, daß ihm im Kindergarten vermittelt wird, daß es Ich ist, als Ich einen Platz hat und als ein Ich geachtet wird, daß da auch ein oder mehrere Du sind, und daß es schön ist, Wir zu sein.

Daher sind die Eltern zur guten Zusammenarbeit mit den Erzieherinnen aufgerufen, damit Kindergarten und Schule bei der Identitätsfindung grundsätzlich harmonieren.

Bei den Kindern alles unterstützen, was dazu beiträgt, daß sie einen verantwortlichen Umgang mit sich selbst pflegen und daß sie anderen gegenüber verantwortlich handeln: zur gesunden Ernährung, zur Körperhygiene führen, Wahrnehmungen und Gefühle achten und fördern, eigenes Bemühen unterstützen, eigenen Lebensraum gestalten lassen, Phantasien und Träume fördern und achten, Entspannung pflegen, Ich-, Du- und Wir-Identität fördern.

Auffälligkeiten von Kindern, die Eltern zum Handeln auffordern

- Wenn Kinder sehr aggressiv sind. – Hier ist nicht das temperamentvolle oder motorisch unruhige Kind gemeint, sondern ein Kind, das z. B. sofort um sich schlägt, wenn es sich angegriffen fühlt, das zerstörerisches Verhalten zeigt und jedes Spiel mit anderen kaputtmacht. Es isoliert sich hierdurch von anderen Kindern. Die Motive können ganz unterschiedlich sein. Sie sind manchmal auch gar nicht bewußt. Kinder setzen z.B. eigene Wünsche und Interessen massiv durch, fühlen sich evtl. vernachlässigt oder wollen einfach mehr als bisher beachtet werden. Evtl. wollen sie durch aggressives Verhalten zu befürchtende Nachteile oder Schädigungen durch andere abwehren? Manchmal spielen Angstgefühle eine Rolle. Oft reagieren sie auch ein Gefühl von Wut oder Ärger ab. Wenn das „Opfer“ dann leidet, empfinden sie das als befriedigend für das eigene Selbstwertgefühl.

- Wenn Kinder zu brav sind. – Auch ein extrem braves Kind kann Anlaß zur Sorge geben, erst recht, wenn es bisher fröhlich war und die eigenen Interessen äußerte. Jetzt paßt es sich z.B. stets den Vorstellungen anderer Kinder an, nimmt immer nur Rücksicht auf sie, äußert selbst keine Wünsche, spricht kaum, zeigt wenig Lust, selbst etwas zu unternehmen, entwickelt beim Spiel kaum Phantasie usw. Hier scheinen sich die natürliche Spontaneität und der natürliche Egoismus zugunsten übertriebener Anpassung verändert zu haben.

- Wenn Kinder sich verstärkt um Beziehungen zu älteren Jugendlichen bemühen und den Kontakt zu den Gleichaltrigen abbrechen und vermeiden.

- Wenn Kinder herumstreunen, die Schule schwänzen, auffällig und dauernd lügen.

- Wenn Kinder sich Phantasiewelten aufbauen und nur noch in diesen leben wollen.

– Wenn Kinder regelmäßig schlechten Appetit haben oder auf einmal nicht mehr kontrolliert essen und trinken können.

Das können alles Anzeichen für ein seelisches Problem sein, müssen es aber nicht sein.

Machen Sie sich aber wegen einer solchen Auffälligkeit Sorgen und wissen Sie sich nicht selbst zu helfen, dann sollten Sie sich unbedingt jemandem anvertrauen. Aus Scham oder Angst ein klärendes Gespräch mit einem Dritten zu vermeiden ist falsch. Es geht vorrangig um Ihr Kind, für das Sie Verantwortung haben!

Nehmen Sie bei solchen Auffälligkeiten Ihres Kindes lieber möglichst rechtzeitig die Hilfe, z.B. von Beratungsstellen, in Anspruch, auch wenn sich Ihre Sorge vielleicht als wenig begründet herausstellen sollte. In den Beratungsstellen sitzen Fachleute, die Ihnen und Ihrem Kind gern helfen.

Hinweise für Eltern in Form von Fragen

- Traue ich meinem Kind etwas zu?
- Glaube ich meinem Kind grundsätzlich, solange es keinen triftigen Grund zur Annahme des Gegenteils gibt?
- Begegne ich den Wünschen und Bedürfnissen meines Kindes offen und versuche ich, sie weitgehend zu berücksichtigen?
- Beziehe ich mein Kind mit ein in mein Erwachsenenleben und lasse es, entsprechend seiner Verständnisfähigkeit, Anteil an dem nehmen, was mich bewegt?
- Vertraue ich ihm altersgemäße Dinge, Aufgaben und Anforderungen an, die es ihm ermöglichen, selbstbewußt in die Erwachsenenrolle hineinzuwachsen?
- Erkenne ich kleine und große Leistungen (bei älteren Kindern: bis hin zu selbstgewählten, selbstverantworteten Lebensentwürfen) an?
- Lasse ich ihm genügend Freiräume, damit es selbständig werden kann?
- Begründe und erläutere ich die erzieherischen Maßnahmen und Entscheidungen?
- Spreche ich mit ihm über Konsum-, Genuß- und Rauschprobleme?
- Bin ich bereit, mein eigenes Konsum-, Genuß- und Suchtverhalten zu überdenken und ggf. mit Rücksicht auf das Kind zu verändern?

- Habe ich mich bereits über Möglichkeiten gesunder Ernährung und über die Probleme von Drogen und Süchten informiert?

- Helfe ich meinem Kind bei der Ausbildung von Interessen und Motiven, die zur Selbstentfaltung und zum Wohlbefinden, unter Verzicht auf krankmachende Mittel und Situationen, beitragen können?

- Bin ich offen für Kritik, die mein Kind an meinem Verhalten übt und ggf. bereit, bestimmte Verhaltensweisen und Äußerungen zu unterlassen, die das Zusammenleben immer wieder belasten?

- Bin ich in Problemsituationen meines Kindes gesprächsbereit, auch wenn ich selbst im Moment etwas Wichtiges vorhabe?

- Bemühe ich mich in Konfliktsituationen mit meinem Kind um eine faire Konfliktlösung?

- Greife ich in schwierigen Beziehungssituationen auch auf den Rat anderer (z.B. von Beratungsstellen) zurück?

- Kenne ich die Freundinnen bzw. Freunde meines Kindes? Wie ist mein Kontakt zu ihnen?

Literaturempfehlungen

Badry, E., Buchka, M, Knapp, R. (Hrsg.): Pädagogik. Grundlagen und Arbeitsfelder. Neuwied 1992.
Bäuerle, D.: Im Kampf gegen die Drogensucht. Hilfen für Eltern und ihre Kinder. Frankfurt 1991.
Biermann, B. u.a.: Soziologie. Gesellschaftliche Probleme und sozialberufliches Handeln. Neuwied 1992.
BMG (Hrsg.): Gesundheitsverhalten im Kindes- und Jugendalter. Ausgewählte Ergebnisse der Berlin-Bremen-Studie. Baden-Baden 1991.
Eschenbach, G.: Suchtprävention in der Arbeit mit Kindern. In: KiTa,Kindertageseinrichtungen aktuell, H.1 / 93, S. 4.
Flitner, A.: Konrad sprach die Frau Mama. Über Erziehung und Nichterziehung. München 1990[5].
Gampe, H.u.a.: Recht in der Schule. Primarstufe. Neuwied 1992.
Gerl, H.B.: Nach dem Jahrhundert der Wölfe: Werte im Aufbruch. Zürich 1993.
Hurrelmann,Kl.: Familienstreß, Schulstreß, Freizeitstreß. Gesundheitsförderung für Kinder und Jugendliche. Weinheim 1990.
Lehner, I. M. (u.a.): Fühlst Du Dich nicht wohl ? Gesundheitsförderung im Kindergarten. Freiburg 1991.
Lifton, B.J.: König der Kinder. Das Leben von Januscz Korczak. Stuttgart 1990.
Oerter, R.: Ist Kindheit Schicksal? Kindheit und ihr Gewicht im Lebenslauf. In: Deutsches Jugendinstitut (Hrsg.): Was für Kinder. Aufwachsen in Deutschland. München 1993, S. 78 ff.
Oerter, R, Montada, L.: Entwicklungspsychologie. Weinheim 1972.
Schenk-Danzinger, L.: Pädagogische Psychologie. Wien 1990[8].
Dieselbe: Entwicklung, Sozialisation, Erziehung. Schul- und Jugendalter. Stuttgart 1990.

2.2 Suchtvorbeugung in der Grundschule

Einführende Überlegungen: Welche Aufgaben hat die Grundschule in der Sucht- und Drogenvorbeugung?

„Sucht und Drogen? Das ist doch wohl kein Thema der Grundschule!“ So oder ähnlich reagieren viele Lehrkräfte, aber auch viele Eltern, wenn es um Drogengefährdungen von Heranwachsenden geht und wenn in diesem Zusammenhang über die Aufgaben der Schule gesprochen wird. Wenn dabei Vorstellungen dominieren, in deren Mittelpunkt die Abwehr von illegalen Drogen, die Information über die Schädlichkeit von Drogen und die Abschreckung vor Drogenkonsum steht, sind solche Reaktionen auf den ersten Blick auch verständlich. „Heroinanbietende Dealer auf den Schulhöfen von Grundschulen“ sind bisher Horrorfiktionen einschlägiger Gazetten geblieben. Aller Voraussicht nach wird das auch so bleiben. Nicht weil Dealer Skrupel hätten, die Gesundheit von Grundschülerinnen und -schülern zu ruinieren, sondern weil Heroin und andere „harte“ Drogen überhaupt nicht mit der Lebenswelt und dem Lebensgefühl von Grundschulkindern in Einklang zu bringen sind und von daher hier keine (marktrelevante) Nachfrage erwartet werden kann.

Diese Einschätzung gilt aber schon nicht mehr für den Bereich sogenannter legaler Drogen. Bei älteren Grundschulkindern kommt es schon häufiger zum ersten Probier-Konsum von Zigaretten. Mindestens genauso häufig werden die Grundregeln des bestimmungsgemäßen Gebrauchs von Medikamenten verletzt. Zum Beispiel dann, wenn Eltern Grundschulkindern Psychopharmaka verabreichen damit diese schulischen Anforderungen „besser“ gewachsen sind, oder dann, wenn Kinder bei jedem kleinen Unwohlsein und nicht selten auch zur Förderung des Einschlafens an die Einnahme von Medikamenten gewöhnt werden.

Daß Sucht- und Drogenprävention auch für die Grundschule ein Thema ist, wird deutlicher, wenn der Blick nicht mehr allein auf den Konsum von illegalen und legalen Suchtstoffen (Drogen) gerichtet wird, sondern das ganze Spektrum süchtigen Verhaltens im Alltag von Menschen umfaßt. Wenn so alltägliche Dinge wie Fernsehen, Naschen, „Computern" für manche Menschen einen zwanghaften, suchtähnlichen Charakter annehmen können, steht nicht mehr das Suchtmittel im Mittelpunkt des Interesses. Dann stellt sich vielmehr die Frage, was *einzelne* Menschen dazu bringt, von einem bestimmten Verhalten so abhängig zu werden, daß sich dieses trotz Eigenschädigung zwanghaft fortsetzt und sich verselbständigt.

Vollends klar sollte die Aufgabe für die Grundschule werden, wenn berücksichtigt wird, daß Sucht nicht als unerklärliches schicksalhaftes Verhalten schlagartig über Menschen hereinbricht. Sucht ist auch keine vererbbare Krankheit, noch wird sie über ein Suchtmittel allein ausgelöst. Tatsächlich bilden sich weit im Vorfeld süchtigen Verhaltens latente Suchtneigungen/Suchthaltungen als Folge länger andauernder Fehlentwicklungen heraus. Hierauf kann und muß die Grundschule von ihrem Erziehungsauftrag her reagieren.

Suchthaltungen werden in Kindheit und Jugend erlernt

Nach Kelmer Pringle bestimmen folgende, untereinander vielfach verbundene Grundbedürfnisse ganz entscheidend die kindliche Entwicklung:

- das Bedürfnis nach Liebe und Sicherheit,
- das Bedürfnis nach neuen Erfahrungen,
- das Bedürfnis nach Verantwortung,
- das Bedürfnis nach Wertschätzung, Anerkennung, Achtung und Lob (vgl. M. Kelmer Pringle: Was Kinder brauchen. 1979).

Werden Kinder in diesen zentralen Entwicklungserfordernissen mißachtet oder verletzt, ist grundsätzlich die Gefahr von Fehlentwicklungen gegeben. In erster Linie muß dabei an die Erziehung in der Familie gedacht werden. Hier werden die Grundlagen für die Schulfähigkeit des Kindes gelegt. Falsche Erziehungsmethoden des

Elternhauses wie z.B. lieblose, zu widersprüchliche Erziehung, zu strenge Erziehung, Überbehüten oder Überforderung können Fehlentwicklungen einleiten, in deren Folge es zu Suchtneigungen/Suchthaltungen kommen kann. So hat z.B. ein Kind, das in der Vorschulzeit an die unmittelbare Befriedigung jeglicher Wünsche gewöhnt war, in der Grundschule große Schwierigkeiten, mit dem notwendig werdenden Bedürfnisaufschub und -verzicht zurechtzukommen.

Neben dem Elternhaus wirkt vor allem die Grundschule normbildend. Lehrkräfte werden zu neuen wichtigen Bezugspersonen, deren Autorität von den Kindern in der Regel zunächst noch unkritisch akzeptiert wird. Im Kreis der Kinder genießen diejenigen hohes Ansehen, die von den erwachsenen Bezugspersonen positiv beurteilt werden. Die Lehrkräfte bestimmen mit ihrer Haltung die soziale Stellung des Kindes in der Gruppe. Die Identifikation mit neuen Bezugspersonen ist ein notwendiger Prozeß zur Überwindung des sozialen Egozentrismus und zur Entwicklung des Werte- und Normensystems. Das Kind löst sich aus der totalen Fixierung auf die eigenen Eltern, gewinnt neue Erfahrungen, die mit den bisherigen Deutungsmustern verbunden werden können. Bestehen allerdings zwischen den familiären Orientierungsmustern und den schulisch vermittelten Normen große Unterschiede; stehen in der Wahrnehmungsperspektive der Kinder Aussagen und Handlungen von Lehrkräften in Konkurrenz zum Elternvorbild, ist ein Spannungsverhältnis begründet, das Gefahren der Überforderung und Verunsicherung, aber auch neue Lernchancen beinhaltet. Einerseits müssen sich die Lehrkräfte ihrer Vorbildfunktion bewußt sein, andererseits müssen sie realisieren, daß die gegebenen Lernchancen ohne Zusammenarbeit mit den Eltern nicht voll ausgeschöpft werden können.

Sucht- und Drogenprävention in der Grundschule muß darauf ausgerichtet sein, Anfänge von Suchthaltungen bei Kindern wahrzunehmen und Unterricht und Schulleben so zu gestalten, daß Suchthaltungen nicht verstärkt werden, sondern die Gesundheit aller in der Grundschule lebenden und arbeitenden Personen im Sinne eines selbstbestimmten, mitverantwortlichen und eigenverantwortlichen Handelns gestärkt wird. Notwendig ist, sich immer wieder klarzumachen, daß für manche Kinder der Übergang in die Grundschule eine risikoreiche Lebenssituation darstellt. Zwar kann die Grundschule nicht die vielfältigen Ursachen von Suchthaltungen in der Lebenswelt von Kindern beseitigen. Sie kann sich aber darüber klarwerden, welche möglichen Ursachen und Verstärker vielleicht in ihrem eigenen Bereich gegeben sind.

Von Ängsten, Unsicherheiten, Ohnmachtsgefühlen, Konflikten mit Mitschülern und Lehrern und Ängsten vor Leistungsversagen sind auch schon manche Grundschüler betroffen. Häufig werden solche kleinen und größeren Probleme von den Kindern nicht aktiv angegangen. Flucht- und Ausweichhandlungen treten an die Stelle von Problemlösungsversuchen. Wenn durch solche Ausweich- und Fluchthaltungen bereits vorhandene oder entstehende Suchthaltungen verstärkt werden, kann aus einer Suchthaltung auch manifestes süchtiges Verhalten werden – besonders bei außergewöhnlichen Belastungen und Konflikten. Im Grundschulalter können das z.B. verfestigte Außenseiterstellungen in der Schulklasse und Schulversagen sein.

Lehrkräfte in Grundschulen haben vielfältige Möglichkeiten, Ängste, Unsicherheiten, Versagens- und Ohnmachtsgefühle bei Kindern zu vermindern oder gar nicht erst entstehen zu lassen. In einem positiven Lern- und Vertrauensklima können Schülerinnen und Schüler einen selbstbewußten, eigenverantwortlichen und angemessenen Umgang mit Anforderungen und Schwierigkeiten lernen. Eine so verstandene Suchtvorbeugung ist Teil des pädagogischen Auftrags der Lehrkräfte einer Grundschule. Sie ist keine isolierte Einzelmaßnahme der Grundschule, sondern zentraler Bestandteil ihres Erziehungsauftrags. Drogenvorbeugung ist in diese Arbeit eingeschlossen. Es geht darum, im Grundschulalter die Persönlichkeit von Kindern so zu stärken, daß diese in späteren Jahren nicht von den scheinbar konfliktlösenden Wirkungen von Drogen abhängig werden. Die Grundschule ist für diese Aufgabe dann besonders geeignet, wenn sie sich nicht nur als Unterrichtsstätte versteht, sondern zugleich Lebens- und Erfahrungsraum sein will, in dem Kinder sich geborgen und glücklich fühlen können und in dem sie schrittweise zu selbständigem, verantwortungsbewußtem Handeln geführt werden.

Gesundheitsförderung als grundlegende Aufgabe der Suchtvorbeugung

Suchtvorbeugung in der Grundschule kann sich nicht auf Informationen und Warnungen bezüglich suchterzeugender Risikofaktoren beschränken. Die Konzentration auf Risikofaktoren, mit denen Grundschulkinder noch gar keine Berührung haben (sieht man vom ersten Probier-Konsum im Bereich des Zigarettenrauchens ab), würde allen pädagogischen Erkenntnissen zuwiderlaufen.

Erfolgreicher ist das Anknüpfen an Gesundheitsvorstellungen. In Vorschlägen der Weltgesundheitsorganisation wird Gesundheit als ein Zustand des persönlichen Wohlbefindens verstanden, der auf dem Einklang zwischen den eigenen Lebensvorstellungen und den jeweils äußeren Lebensbedingungen beruht. Dieser Gleichgewichtszustand zwischen körperlichen und seelischen, sozialen und umweltbezogenen Einflußfaktoren ist sehr labil und muß von den Menschen ständig erneut hergestellt werden.

Mit einem solchen dynamischen Gesundheitsverständnis lassen sich konkrete Bezüge zur Lebenswelt von Grundschulkindern herstellen. Hilfreich ist weiter, wenn die Frage beantwortet werden kann, wie es um die „psychosoziale“ Ausstattung der Menschen bestellt ist, die mit vergleichbar problematischen Situationen besser als andere Menschen umgehen können. Mit sogenannten Coping-Strategien (englisch: to cope with = etwas bewältigen, mit etwas fertig werden) sind Menschen in der Lage, Lebenssituationen zu meistern, soziale Konflikte zu bewältigen und Alltagsherausforderungen erfolgreich zu bestehen. Solche personalen Bewältigungsformen und -konzepte können auch (in Abgrenzung zu den Risikofaktoren) als Gesundheitsfaktoren bezeichnet werden.

Gesundheitsfaktoren beinhalten ein „Hoffnungspotential“, sie geben den Weg an, auf dem jeder – selbstbestimmt und -verantwortlich – im Sinne seiner Gesundheit weitergehen kann. Gesundheitsfaktoren knüpfen an den individuell vorhandenen Ressourcen an und entwickeln diese weiter. Dabei gilt der Grundsatz, daß nur das, was mit angenehmen Gefühlen verbunden ist, auch beibehalten wird. Es geht um die Förderung von Lust am Leben und Gesundheit (dazu gehört ein entsprechender Umgang mit Frustrationen) anstelle des Forcierens der Angst vor Krankheit.

Es lassen sich eine Reihe gesundheitsfördernder Faktoren benennen, die dem Leitbild einer weitgehend suchtungefährdeten Persönlichkeit entsprechen. Einige davon werden im folgenden aufgezählt:

- Differenziertes Wahrnehmungsvermögen, Genuß- und Erlebnisfähigkeit;
- Sinnsuche und Sinnerfüllung;
- Strategien zur Bewältigung von Unsicherheit, Angst, Frustration, Mißerfolg und Ablehnung;
- Fähigkeit, Freizeit in der Schule, im familiären Umfeld, im Freundeskreis subjektiv befriedigend und unabhängig von Drogen zu gestalten;
- Entwicklung und Reflexion von Zukunftsvorstellungen;
- Erkennen und Nutzen von Interessengemeinsamkeiten (Kooperation und gegenseitiges Helfen);
- Wahrnehmen und gewaltfreies Austragen von Interessengegensätzen;
- Entwickeln und Erproben von Lösungswegen für Beziehungsprobleme und andere schwierige Konfliktsituationen;
- Erkennen, daß die Gefühle Freude und Trauer Bestandteile des Lebens sind;
- Wahrnehmung und Artikulation von Gefühlen der Überforderung und Minderwertigkeit, Erlernen eines konstruktiven Umgangs mit ihnen;
- Erleben und Leben von Möglichkeiten der Entspannung;
- Bewußtwerden der Wirkung von Gruppendruck, Widerstehen und „Nein-Sagen";
- Kennenlernen, Erfahren und Trainieren von Möglichkeiten der Entscheidungsfindung, der Verbesserung der Kommunikations- und Problemlösefähigkeit.

Für die Grundschule kommt es jetzt darauf an, Unterricht und Schulleben auf die Entwicklung der Gesundheit der Kinder im Sinne der Förderung eines glücklichen und selbstbestimmten Lebens auszurichten. Für die Förderung der Genußfähigkeit, des Selbstwertgefühls, der Selbstverantwortlichkeit, der Kontakt-, Beziehungs- und Konfliktfähigkeit hat die Grundschule gegenüber allen anderen Schulformen günstige Voraussetzungen: Grundschulkinder sind von ihrer natürlichen Einstellung her eher gesundheitsbewußtem Verhalten gegenüber aufgeschlossen. Ein in gesundheitlicher Hinsicht relevantes Risikoverhalten hat bei ihnen noch weniger Funktionalität.

Leitsätze für die Suchtvorbeugung in der Grundschule

Eine erfolgreiche pädagogische Suchtvorbeugung im Rahmen von Gesundheitsförderung ist u.a. davon abhängig, daß Lehrkräfte ihre Modell- und Vorbildfunktion ernst nehmen. Unterricht und Schulleben müssen von den Kindern als Ganzheit erlebt werden können. Pädagogische Normen müssen von dem Konsens aller Lehrkräfte einer Grundschule getragen werden. Die Zusammenarbeit mit dem Elternhaus ist zwingend notwendig. Im Zweifelsfall ist die Persönlichkeitsentwicklung der Kinder wichtiger zu nehmen als Wissensvermittlung und Fachdidaktik.

Aus der Sicht von Grundschulkindern lassen sich Leitsätze zur Suchtvorbeugung wie folgt formulieren:

Kinder benötigen Vertrauen!
Wem vertraut wird, der vertraut sich selbst, entwickelt personale Stärke und setzt in Krisen eher auf die eigene Kraft anstatt sich mit Drogen eine illusionäre Sicherheit und ein scheinbares Glück zu verschaffen.

Kinder brauchen ein Selbstwertgefühl!
Nur wer sich selbst etwas wert ist, zerstört die eigene Gesundheit nicht durch Sucht und Drogen.

Kinder müssen selbständig werden!
Nur wer selbständig entscheidet und lebt, verringert die Gefahr, abhängig zu werden von Situationen, Stoffen oder Menschen, die die eigene seelische, körperliche und soziale Gesundheit gefährden.

Kinder müssen konfliktfähig werden!
Nur wer gelernt hat, verantwortlich Konflikte zu bestehen, braucht nicht auszuweichen oder zu flüchten.

Kinder müssen selbstbewußt werden!
Wer mit sich selbst, mit seinen Fähigkeiten und Grenzen, mit seinen Gefühlen und Empfindungen, mit seinen Wünschen und Träumen umgehen kann, ohne daß er sich und andere verletzt, kann leichter mit Problemen und Krisen, Enttäuschungen und Versagungen, Mißerfolgen und Schicksalsschlägen fertig werden.

Kinder müssen genießen lernen!
Wer ohne Mißbrauch konsumieren und genießen kann ohne süchtig zu werden, kann über seine eigenen Lebensqualitäten entscheiden.

Kinder müssen normales Arbeiten lernen!
Nur wer Freude an seiner Arbeit empfindet, erlebt Selbstbestätigung und erbringt Leistungen gern ohne sich und andere auszubeuten.

Mit Hilfe folgender Fragestellungen kann sich jede einzelne Lehrkraft selbst prüfen, inwieweit sie im Unterricht und Schulleben suchtvorbeugende Aspekte berücksichtigt:

- Sehe ich das Kind mit seinen Eigenarten, Fähigkeiten, Launen und Schwächen im Mittelpunkt meiner Erziehung und Bildung oder geht es mir vorrangig um die Vermittlung von Inhalten und Wissen?
- Nehme ich mir Zeit für die Schülerinnen und Schüler meiner Klasse bzw. Lerngruppe, vor allem für die Kinder, die Probleme haben?
- Sorge ich dafür, daß das einzelne Kind ab und zu positive Wertschätzung als Person und nicht nur seiner fachlichen Leistungen wegen erfährt?
- Habe ich Mut zur Erziehung, d.h. zur individuellen Begleitung und Unterstützung junger Menschen bei der Bewältigung ihrer Entwicklungsaufgaben sowie zum Ziehen von Grenzen, d.h. zum begründeten Nein?
- Ermuntere ich Schülerinnen und Schüler dazu, eigene Bedürfnisse und Meinungen zu äußern, Vorschläge zur gemeinsamen

Arbeit zu machen und Kritik z. B. am Unterrichtsgeschehen zu üben?

- Fördere ich die Grundschulkinder im Hinblick auf Eigeninitiative, Kreativität, Kontakt- und Verantwortungsfähigkeit?
- Können die Schülerinnen und Schüler bei mir lernen, mit eigenen Spannungsgefühlen umzugehen? Gibt es im Rahmen meines Unterrichts Chancen zum sozialen Lernen mit Blick auf Konfliktfähigkeit, Kompromißbereitschaft, Kooperation, Toleranz?
- Beteilige ich Schülerinnen und Schüler an der Planung, Durchführung und Auswertung ihrer eigenen Lernprozesse?
- Gibt es ein Schulleben, in das der Unterricht integriert ist und eine lernanregende sowie gesunde Umgebung, die insbesondere die Gemeinschaft der am Schulleben Beteiligten fördern?
- Sehe ich in den Erziehungsberechtigten Kooperationspartner und arbeite ich mit ihnen vertrauensvoll zusammen oder gilt Zusammenarbeit mit Müttern und Vätern meiner Schulkinder mehr als „lästiges Übel“, das viel Zeit kostet und zusätzliche Probleme schafft?

Probleme und Situationen, Überlegungen und Handlungsvorschläge:

Medikamente für die Schulkarriere?

Martina besucht die 4a der Westendschule. Sie ist eine gute Schülerin, zurückhaltend, körperlich sehr zart, allgemein freundlich, mit weitgehend konfliktfreien unauffälligen Kontakten zu fast allen Mitschülerinnen und Mitschülern. Mit zwei Mädchen ihrer Klasse verbindet sie eine engere Freundschaft.

Martinas Eltern haben sich mit ihrem einzigen Kind viel vorgenommen. Das Kind soll das Gymnasium besuchen und später einmal studieren. Daher achten die Eltern auf gute schulische Leistungen.

Die Lehrkräfte nehmen Martina als angepaßte und leistungsbewußte, „problemlose" Schülerin wahr.

Zu Beginn der 4. Klasse fordern die Eltern von Martina eine deutliche Leistungssteigerung für ein gutes Übergangszeugnis zum Gymnasium.

Martina, bisher ohne Leistungsprobleme, war zwar in der 3. Klasse immer etwas aufgeregt vor schriftlichen Leistungsforderungen, hat diese Situationen aber stets gut gemeistert. Jetzt in der 4. Klasse beginnt sich diese Aufgeregtheit jedoch vor allen besonderen Aufgaben (Tests, Arbeit an der Tafel u.ä.) bis zu Ängsten zu steigern. Martina bekommt immer häufiger Konzentrationsschwierigkeiten und beginnt an Schlafstörungen zu leiden.

Die Eltern machen sich über Martinas Veränderungen Sorgen und konsultieren den Hausarzt mit der Bitte, Martina ein Medikament gegen die Angst und eines zur Steigerung der Konzentrationsfähigkeit zu verschreiben.

Vor dem Arztbesuch hatte sich Martinas Mutter bereits in einer Apotheke kundig gemacht. Außerdem konsumiert sie selbst auch Beruhigungs- und Schlafmittel in unregelmäßiger Folge.

?

- Überfordern die Eltern ihr Kind, indem sie zu weit vorausplanen und Martina damit unnötig belasten?

- Besteht in diesem Fall die Gefahr, daß die Mutter ihre Medikamentenerfahrungen auf das Kind überträgt?

- Ist bei wirklichen oder scheinbaren Schulschwierigkeiten die Hilfe eines Arztes überhaupt notwendig?

- Wäre es besser, wenn die Eltern mit den Lehrkräften sprechen würden?

- Inwieweit kann an dieser Stelle die Schule überhaupt Hilfestellung geben, oder ist die ganze Angelegenheit ausschließlich Sache der Familie?

Probleme des Eltern-Kind-Verhältnisses

! Zunächst kann man davon ausgehen, daß die Eltern es gut mit ihrer Tochter meinen und daß das Verhältnis zwischen Kind und Eltern gut ist, denn sonst wäre Martina wohl im ganzen nicht so ausgeglichen.

Allerdings möchten Eltern oft nicht nur für ihr Kind, sondern auch mit dessen Hilfe etwas für sich erreichen: Sie möchten bestätigt wissen, daß sie gute Eltern sind, die ihre Tochter „etwas Anständiges" haben lernen lassen. Sie benutzen ihr Kind manchmal sogar, um eigene Wünsche und Bedürfnisse, vor allem wenn diese ihnen selbst versagt blieben, zu befriedigen.

Sollen sich Eltern bei Schulschwierigkeiten ihres Kindes an einen Arzt wenden? Es ist unter Umständen angebracht, einen Arzt zu konsultieren. Eltern sollten aber wissen, daß der Arzt nicht der einzige Helfer sein kann, vielleicht noch nicht einmal der richtige Ansprechpartner ist, sie sollten ihm schon gar nicht zu diktieren versuchen, ob oder welche Medikamente er zu verschreiben habe. Ein guter Arzt wird nicht übereilt zum Rezeptblock greifen, sondern sich die Zeit nehmen zu erforschen, wo die Ursachen der

Schwierigkeiten liegen und ob im konkreten Fall überhaupt ein Medikament angebracht ist. Ein guter Arzt weiß, daß die genannten Medikamente, sogenannte Psychopharmaka, auch suchtgefährdend wirken können!

In Martinas Fall könnte eine Erziehungsberatungsstelle oder der schulpsychologische Dienst eher weiterhelfen, wenn die Eltern es schon für richtig halten, außerfamiliäre Helfer anzusprechen. Diese nichtärztlichen Einrichtungen anzusprechen könnte aber deshalb Schwierigkeiten machen, weil die Mutter, die selbst eine relativ starke Bindung an Medikamente (eventuell sogar schon Abhängigkeit) hat, offensichtlich nur in diesem Komplex von Arzt und Medizin als Allheil- und Wundermittel denken kann und keine Alternativen sieht.

Auf jeden Fall wäre es aber richtig, wenn die Eltern mit Martina selbst sprächen und Martina erklären ließen, warum sie diese Ängste entwickelt. Vielleicht weiß das Kind die Ursache sehr genau und könnte durch ein offenes Gespräch mit den Eltern entlastet werden und sich selbst und den Eltern weiterhelfen.

Zum Selbstverständnis der Eltern

Das aber ist hier offensichtlich genau das Problem, daß nämlich die Eltern ein Ziel vor Augen haben, über das sie das augenblickliche Wohl des Kindes etwas aus den Augen verloren haben. Vielleicht ist es den Eltern gar nicht möglich, Martina in ein klärendes Gespräch einzubeziehen, ja überhaupt ein solches zu führen, weil sie der festen Überzeugung sind, Martinas einziges Glück liege eben in dem Lebensentwurf, den sie sich für ihr Kind vorgenommen haben.

Martinas Vater scheint mit der Familiensituation bis zu der Komplikation durch die Ängste des Kindes weitgehend einverstanden gewesen zu sein, vor allem die führende Rolle der Mutter bezüglich Arztbesuch und erwünschter Medikation des Kindes zu akzeptieren. Das bedeutet, daß auch er der Meinung ist, daß Schulschwierigkeiten mit Medikamenten begegnet werden kann. Er sieht ebenso wenig wie die Mutter, daß Martinas Probleme weniger im

Leistungsvermögen selbst als vielmehr bei ihnen als den fordernden Eltern liegen.

Zur Kommunikation zwischen den Lehrkräften und den Eltern

Es wäre auf jeden Fall gut, wenn es zu einem Krisen- und Beratungsgespräch zwischen Martina, Martinas Eltern und den Lehrkräften käme. Das könnte auf unterschiedlichen Wegen geschehen.

Die Initiative kann von Martinas Eltern ausgehen: Sie wenden sich an die Lehrkräfte und berichten von Martinas Ängsten, fragen nach Martinas Verhalten in der Klasse, nach ihren Kontakten und nach eventuellen Verhaltensauffälligkeiten, soweit die Lehrkräfte davon etwas mitbekommen haben.

Die Lehrkräfte können daraufhin Auskunft geben, könnten die Eltern entängstigen, gemeinsame Maßnahmen treffen, um Martina aus ihren Ängsten zu befreien und gemeinsam überlegen, ob nicht außerschulische Helfer (Erziehungsberatung, schulpsychologischer Dienst eingeschaltet werden könnten.

Auch dieser Weg ist möglich: Die Lehrkräfte haben eine Veränderung in Martinas Verhalten festgestellt und könnten von sich aus die Eltern ansprechen, noch bevor diese selbst die Veränderung in Martinas Bewußtsein und Empfinden festgestellt haben. Danach könnten gemeinsame Überlegungen für mögliche Maßnahmen angestellt werden.

Zur Kommunikation zwischen Schülerin, Eltern und Lehrkräften

Am günstigsten für Martina wäre es, wenn sie von sich aus sowohl gegenüber Lehrkräften wie auch Eltern von ihren Nöten sprechen könnte. Das ist aber insofern schwierig, wenn nicht gar ausgeschlossen, weil sich Martina unter Umständen der Zusammenhänge selbst gar nicht bewußt ist und weil sie zudem ja genau den Personen, insbesondere den Eltern, gegenüber kritisch sein müßte, denen sie mit ihren schulischen Anstrengungen gefallen will.

Für die beteiligten Lehrkräfte empfiehlt sich daher, daß sie eine Schülerin bzw. einen Schüler behutsam und liebevoll ansprechen, sobald sie irgendwelche Belastungen und Bedrückungen des Kindes spüren und beobachten. Als nächster Schritt empfiehlt sich dann das Gespräch mit den Eltern, wobei diesen nicht alle Details aus dem Gespräch zwischen dem Kind und der Lehrkraft mitgeteilt werden müssen.

Allgemeine Empfehlungen für Lehrkräfte

Lehrkräfte können den Eltern aus ihren Erfahrungen Sachinformationen geben (z.B. zur Wichtigkeit bestimmter Zeugnisnoten für den Übergang in eine weiterführende Schule). Sie können Hinweise und Ratschläge bieten, um auch den Eltern Ängste zu nehmen, die dann wiederum die Kinder entlasten. So könnten sie z.B. auf die Eltern einwirken, ihre Kinder nicht mit zu weitreichenden Plänen zu bedrängen und sich selbst nicht unter Erfolgsdruck zu setzen.

Es empfiehlt sich auch, in der Schule generell das Thema „Leistung – Angemessenheit und Leistungsforderung – Leistungsüberforderung" anzusprechen. Damit könnten ganz allgemein eventuell auftretende Spannungen bei den Eltern gelöst werden, wenn z.B. zu Beginn des 4. Schuljahres ein Elternabend stattfände, bei dem diese Fragen einschließlich der Gefahren der Überforderung der Kinder angesprochen würden. An diesem Elternabend könnte das Plädoyer für eine kindgerechte Pädagogik durch die Argumente einer als Referentin eingeladenen Erziehungsberaterin oder einer pädagogisch verantwortlichen Kinderärztin gestützt werden.

Lehrkräfte müssen sich auch selbstkritisch befragen, inwieweit sie selbst unangemessene, d.h. Schülerinnen und Schüler wie Eltern ängstigende Leistungsforderungen stellen, inwieweit sie unter den Schülerinnen und Schülern zu stark auslesen (4. Schuljahr!) und zu wenig fördern und inwieweit schulische Mißerfolge mitmenschlich kompensiert werden.

Gegen Medikamentenmißbrauch und Suchtgefahren

Eine Aufgabe der schulischen Suchtvorbeugung ist die Auseinandersetzung mit den verschiedenen Suchtgefährdungen, denen sehr junge Kinder (Kindergarten, Grundschule) bereits ausgesetzt sind.

Martinas Fall macht deutlich, wie komplex sich eine mögliche Suchtgefährdung darstellt. Da geht es zum einen um das Verhältnis zwischen Martina, ihren Eltern, den Lehrkräften und dem Arzt. Zum anderen geht es um Gefühle und Empfindungen, um die Zukunftshoffnungen der Eltern für ihr Kind und um die Ängste des Kindes selbst, um das Vorbild der Mutter, die möglicherweise medikamentenabhängig ist, und dessen Auswirkungen auf das Kind bis hin zur Nachahmung von problematischen Verhaltensweisen der Mutter durch ihre Tochter.

Medikamentenkonsum als Suchtgefährdung kann bereits im Grundschulalter (oder noch früher) beginnen, wenn Kinder daran gewöhnt werden, Probleme mit Medikamenten bewältigen zu wollen, die damit aber nicht wirklich gelöst werden, weil nicht an den Ursachen, hier den überzogenen Leistungsanforderungen seitens Martinas Eltern, angesetzt wird.

Gewiß stellt der einmalige oder gelegentliche Konsum eines Medikaments noch keine Suchtgefährdung dar. Bedenklich wird die Einnahme allerdings dann, wenn zwei Faktoren zusammenkommen:

1. Wenn das Medikament Wahrnehmungs- und Gefühlskonstellationen modifizieren soll und

2. wenn mit der Vergabe des Medikaments die wirkliche Ursache einer Störung überdeckt wird.

Für die Eltern:

Probleme der Kinder an der Wurzel anfassen: Mit dem Kind selbst sprechen, sich selbst kritisch befragen, ob man etwas falsch gemacht hat, und mit den Beteiligten der Situation reden, also auch mit den Lehrkräften.

Berater und Helfer einbeziehen: aus Erziehungs- und Kinderberatungsstelle, kinderpsychiatrischem oder schulpsychologischem Dienst.

Sich selbst und Ärzten gegenüber kritisch sein, wenn es um die Verabreichung von Medikamenten, vor allem von Psychopharmaka, an Kinder geht.

Für Lehrkräfte:

Auf Verhaltensauffälligkeiten und -änderungen bei Kindern achten!

Keine disziplinierenden Maßnahmen ergreifen, sondern behutsam mit dem Kind sprechen: „Geht es dir nicht gut?" „Du hast dich verändert. Was ist los?" „Hast du Probleme?" „Warum spielst du nicht mehr mit Marc und den anderen?" „Ärgerst du dich über irgend etwas?" o. ä.

Bei eigener Unsicherheit mit Kolleginnen oder Kollegen sprechen, sich Rat und Hilfe holen: beim schulpsychologischen Dienst, Beratungsstelle o. ä.

Mit den Eltern sprechen: Nicht sofort fordernd, mahnend, warnend, keinesfalls drohend, die Situation des Kindes nicht anklagend, vielmehr die gemeinsame pädagogische Sorge betonen, einfühlsam, mit Anteilnahme nachfragend, die Eltern in die Erziehungsaufgabe der Schule einbeziehen, Sorgen und Bedenken der Eltern ernst nehmen!

Keine autoritären Forderungen äußern, sondern gemeinsam nach Abhilfe im Interesse des Kindes forschen.

Bei gravierenden Differenzen in Erziehungsfragen den Eltern nicht drohen oder Konsequenzen ankündigen, nicht den Standpunkt der Schule mit Druck durchzusetzen versuchen, sondern ggf. Zeit gewinnen, indem das Gespräch zunächst ohne Ergebnis in sachlichem Ton beendet wird. Sich bei der Schulleitung, bei Kolleginnen/Kollegen oder anderen Beraterinnen/Beratern rückversichern!

Nur im äußersten Notfall, d.h. wenn aus dem Verhalten der Eltern kurzfristiger ernster Schaden für das Kind droht (z.B. bei Anwendung körperlicher Gewalt), deutlich auf die Rechte des Kindes und auf Konsequenzen für die Eltern hinweisen. Im Bedrohungsfall für das Kind die Schulaufsicht und außerschulische Gremien (Jugendamt, Gesundheitsamt) einschalten.

„Das schwierige Kind“

In einer 4. Klasse treten in den letzten Wochen verstärkt Gewalttätigkeiten unter einigen Schülerinnen und Schülern auf, die sich auf die ganze Klasse auszudehnen drohen. Da wird aus scheinbar nichtigen Anlässen geschlagen, scheinbar grundlos Hefte zerrissen, werden Szenen aus Fernsehkrimis nachgespielt (Fall 1).

Die Klassenlehrerin ist der Meinung, daß diese Situation nicht nur eine Angelegenheit ihrer Klasse ist, sondern die ganze Schule angeht. Daher bittet sie um die Einberufung einer pädagogischen Konferenz, auf der ihre eigenen und allgemeine Probleme im Umgang mit sogenannten „schwierigen Kindern“ angesprochen werden sollen.

Im Verlauf der Konferenz werden über die Anliegen der Klassenlehrerin noch eine Vielzahl weiterer Beispiele genannt und Fragen angesprochen:

Ein Lehrer berichtet von seinem Ohnmachtsgefühl angesichts des „seltsamen“ Verhaltens einer achtjährigen Schülerin, die manchmal weint und dann wieder seltsame Geschichten von großen und kleinen Menschen erzählt und die in ihrer Sprechweise gelegentlich altersuntypisch wirkt (Fall 2).

Eine Lehrerin berichtet von einem Jungen im 3. Schuljahr, der einmal sehr aggressiv wirkt, vor allem Mitschülerinnen an den Haaren zieht und ihnen Stifte und Hefte wegnimmt, dann aber wieder sehr freundlich und hilfsbereit ist und gern alles tut, was die Lehrerin von ihm verlangt und worum Mitschülerinnen und Mitschüler ihn bitten (Fall 3).

Eine andere Lehrerin erzählt von einem Mädchen aus dem 2. Schuljahr, das in den letzten zwei Wochen im Lauf des Vormittags unruhig wird, nach Hause gehen will und tatsächlich einmal in der ersten großen Pause aus der Schule verschwunden sei; in einem Anruf der Lehrerin bei den Eltern habe sich herausgestellt, daß das Kind direkt nach Hause gegangen sei (Fall 4).

?

- Inwieweit ist es Aufgabe der Lehrkräfte, sich mit besonderen Verhaltensauffälligkeiten von Kindern zu befassen, wenn damit unter Umständen ihre Kompetenz überschritten wird?

- Sollten Lehrkräfte in solchen Fällen nicht schnellstmöglich den schulpsychologischen Dienst einschalten?

- Stehen der Schule darüber hinaus weitere Beraterinnen und Helferinnen zur Verfügung?

- Was müßte sich generell im Bereich der Schule ändern, um solchen Situationen gewachsen zu sein?

- Sind die genannten Fälle nicht eigentlich ausschließlich Sache der Eltern, aber nicht der Schule?

Zur Zuständigkeit der Lehrkräfte

! Grundsätzlich sind die Lehrkräfte auch für derartige Verhaltensauffälligkeiten ihrer Schulkinder zuständig, weil sich die Situationen eben in ihrem Berufsbereich abspielen und jeder, auch die vorgesetzten Dienststellen, sagen, daß Lehrkräfte als Pädagogen eben auch mit „schwierigen" Kindern umgehen müßten.

Selbst wenn objektiv eine Überforderung vorliegt, haben Lehrkräfte vor Ort zunächst einmal das Problem in ihrer Klasse zu „erledigen".

Gerade weil das so ist, weil Lehrkräfte sich in bestimmten Problem- und Konfliktsituationen überfordert fühlen und in der Tat zunächst auch allein und ohne fremde Hilfe in der Klasse reagieren müssen, kommen sie sich oft sehr hilflos vor.

Kooperation im Kollegium

Daher hat die genannte Klassenlehrerin auch vollkommen angemessen reagiert, die eigene Isolation durchbrochen und das ganze Kollegium in ihre Probleme mit einbezogen – wie sich zeigte zu Recht, da auch andere Kolleginnen und Kollegen gravierende pädagogische Probleme zu berichten wußten.

Komplexe Zusammenhänge der Fälle

In allen vier Fällen lagen Ursachen vor, die nicht allein nur die Schule betrafen (und das dürfte bei fast allen Verhaltensauffälligkeiten und -störungen von Kindern der Fall sein).

Im Fall 1 hatte sich eine Schülergruppe gebildet, die ungestört im Elternhaus eines Schülers unbeschränkt Fernsehen und Videos konsumieren durfte. Die Eltern waren froh, daß die Kinder so „friedlich" waren, wußten aber nicht, daß ein Teil der Filmszenen in der Schule nachgespielt wurde und offensichtlich Anlaß zu „eigenschöpferischer" Gewalt der Jungen war.

Im Fall 2 stellte sich später heraus, daß das Mädchen von ihrem Onkel sexuell mißbraucht wurde, was den Eltern, die zwar eine Veränderung bei ihrer Tochter festgestellt hatten, aber verborgen blieb. Die Eltern waren vielmehr der Meinung, daß die Verhaltensveränderung ihrer Tochter entwicklungsbedingt sei.

Im Fall 3 litt der Junge unter der Alkoholabhängigkeit des Vaters und der Co-Abhängigkeit der Mutter. Er fand zuwenig Zuwendung und Hilfe bei der Lösung seiner Probleme, wurde gelegentlich auch geschlagen und wäre vermutlich verwahrlost, wenn sich nicht zeitweilig eine Nachbarin um ihn gekümmert hätte. In der Schule suchte der Junge auf jede nur erdenkliche Weise die Aufmerksamkeit und Zuwendung seiner Mitschülerinnen und Mitschüler sowie der Lehrkräfte zu bekommen.

Im Fall 4 litt das Mädchen unter der Angst, daß ihre Mutter sie verlassen könnte. Es hatte nämlich ungewollt einen Streit zwischen den Eltern mitbekommen, in dem die Mutter den Vater anschrie, sie halte seine ewigen Nörgeleien nicht mehr aus, und wenn er damit nicht aufhöre, werde sie eines Tages die Familie verlassen und nie mehr wiederkommen. Dieses Erlebnis beherrschte das Mädchen so sehr, daß sie sich am Vormittag vergewissern zu müssen glaubte, ob die Mutter noch zu Hause sei.

Komplexe Hilfen

Hinter allen Fällen stehen Beziehungsprobleme, die die Zuständigkeit allein nur der Lehrkräfte überschreiten. In allen Fällen ist nicht nur das Verhältnis der Schülerinnen und Schüler untereinander und mit den Lehrkräften angefragt, sondern auch das Verhältnis zwischen den Kindern und ihren Eltern und zwischen diesen und den Lehrkräften.

Im Fall 1 müßte die Lehrerin die Situation innerhalb der Klasse mit den Schülerinnen und Schülern ansprechen, mit den Eltern einzeln reden wie auch das Problem von Fernseh- und Videokonsum anläßlich eines Elternabends thematisieren.

Im Fall 2 muß sehr behutsam mit dem Kind umgegangen werden, vor allem kann weder die einzelne Lehrkraft noch die Schulleitung das Problem lösen, sondern müßte die Hilfe einer Familienpflegerin, die weiteres veranlaßt, in Anspruch nehmen.

Im Fall 3 sollte mit den Eltern gesprochen werden, was sie zur Abhilfe leisten könnten, ggf. muß das Jugendamt bzw. eine ambulante Suchthilfe eingeschaltet werden. Vor allem aber benötigt der Junge in der Schule Zuwendung und Aufmerksamkeit, aber auch die Schärfung seines Bewußtseins dafür, welches Verhalten erträglich und welches nicht mehr zu tolerieren ist. Gegebenenfalls ist eine Therapie einzuleiten.

Im Fall 4 muß es zu einem Gespräch zwischen Lehrerin und den Eltern kommen, die sich offensichtlich nicht über die Auswirkungen ihrer Auseinandersetzung klar sind. Wenigstens muß das Kind entängstigt werden, daß die Mutter nicht einfach wegläuft, sondern weiterhin für es da ist, auch wenn sie sich vom Vater trennen sollte. Auch hier sind ggf. familienpflegerische Maßnahmen hilfreich.

Daraus folgt, daß zur Entlastung der Lehrkräfte und im Interesse eines pädagogisch angemessenen Verhaltens eine Kooperation mit außerschulischen Fachkräften angestrebt werden muß,
- mit dem Jugend- und dem Gesundheitsamt,
- mit Erziehungsberatungsstellen,
- mit therapeutischen Einrichtungen,
- mit dem schulpsychologischen Dienst,
- mit einem Kinderarzt etc.

Die Zusammenarbeit zwischen Schule und Elternhaus kann auch dadurch gefördert werden, daß zu einem geeigneten Zeitpunkt (beispielsweise beim zweiten Elternabend nach Schuleintritt) darauf hingewiesen wird, daß die Schule nicht nur Unterrichtsort ist, sondern auch für psychosoziale Probleme offen ist und vor allem auch Kontaktpersonen und -einrichtungen weiß, die sie mit den Eltern zusammenbringen kann.

Zentrales Anliegen der Schule für besondere Problem- und Krisensituationen könnte sein, innerhalb des Kollegiums eine kollegiale Beratung und/oder Supervision einzurichten und die Zusammenarbeit mit außerschulischen Hilfen zu pflegen.

Wenn man sich überfordert fühlt, sofort mit Kolleginnen und Kollegen darüber sprechen, d.h., nicht erst lange an Situationen bis hin zur deprimierenden Frustration zu probieren.

Eventuell regelmäßige Treffen vereinbaren, um über anstehende pädagogische Probleme und Krisen zu sprechen. Damit relativieren sich die Schwierigkeiten und lassen sich in der Gemeinschaft leichter tragen.

Die eigenen Grenzen einsehen und Beraterinnen/Berater und Helferinnen/Helfer aus verschiedenen Einrichtungen und Fachbereichen hinzuziehen.

Regelmäßige Kooperationskontakte mit außerschulischen Einrichtungen pflegen.

Mit Eltern nicht nur Routineangelegenheiten der Schulorganisation (Schulfest, Klassenfahrt etc.) ansprechen, sondern sehr früh beginnen, auch pädagogische Probleme in Elternhaus und Schule zu thematisieren. Denn die Schwierigkeiten gibt es immer, man muß nur den Umgang mit ihnen selbstverständlich machen.

„Nichtrauchen“, ein Unterrichtsthema für die 3. und 4. Klassen der Grundschule

In dem Grundschulkollegium X-Stadt gibt es kontroverse Meinungen darüber, ob schon für 3. und 4. Klassen „Rauchen“ bzw. „Nichtrauchen“ ein Unterrichtsthema sein soll.

Frau L. glaubt, bei einigen 11jährigen Schülern bereits Anzeichen für ersten Probierkonsum entdeckt zu haben. Aus diesem Grund und weil die Umgebung der Schule mit Werbung für Zigaretten umstellt sei, müsse das Thema unbedingt im Unterricht behandelt werden. Außerdem hätte sie beim letzten Elternabend festgestellt, daß doch sehr viele Eltern starke Raucher seien und überdies würde die Entscheidung zum „Nichtrauchen in der Schule“ immer noch nicht von allen Kollegen mitgetragen.

Herr P. meint dagegen, daß die Frage des Rauchens kein Thema der Grundschule sei. Das sei Thema der Sekundarstufe I und II, man solle doch besser „keine schlafenden Hunde wecken“. Die Gefahr sei, daß die Neugierde der Kinder geweckt würde und so ein Probierkonsum erst gefördert würde. Im übrigen sei der Einfluß der Schule auf das gesundheitsbewußte Handeln der Kinder eher gering einzuschätzen. Hier seien in erster Linie die Eltern gefordert!

?

- Rauchen denn wirklich schon Grundschulkinder?
- Welche Bedeutung hat das Vorbildverhalten von Eltern und Lehrkräften?
- Welche Argumente sprechen für die Bearbeitung des Themas im Unterricht der Grundschule?
- Wie könnte ein solcher Unterricht aussehen?

Zahlen und Trends zum Rauchverhalten

! Nach Angaben der Weltgesundheitsorganisation sterben jährlich weit mehr Menschen an den Folgen von Nikotinkonsum als an kriegerischen Auseinandersetzungen und Naturkatastrophen. Wenn man Zahlen aus Angaben des Statistischen Bundesamtes, des Bundesgesundheitsamtes, des Bundeskriminalamtes und aus Veröffentlichungen einschlägiger Fachverbände aus den Jahren 1989 bis 1992 zusammenstellt, kommt man pro Jahr auf 70000 Tote an Tabakwarenabhängigkeit allein in Deutschland.

Diese erschreckenden Zahlen sprechen für sich, beantworten aber noch nicht, ob bereits in der Grundschule zum Thema „Nichtrauchen" präventiv gearbeitet werden soll.

Die zahlreich vorliegenden Untersuchungen zum Rauchverhalten (z. B. von Infratest und dem Institut für Jugendforschung) zeigen, daß bereits 5 % der 12- bis 13jährigen Jungen zu den Gelegenheitsrauchern gehören. Von den 14- bis 17jährigen Jungen sind 21 % ständige Raucher. Die Prozentangaben für die weiblichen Gelegenheitsraucher bzw. ständigen Raucher liegen jeweils etwas niedriger. Das Probieralter für Nikotin, in dem die späteren Gelegenheitsraucher und ständigen Raucher ihre ersten Erfahrungen machen, beginnt aber bereits bei 8- bis 10jährigen, also im Grundschulalter. Bis zum Ende der Grundschulzeit hat bereits ein Teil der Kinder erste Erfahrung mit dem Zigarettenrauchen gemacht. Folgt man der These, daß das spätere Mißbrauchsverhalten im frühen Kindesalter gelernt wird und Vorbeugung dann einsetzen muß, bevor eine bestimmte Gefährdung akut wird, ist die Begründung für die Bearbeitung des Unterrichtsthemas gegeben.

Die empirischen Daten zu Rauchgewohnheiten geben darüber hinaus auch noch weiteren Anlaß zur Behandlung des Themas auch in der Grundschule. Die Ergebnisse einer Trendanalyse der Jahre 1973 bis 1990 des Deutschen Jugendinstitutes bestätigen einerseits die oben genannten Zahlen, zeigen aber andererseits auch, daß der Anteil der Nichtraucher unter den Jugendlichen immer größer geworden ist (1973 = 42 %, 1990 = 52 %). 1973 hatten 14 % der 14- bis 25jährigen Jugendlichen noch nie geraucht, 1990 waren das bereits 29 %.

Gestützt wird diese Entwicklung durch einen (seit den achtziger Jahren allgemein stark gestiegenen) Gesundheits- und Fitneß-Trend.

„Weil es ungesund ist", „weil es mir nicht schmeckt", „weil es die körperliche Leistungsfähigkeit verringert", „weil man dabei immer so stinkt“, sind die häufigsten Begründungen der jugendlichen Nichtraucher für ihren Verzicht auf Zigarettenkonsum.

Diesen Gesundheitstrend gilt es in der Schule zu unterstützen und zu entwickeln. Die Grundschule hat dafür besonders gute Möglichkeiten, weil sie es gegenüber allen anderen Schulformen mit Kindern zu tun hat, die über ihre noch unverfälschteren Sinneswahrnehmungen am ehesten für gesundheitsbewußte Einstellungen und gesundheitsbewußtes Handeln – gerade beim Thema Nichtrauchen – zu gewinnen sind.

Mit solchen Bemühungen steht die Grundschule allerdings starken gegenläufigen Einflüssen aus Gesellschaft und (allzu häufig auch) Familien gegenüber, die den Erfolg schulischer Gesundheitsförderung immer wieder neu gefährden.

Alltagsbedeutung des Rauchens im Leben von Kindern

Ganz abgesehen von dem ersten Probierkonsum gehört Rauchen für alle Grundschulkinder zu den ständigen Alltagsbeobachtungen. Nikotin ist die allgegenwärtige Droge. Zigaretten können auch von Grundschulkindern jederzeit und an nahezu allen Orten beschafft werden. Zigarettenwerbung begleitet die Kinder auf ihrem Schulweg. Kinder sehen, wie im öffentlichen Leben, auf Straßen, in Filmen und Fernsehen, häufig in der Familie und nicht selten auch noch von den Lehrkräften (im Lehrerzimmer) geraucht wird. Dabei machen die Kinder höchst differenzierte Wahrnehmungen:

Da den Kindern selbst das Rauchen verboten ist, muß aus ihrer Sicht das Rauchendürfen und -können ein offensichtlich sehr wichtiges Attribut des Erwachsenenseins darstellen. Da den Kindern das Rauchverbot häufig ohne Begründung erteilt wird, verstärkt sich dieser Eindruck.

Kinder erleben aber auch, daß Rauchen offenbar keine unumstrittene und konfliktfreie Verhaltensweise ist. Kinder nehmen wahr, daß Erwachsene versuchen, mit dem Rauchen aufzuhören. Gelegentlich erleben Kinder Auseinandersetzungen zwischen Nichtrauchern und Rauchern. In manchen Bereichen ist Rauchen mittlerweile untersagt. Zugleich werden Kinder aufgefordert, Zigaretten zu besorgen oder Erwachsenen Streichhölzer etc. zu reichen.

Mit zunehmendem Alter differenzieren sich die zunächst noch unstrukturierten Wahrnehmungen der Kinder weiter. Welches Deutungs- und Lernmuster bei den Kindern dominant wird, ist entscheidend von dem Verhalten der engeren Bezugspersonen abhängig.

Vorbildfunktion von Elternhaus und Schule

In der Lebenswelt von Grundschulkindern sind zunächst die in der Familie dominierenden Handlungsmuster leitend. Kinder nehmen am bewußtesten in der Familie wahr, bei welchen Gelegenheiten, wie und aus welchen Gründen Alltagssuchtmittel gebraucht werden. Wenn beide Eltern rauchen, liegt die Annahme nahe, daß Grundschulkinder dadurch eine positive oder zumindest unkritische Einstellung dem Rauchen gegenüber entwickeln. Die Gefahr einer Wechselwirkung zwischen dem Mißbrauchsverhalten der Eltern und der Grundlegung einer eben solchen Verhaltensbereitschaft bei den Kindern muß allen Eltern klarwerden. Eltern, die verantwortlich mit Kindern umgehen, müssen in bezug auf Suchtvorbeugung die eigene Einstellung zu dem Alltagssuchtmittel „Nikotin" überdenken. „Welche Rolle spielt Nikotin in meinem Leben?" Dabei sollten Eltern wissen, daß das, was sie vorleben, ein größeres Gewicht hat, als daß, was sie sagen. Kinder sind sehr scharfe Beobachter. Hier gilt der Satz von Hermann Hesse „Die Wahrheit wird gelebt und nicht doziert". Rauchende Eltern jedenfalls können glaubhaft ihren Kindern das Rauchen nicht verbieten.

Grundsätzlich sind Grundschulkinder ständig bereit und interessiert, neue Erfahrungen zu machen und ihr Verhaltensrepertoire zu erweitern. Das ist auch im vorliegenden Fall möglich, wenn die Grundschule dabei folgendes beachtet: Auf jeden Fall bleibt der Grundschule die Aufgabe, Erfahrungs- und Handlungsdefizite der Kinder auszugleichen. Das bedeutet, auch in den Fällen, in denen im Elternhaus Rauchen ein selbstverständlicher und nicht hinterfragter Vorgang ist, den Kindern

- Informationen über die gesundheitlichen Wirkungen des Tabakskonsums zu geben,

- mit den Kindern das Verhältnis zwischen Bedürfnissen und deren Befriedigung durch stoffgebundenen Konsum zu untersuchen und realistische Verhandlungsalternativen für die Befriedigung von Bedürfnissen zu entwickeln,
- das Nichtkonsumieren von Tabakerzeugnissen als positive Norm zu vermitteln.

Voraussetzung ist allerdings, daß auch die Lehrkräfte ihr eigenes (Rauch-)Verhalten kritisch reflektieren und ggf. korrigieren. Dazu gehört als Norm, daß in der Grundschule (einschließlich Lehrerzimmer) nicht geraucht wird. Nur so kann die Grundschule insgesamt und jeder einzelne Pädagoge glaubwürdiger Gesprächs- und Handlungspartner der Schülerinnen und Schüler sein.

Voraussetzung ist weiterhin, daß eine intensive Zusammenarbeit mit den Eltern gesucht wird. Bei Eltern und Lehrkräften muß Konsens über die Unterrichtsziele bestehen. Da in einer ganzen Reihe von Elternhäusern geraucht wird und ein kritisches Bewußtsein der Eltern und älteren Geschwister nicht immer vorausgesetzt werden kann, ist es wichtig, von Anfang an Kontakt mit den Eltern zu suchen, um den Kindern unnötige Konflikte, die den gesamten Unterrichtserfolg in Frage stellen könnten, zu ersparen. Eine erste Information kann durch einen Brief an die Eltern und/oder auf einer Klassen-Elternversammlung erfolgen. Den Eltern muß glaubhaft werden, daß es keinesfalls um die Denunzination ihrer (möglichen) Rauchgewohnheiten geht, sondern um das gemeinsame Anliegen von Elternhaus und Grundschule, körperlich und seelisch gesunde Kinder in die Welt zu entlassen. Auf Elternabenden kann das Unterrichtsthema ggf. in seinen problematischen Aspekten mit den Eltern vertieft werden. Dabei kann es schon einen großen Fortschritt bedeuten, wenn (weiter rauchende) Eltern ihren Kindern von den Schwierigkeiten und Anstrengungen berichten, die entstehen, wenn man sich aus Nikotinabhängigkeit befreien will.

Die dritte Voraussetzung für eine erfolgreiche Nikotinprävention der Grundschule ist dann gegeben, wenn es gelingt, gemeinsam mit allen Lehrkräften und (möglichst vielen) Eltern ein kommunikatives und emotionales Schulklima zu schaffen, in denen die Kinder Unsicherheiten, Konflikte und Ängste offen aussprechen können. So können Alltagserfahrungen der Kinder im Zusammenhang mit

Nikotinkonsum und Lösungsmöglichkeiten für Probleme und Konflikte bearbeitet werden.

So schwierig die Aufgabe der Grundschule auch zunächst anmutet, so ist sie doch wie keine andere Schulform in bezug auf Nichtrauchen in der Lage – mindestens eine Zeitlang – normbildend zu werden. Lehrkräfte wirken hier noch viel mehr als Identifikationspersonen und die Grundschulkinder sind für gesundheitsbewußtes Verhalten leichter aufzuschließen. Außerdem wirkt die Grundschule als sozialer Lernraum, der gerade in bezug auf den Probier- und Gelegenheitskonsum eine große Bedeutung hat.

Grundschule als sozialer Lernraum

In den wenigsten Fällen kommen Grundschulkinder für sich allein darauf, daß Rauchen auszuprobieren. Meist geschieht das im Kreis von Freunden, aus Neugierde oder als Mutprobe, was noch dadurch gefördert wird, daß es weitgehend heimlich geschehen muß.

„Weil ich auch gern rauche, wenn andere rauchen", „Rauchen steckt an", „weil man in Gesellschaft raucht", „weil ich in Gesellschaft oft nicht weiß, wohin mit den Händen", sind in der schon erwähnten Trenduntersuchung häufige Begründungen der Raucher für ihren Zigarettenkonsum. Das sind Motive, die – sei es bewußt oder unterschwellig – auf Gruppeneinflüsse hinweisen.

Was für den Durchschnitt der Raucher gilt, hat in besonderer Weise Bedeutung für den Probier- und Gelegenheitskonsum von Kindern im frühen, mittleren und späteren Schulkindalter, also von 6 bis 12 Jahren. Die Stellung in der Gruppe, ob man dazugehört und akzeptiert wird, ob man zum Kern- oder Randbereich der Gruppe gehört, bestimmt zunehmend das Selbstwertgefühl und darüber die Grundlage der Entwicklung des Selbstkonzeptes jedes einzelnen Kindes. Um der von jedem Kind ersehnten Zugehörigkeit zur Gruppe willen, sind viele Kinder bereit, auch ihren Grundvorstellungen zuwiderlaufende Verhaltensnormen zu akzeptieren und mitzuvollziehen, also die erste Zigarette zu probieren und an weiteren „Rauch-Ritualen" der Gruppe teilnehmen. Das auch dann, wenn die eigene Einstellung dagegen spricht und die ersten Erfahrungen mit dem Rauchen von Zigaretten negativ verlaufen.

Die Grundschule kann in zweierlei Richtungen Einfluß auf diesen Zusammenhang nehmen.

Durch Leistungsdruck, Zulassen und Fördern von Rivalitäten können bei Kindern Versagensängste entstehen. Zusammen mit dem Gefühl, von der Lehrkraft nicht akzeptiert zu werden, entsteht bei den betroffenen Kindern eine noch größere Abhängigkeit von der Gruppe. Eigene Entscheidungen auch gegen Gruppennormen treffen zu können, wird so kaum noch möglich.

Auf der anderen Seite kann die Grundschule aber auch versuchen, auf Gruppenbildungen, Gruppennormen und Verhalten in Gruppen in sozial positiver Weise einzuwirken. In der Grundschule kommt es zu den ersten stabileren Gruppenbildungen. Der soziale Führungs- bzw. Leistungsstil der erwachsenen Bezugspersonen überträgt sich im frühen Schulkindalter noch relativ unvermittelt auf die Verhaltensweisen der Kinder. Darüber hinaus können im Schulleben und im Unterricht über Modell-Lernen und organisierte Lernprozesse Verhaltensvarianten und -alternativen im Umgang mit Gruppendruck erfahren und eingeübt werden.

Risikofaktoren und Gesundheitsfaktoren im Unterricht

Nach einer UNESCO-Definition ist es das Ziel von Suchtprävention, jeweils gesundheitlich und rechtlich angemessen sowie selbstverantwortlich mit Drogen umzugehen. In bezug auf den Umgang mit Tabakerzeugnissen wird ein verantwortlicher und selbstkontrollierter Umgang mit Tabakerzeugnissen mit dem Ziel möglichst weitgehender Abstinenz postuliert. Berücksichtigt man, wie schwierig tatsächlich ein kontrollierter Umgang mit Nikotin ist, wie groß die Gefahr der Abhängigkeit und wie schwer die Versuche der Befreiung sind, kann es in der auf Grundschulkinder bezogenen Prävention immer nur um eine Erziehung zum Nichtrauchen gehen. Wie kann diese im Unterricht aufgebaut werden und welche Elemente sollten darin enthalten sein?

Ganz sicher muß im Unterricht erreicht werden, den Kindern die gesundheitlichen Gefahren des Rauchens und des Passivrauchens bewußt zu machen. Bei diesem, an den Risikofaktoren des Rauchens orientiertem Unterricht erweisen sich von den Lehrkräften ausgesprochene Verbote und reine Abschreckungskonzepte als relativ wirkungslos. Bei kleineren Kindern kann durch Darstellung von Raucherschäden der gewünschte Effekt kurzfristig eintreten, in der Regel wird sich dieser Eindruck aber schnell wieder verflüchtigen, weil solche Bilder als etwas Fremdartiges betrachtet werden, was kaum mit der eigenen Erfahrungswelt in Einklang zu bringen ist. Das hat auch etwas damit zu tun, daß Kinder und Jugendliche (häufig aber auch Erwachsene) gesundheitsbewußtes Verhalten nur in bezug auf ihre augenblickliche Situation bewerten. Verbote, die zudem noch überhaupt nicht oder nur vage begründet werden, werden von Kindern von vornherein nicht akzeptiert. Der gegenteilige Effekt tritt häufig ein: Gerade vom Übertreten unbegründeter Verbote geht ein besonderer Reiz aus. Völlig unglaubwürdig werden die, die ein Verbot aussprechen, aber selbst weiterrauchen.

In einer von der Bundeszentrale für gesundheitliche Aufklärung herausgegebenen Schrift „Thema Nichtrauchen", Unterrichtsmaterialien für die 3. und 4. Klasse der Grundschule, Klett Verlag 1990, werden Vorschläge für eine sachgerechte und altersgemäße Aufklärung über die Risiken des Rauchens gemacht. Dabei geht es allerdings um mehr als nur um große Kenntnisvermittlung. Die Ursachen und Gründe für das Rauchen sollen von den Kindern diskutiert und aufgearbeitet werden. Den Kindern soll die Möglichkeit geboten werden, sich der Konflikte und Spannungszustände, die zum Rauchen führen können, bewußt zu werden. Mit den Kindern sollen vielfältige Verhaltensalternativen zum Rauchen erarbeitet und ausprobiert werden. Schließlich soll den Kindern die Fähigkeit und die Bereitschaft vermittelt werden, andere von den Vorzügen des Nichtrauchens zu überzeugen.

Die Gesundheitsfaktoren beziehen sich auf die Stärkung der personalen und sozialen Kompetenzen jedes Kindes. Auf den Unterricht bezogen bedeutet das, die Persönlichkeit des einzelnen Kindes so zu stärken, daß es z.B. Gruppendruck widerstehen kann, nein sagen lernt, eigene Entscheidungen treffen und vor anderen begründen können. Das diese Kompetenzen in bezug auf „Nichtrauchen" wichtig sind, wurde schon gesagt. Wie die Grundschule im Unterricht solche Kompetenzen fördern kann, wird in Materialien der Lehrerfortbildung in Nordrhein-Westfalen „Suchtvorbeugung in der Grundschule", Soester Verlagskontor 1992 in über 200 praktischen Unterrichtsbeispielen gezeigt. Einige Unterrichtsbeispiele werden im folgenden vorgestellt:

Überreden zum Rauchen

geeignet als

Unterrichtsstunde

fachbezogener Einsatz in

Sachunterricht Fächer mit hohem sprachlichen Anteil ab Klasse 3

Ziele: Lernen, einem Gruppendruck zu widerstehen

Unterrichtsgeschehen

Einstieg

Darbietung der Folie 1

Im anschließenden **Unterrichtsgespräch** könnten folgende Impulse für die Erarbeitung gegeben werden:

- Was geschieht?
- Welche Beweggründe veranlassen ein Kind, Zigaretten anzubieten?
- Warum geht ein Kind darauf ein?
- Warum halten sich die anderen zurück?
- Welche Befürchtungen haben diese wohl?
- Wie würdest du dich verhalten?
- Gibt es verschiedene Möglichkeiten?
- …

Im anschließenden **Rollenspiel** könnten verschiedene Entscheidungen der beteiligten Kinder durchgespielt werden.

Kommentar

In dieser Stunde geht es vorrangig nicht darum, die Vor- und Nachteile des Rauchens zu erörtern, vielmehr geht es darum, Strategien zu entwickeln, die es den Schülerinnen und Schülern ermöglichen, nein zu sagen.

In dem Unterrichtsgespräch werden wahrscheinlich Gründe für das Rauchen bzw. gegen das Rauchen zur Sprache kommen. Die genannten Gründe sollten nicht bewertet werden. Es könnte sich eine Unterrichtsstunde zur Sachklärung (Gefahren des Rauchens) anschließen.

Folie 1

Bemerkung

Als Weiterführung oder Vertiefung eignen sich die Stundenentwürfe, die in folgender Broschüre enthalten sind: „Nichtrauchen“ herausgegeben von der Bundeszentrale für gesundheitliche Aufklärung, Köln 1990.

Vor- und Nachlauf

ich lerne Gruppendruck kennen ich erlebe Gruppendruck

Willst 'ne Zigarette?

geeignet als
- Doppelstunde
- Einstieg in eine Unterrichtsreihe zumThema Rauchen

Auf der Grundlage eines fiktiven Rollenspiels Verhalten sehen, überprüfen und nachdenken und für eigene „gesunde“ Bedürfnisse sensibilisiert werden.

Unterrichtsgeschehen
Einführung durch Lehrererzählung über eine beobachtete Situation auf einem Spielplatz, in der 2 Jugendliche 2 Grundschüler zum Rauchen verführen wollten.

Impuls
Diese Situation würde ich gerne mit euch spielen. Dazu brauchen wir zunächst 4 Mitspieler und viele Zuschauer, die ebenfalls wichtige Aufgaben erhalten.

Möglicher Verlauf:

1. Die Spielplatzszene wird so aufgebaut, daß sich Spieler und Zuschauer darin orientieren können. Ein Teil der Klasse wird zur Bühne, der andere zum Zuschauerraum umfunktioniert.

2. Jede einzelne Mitspielerin/jeder einzelne Mitspieler wird möglichst genau in die Rolle eingeführt, z. B.: Du bist Fritz, bist 8 Jahre alt, stark und kräftig, bist viel draußen, weil deine Eltern arbeiten, du findest es toll, daß euch „die Großen“ ansprechen, du bist mit deiner Klassenkameradin, der Inge, hier, und der willst du zeigen, was du für ein toller Kerl bist.

   Du bist Inge, gehst mit Fritz in eine Klasse und findest ihn toll, weil er so stark ist und viel mehr darf als du. Deine Mutter will immer genau wissen, wo du bist. Rauchen findest du nicht gut, weil dir deine Eltern gesagt haben, daß das krank macht...

3. Aufgaben für die Zuschauer benennen:
   Je eine Schülergruppe beobachtet einen Mitspieler/eine Mitspielerin.

4. 1. Spieldurchgang, der vom Ausgang her völlig offen gelassen ist.

5. Bearbeitungsrunde
   Hieran anschließend können 2 oder 3 neue Spielrunden entstehen, in denen Handlungsalternativen erprobt werden.

Mögliche Impulse für den 2. und 3. Durchgang: Was könnte in einer solchen Situation ein „toller Kerl“ sein?

Rollenspiel

fachbezogener Einsatz in
Sachunterricht, Sprache, Religion Klasse: 1 – 4

mögliche Verhaltensalternativen erproben.Über Selbst- und Fremdbestimmung

Kommentar
Diese Situation ist exemplarisch herausgegriffen; um

a) hieran die Struktur und Möglichkeiten eines fiktiven Rollenspiels zu verdeutlichen,
b) zum Gesamtthema einen direkten Bezug herzustellen. Im konkreten Schulalltag gibt es sicherlich viele Situationen, die für solche Rollenspiele Anlässse darstellen können.

- Bei der Rolleneinweisung sollten Sie von typischen Rollenträgern ausgehen, die Verhaltensweisen oder Beziehungsstrukturen vertreten; die auch in Ihrer Klasse vorkommen, sich hier aber gebündelt in einer Person manifestieren. Hierdurch ist eine Identifikation mit Teilaspekten einer Persönlichkeit für viele Kinder der Klasse möglich.

Methodische Schritte der Bearbeitung:
Die Bearbeitung eines Rollenspiels geschieht in methodisch klar eingeteilten Schritten.

- Die Spieler werden aus ihren Rollen entlassen und sagen, wie es ihnen in ihrer Rolle ergangen ist. Dazu ist es hilfreich, daß sie die Identifikation mit dem Rollenträger wählen und sagen:

  Ich als … habe

- Die Zuschauer werden aufgefordert, ihre Beobachtungen/Gefühle ebenfalls aus der Identifikation heraus mitzuteilen, hierdurch werden Wertungen und Ratschläge vermieden.
- Es folgt eine Sharing-Runde, d. h., einzelne in der Gruppe teilen mit, ob sie ähnliche Konflikte, Situationen erlebt haben (Eingangssatz: Ich kenne das …).

- Jetzt kommen Ideen und Vorschläge über veränderte Verhaltensmöglichkeiten, die dann im Spiel neu erprobt werden könnten. Auch hier ist es wichtig, daß die Kinder bei Ich-Aussagen bleiben (Ich als … werde).

Angesichts des Probierkonsums und wegen der Bedeutung des Rauchens im Alltag von Grundschulkindern kann die Grundschule an diesem Thema nicht vorbeigehen.

Die Grundschule hat besondere Möglichkeiten, den vorhandenen Gesundheitstrend aufzugreifen und zu verstärken.

Neben der Familie wirken vor allem die Lehrkräfte der Grundschule normbildend.

Die Zusammenarbeit zwischen der Grundschule und den Eltern ist gerade auch beim Thema „Nichtrauchen“ gefordert.

Ohne Vorbildwirkung können erwünschte Verhaltensmuster mittelfristig nicht gesichert werden. Lehrkräfte müssen deshalb ebenfalls ihr eigenes (Rauch-)Verhalten kritisch reflektieren und ggf. korrigieren.

Um in einer offenen Atmosphäre Alltagserfahrungen, Unsicherheiten und Konflikte der Kinder bearbeiten zu können, ist ein kommunikativ und emotional ansprechendes Schulklima notwendig.

Risikofaktoren und Gesundheitsfaktoren müssen im Unterricht der Grundschule balanciert bearbeitet werden. Die Chancen der Grundschule zur Kompetenzförderung jedes einzelnen Kindes müssen genutzt werden.

Schulprogramm „Suchtprävention/ Gesunde Schule“

In der Lehrerkonferenz wird (zum wiederholten Male) von einigen Kolleginnen und Kollegen die Situation auf dem Schulhof während der Unterrichtspausen als unerträglich und so nicht weiter hinnehmbar bezeichnet. Die Aggressionen der Schülerinnen und Schüler untereinander nähmen immer weiter zu. „Wie gestochen, stürmten die Kinder den Schulhof und seien auch am Pausenende kaum zu beruhigen. Zudem würden immer mehr Kinder in den Ecken des Schulhofes Zigaretten rauchen“. Andere Kollegen meinen daraufhin, das sei eine Frage der Pausenaufsicht. „Da müsse eben härter durchgegriffen werden“. Herr W. meint, „man muß sich mal den Schulhof ansehen, der verleitet doch gerade zum Toben, jedenfalls biete er nichts zum Wohlfühlen“.

Frau H. bringt einen Gedanken in die Diskussion, der zunächst von einer ganz anderen Situation ausgeht. Ihren Beobachtungen nach würden immer mehr Kinder von ihren Eltern Medikamente zur Konzentrationssteigerung und allgemeinen Leistungssteigerung erhalten. „Das sei doch ein ganz schlimmer Zustand. Sicherlich seien die Eltern dafür zunächst verantwortlich. Aber könne es nicht sein, daß auch unser Unterricht und unsere Erwartungen an die Kinder etwas damit zu tun haben. Und lasse sich von hier aus nicht auch eine Verbindung zur Schulhofsituation ziehen?“

?

- Sind Zusammenhänge denkbar zwischen dem Medikamentenkonsum der Kinder, dem Unterricht und der Schulhofsituation?

- Was kann ein Lehrerkollegium unternehmen, wenn es über die Ebene der Problembeschreibung hinaus zur Problemlösung kommen will?

- Wo kann das Kollegium weitere Hilfen und Anregungen erhalten?

Grundschule als ganzheitlich wirkender Lebens- und Erfahrungsraum

! Grundsätzlich wirkt die Grundschule mit allem, was in ihr geschieht und von ihr ausgeht, auf die Kinder ein. Unterricht und Schulleben (zum letzteren gehören Klassenraum-, Schul- und Schulhofgestaltung) wirken gemeinsam aufeinander ein.

Die Leistungsnormen der Schule, die Unterrichtsgestaltung, das Verhältnis Lehrer-Schüler und die elterlichen Erwartungen an die Schulleistungen ihrer Kinder können dazu führen, daß einige Kinder Versagensängste mit ganz unterschiedlichen Persönlichkeits- und Leistungsstörungen entwickeln.

Wenn die Gestaltung des Schullebens keine oder nur unzureichende Rücksicht darauf nimmt, daß Grundschülerinnen und -schüler (und Lehrkräfte) sich in der Schule auch wohl fühlen und sich mit der Schule identifizieren, können solche Schulängste und Fremdheitsgefühle verstärkt werden. – Einige Eltern glauben in dieser Situation, daß ihren Kindern mit Medikamenten geholfen werden kann. Tatsächlich verschlimmern solche Mittel mittelfristig die Situation, da sie nicht die Ursachen angehen, in der Wirkung nur kurzfristig „Erfolg" zeigen und einen verhängnisvollen Beginn von Abhängigkeit konstituieren können.

Ganzheitlich orientierte Suchtprävention – eine Aufgabe des ganzen Kollegiums

Suchtprävention, die ursachenorientiert angelegt ist und insofern nicht nur Risikofaktoren abwehren, sondern Gesundheitsfaktoren fördern will, muß **Unterricht** und **Schulleben** in den Blick nehmen. Im Zusammenhang des **Unterrichts** müssen dabei personale, soziale, moralisch-ethische, ökologische, curriculare und Sachaspekte berücksichtigt werden.

Beim personalen Aspekt des Unterrichts muß z. B. untersucht werden, mit welchen Unterrichtsthemen und Unterrichtsformen bisher an der Schule dahin gewirkt wurde, daß Kinder ihre Gefühle äußern, reflektieren und in Abwägung eigener und fremder Rechte verantwortlich leben.

Im Hinblick auf den sozialen Aspekt des Unterrichts muß u. a. gefragt werden, was getan wurde, damit Kindern geholfen wird, mit Gruppendruck vor allem in solchen Situationen selbstbewußt umzugehen, in denen zu gesundheitsschädlichem Verhalten aufgefordert wird.

Bei dem moralisch-ethischen Aspekt können Fragen nach der Verantwortungsübernahme für die eigene Gesundheit, der Übernahme von Mitverantwortung gegenüber Mitmenschen und der Umwelt gestellt werden.

Bei dem ökologischen Aspekt kann gefragt werden, was bisher an der Schule dahin gewirkt hat, daß Grundschülerinnen und -schüler Verständnis für die Notwendigkeit einer gesunden Lebensraumgestaltung in Schule, Freizeit und der von ihnen erfahrbaren Umwelt gewonnen haben.

Unter dem curricularen Aspekt kann geprüft werden, mit welchen Unterrichtsthemen und Unterrichtsformen bisher an der Schule dahin gewirkt wurde, daß an den subjektiven Vorstellungen und Konzepten von Gesundheit und Krankheit ebenso wie an dem Selbstbild und dem Lebensstil von Grundschülerinnen und -schülern angeknüpft wurde. Ebenso muß untersucht werden, ob Widersprüche zwischen den Unterrichtsinhalten und -zielen auf der einen Seite und den Unterrichtsverfahren auf der anderen Seite bestehen.

Unter dem Sachaspekt muß geprüft werden, ob Grundschülerinnen und -schüler zur besseren Bewältigung ihrer Alltagsprobleme und zur Abwehr von Gesundheitsgefahren auch entsprechendes Sachwissen über krankmachende Mittel, Situationen und verführende Personen gewonnen haben.

Die Aufzählung solcher orientierungsleitender Fragestellungen stellt nur eine kleine Auswahl denkbarer Fragerichtungen dar, mit denen der Bereich des Unterrichts daraufhin untersucht werden kann, inwieweit er suchtpräventiven Erfordernissen unter der Zielvorstellung von Gesundheitsförderung entspricht.

Einige solcher orientierungsleitender Fragestellungen werden im folgenden auch für den Bereich des **Schullebens** genannt. Beim Schulleben kommt die Klassenraum-, Schulhaus- und Schulhofgestaltung in den Blick. Was ist bisher hier getan worden, das über die Architektur und Gestaltung kindliche Entwicklungsprozesse aufgenommen und entwickelt werden können – das also z.B. ein Spannungsfeld von Stille und Hörbarem aufgebaut wird, etc.. Inwieweit regt die Klassen-, Schulhaus- und Schulhofgestaltung dazu an, Schulfeste und Feiern durchzuführen, mit anderen zu kommunizieren und zu kooperieren, kreativ zu spielen, etc.

Zum Schulleben gehört weiter das Lehrer-Schüler- und Lehrer-Lehrer-Verhältnis. Ist sichergestellt, daß die sozialen Kontakte zwischen Lehrkräften und Schülerinnen und Schülern nicht im Widerspruch zu dem im Unterricht vermittelnden Wertmustern, wie z.B. Rücksichtnahme, Gerechtigkeit etc. stehen.

Weitere zum Schulleben gehörende Aspekte sind das Lehrer-Eltern-Verhältnis und das Verhältnis Schule-Umfeld.

Mit solchen Fragestellungen ist eine Lehrkraft allein völlig überfordert. Gut denkbar ist aber, daß sich ein Kollegium arbeitsteilig mit solchen Fragen auseinandersetzt, Bezüge zwischen den Ergebnissen herstellt und den Bestand kritisch einschätzt. Wenn dies mit der Intention geschieht, die eigene Schule in ihrem gesundheitsfördernden Bestandteil weiter zu festigen und sich in Richtung weiterer Gesundheitsfaktoren zu entwickeln, ist die Schule auf dem besten Weg zu einer gesunden Schule zu werden, in der alle Aspekte der Suchtprävention berücksichtigt sind.

In den bereits erwähnten Materialien der Lehrerfortbildung in Nordrhein-Westfalen „Suchtvorbeugung Grundschule“ ist ein Baustein enthalten, der die Entwicklung und Durchführung eines solchen Schulprogramms von der Problembeschreibung bis zur Problemlösung mit allen einzelnen Schritten und methodischen Empfehlungen beschreibt.

Ein Schulprogramm bestimmt zunehmend das Profil der Schule und gibt ihm eine gewollte Ausprägung. Es nimmt dem Leben in der Schule insgesamt die Zufälligkeit, mögliche Unstimmigkeiten oder auch Widersprüchlichkeiten, weil das, was in der Schule geschieht, im Zusammenhang gesehen und aufeinander bezogen wird. Aus der Entwicklung eines Schulprogramms werden im folgenden einige Schritte kurz vorgestellt.

Grundschulen, die sich auf den Weg machen wollen, muß klar sein, daß dazu die Bereitschaft zur Mitarbeit des ganzen Kollegiums Voraussetzung ist. So wie eine „gute Schule" wesentlich von der kontinuierlichen Kooperation und Abstimmung des Kollegiums lebt, ist die Erarbeitung und Umsetzung eines Schulprogramms „Suchtprävention/Gesunde Schule" von der Zustimmung (mindestens) des größten Teils des Kollegiums abhängig. Dem widerspricht nicht, daß sich ein kleineres schulinternes Team vorab und während der gesamten Arbeit für das Anliegen besonders verantwortlich fühlt, sich mit den Arbeitsweisen und Methoden zur Erarbeitung eines solchen Programms vertraut macht und auch prüft, ob bei einzelnen Arbeitsschritten evtl. ein externer Berater hinzugezogen werden soll. Wichtig ist, daß dieses Team die Akzeptanz und den Auftrag aus dem Kollegium erhält und vor allen Dingen auch von der Schulleitung mitgetragen wird.

Pädagogische Bestandsaufnahme

Erster Bezugspunkt der Arbeit an einem suchtpräventiven Schulprogramm sind die konkret vorhandenen suchtpräventiven Aktivitäten und Gegebenheiten, die in der Schule für die Kinder wirksam werden. Einen Blick auf das zu gewinnen, was in der eigenen Schule bereits an suchtpräventiver Arbeit geleistet wird – Mängel, Schwächen und Lücken, aber eben auch Stärken und eigene Akzentsetzung festzustellen – ist eine wichtige, motivierende Voraussetzung für die gemeinsame Weiterentwicklung. Auf diesem Hintergrund entscheidet das Kollegium, in welchen Bereichen von Unterricht und Schulleben neue Aktivitäten geplant und bestehende Ansätze verändert bzw. gestärkt werden sollen.

Das Kollegium sollte sich für diese Arbeitsphase Zeit nehmen. Es geht schließlich darum, eine Bestandsaufnahme zu machen, die von dem ganzen Kollegium getragen wird. Deshalb müssen Verfahren gewählt werden, die sicherstellen, daß alle Lehrkräfte beteiligt sind. Es muß dafür gesorgt werden, daß nicht von vornherein bestimmte „Denkrichtungen" die Phantasie des Kollegiums in bestimmte Bahnen lenken. Es dürfen keine Beiträge unterdrückt werden. Es muß auch gesichert werden, daß die einzelnen Beiträge nicht verlorengehen, sondern im gesamten Arbeitsprozeß jederzeit wieder auffindbar sind. Am Anfang des Arbeitsprozesses sollten Verfahren sicherstellen, daß das ganze Kollegium eine gemeinsame Arbeitsplattform findet. Kleine und vorsichtige Schritte, die das Kollegium für die anstehende Arbeit sensibilisieren, sind hier angezeigt.

1. Arbeitsschritt:
Aktivieren des Kollegiums

In diesem ersten Arbeitsschritt geht es darum, alle Lehrerinnen und Lehrer, die an der Bestandsaufnahme teilnehmen, zu aktivieren und für die kommende Aufgabe zu sensibilisieren. Die Teilnehmerinnen und Teilnehmer sollen zum Thema hingeführt werden, ohne schon nachfolgende Arbeiten vorwegzunehmen.

2. *Arbeitsschritt:*
Einen ersten (noch unstrukturierten) Gesamteindruck gewinnen

Vor einer analytischen Bestandsaufnahme geht es hier darum, die „Bilder", die in einem Kollegium beim Thema „Suchtprävention an unserer Schule" entstehen, offenzulegen. In einem Gesamteindruck können so erste Problemsichten und positive Seiten einer Schule entstehen, ohne daß sich zu diesem Zeitpunkt bereits einzelne Kolleginnen und Kollegen hiermit identifizieren und womöglich festlegen müssen. Gleichzeitig zeigen die Facetten dieses Bildes aber doch auch die Spannweite und Heterogenität des Kollegiums bei der Einschätzung und Bewertung des suchtpräventiven Profils.

3. *Arbeitsschritt:*

Systematische Bestandsaufnahme der suchtpräventiven Aktivitäten und Elemente

Jetzt sollen alle suchtpräventiven Aktivitäten und Elemente der eigenen Schule, die mit einer gewissen Dauerhaftigkeit wirken, erfaßt werden. Die Fragestellung lautet also: „Welche Aktivitäten und Elemente haben bisher dazu beigetragen, das suchtpräventive Profil unserer Schule zu prägen?" Das ganze suchtpräventive Spektrum der Schule, also Unterricht und Schulleben soll in den Blick kommen, und zwar aus dem Blickfeld jedes einzelnen Kollegiumsmitglieds. Die in Frage kommenden Aspekte und einige orientierungsleitende Fragen hierzu sind bereits weiter oben aufgeführt worden.

Kritische Einschätzung des Bestandes

Bisher ist in dem Kollegium ein Überblick darüber hergestellt worden, was an suchtpräventiven Aktivitäten und Elementen die bisherige Arbeit der Schule kennzeichnet. Es geht jetzt darum, diesen Bestand daraufhin zu befragen, ob er insgesamt oder in Teilbereichen des Unterrichts oder des Schullebens Lücken aufweist, ergänzungsbedürftig ist oder ob die bisherigen Aktivitäten in dieser Form fortgesetzt werden sollen. In dieser Phase müssen gegenseitige Schuldzuweisungen vermieden werden. Es geht darum, im Kollegium den weiteren Handlungsbedarf festzustellen. Folgende Arbeitsschritte können dabei behilflich sein:

1. *Arbeitsschritt:*
   Meinungsbild im Kollegium ermitteln

Hier soll es darum gehen, Argumente und Gegenargumente zu der Frage zu sammeln, „müssen wir in unserer Schule die suchtpräventiven Aktivitäten und Elemente verstärken, ergänzen oder reicht der bisherige Stand unserer Einschätzung nach aus?" Hierfür muß ein Verfahren gewählt werden, das sichert, daß alle denkbaren Argumente und Gegenargumente geäußert werden können.

2. *Arbeitsschritt:*
   Handlungsbedarf in den verschiedenen Aspekten und Elementen der Suchtprävention feststellen

In diesem Arbeitsschritt sollen die Bereiche bzw. Aspekte des Unterrichts und Elemente des Schullebens bestimmt werden, in denen insbesondere eine Ergänzung der bisherigen Arbeit notwendig erscheint.

3. *Arbeitsschritt:*
   Prioritäten festlegen

Das gesamte Kollegium blickt jetzt auf die Sammlung neuer Ideen zu weiteren Aktivitäten im Unterricht und Veränderungen bzw. Ergänzungen des Schullebens. Je nach der Fülle dieser neuen Anregungen muß jetzt zunächst festgestellt werden, ob es realistisch erscheint, mit allen vorgeschlagenen Anregungen gleichzeitig zu beginnen, oder ob bestimmte Prioritäten hinsichtlich eines sofortigen und späteren Arbeitsbeginns getroffen werden müssen. Ist das letztere der Fall, können einfache Verfahren diese Prioritäten-Entscheidung erleichtern und für alle sichtbar machen.

Das gewählte Vorhaben planen und durchführen

Wenn sich das Kollegium für neue Aktivitäten im Unterricht und/oder neue Elemente im Schulleben entschieden hat, hat es bereits ein gutes Stück in der Erarbeitung eines Schulprogramms geleistet. Entscheidend wird aber schließlich sein, wie weit es gelingt, die neuen Ideen im Schulalltag umzusetzen. Dafür sind Planungen und Umsetzungsarbeiten notwendig, die in der Praxis häufig in ihrer Bedeutung unterschätzt werden. Planungsarbeiten für die Umsetzung und Durchführung neuer Vorhaben in den Schulalltag verlangen die Angabe konkreter Arbeitsschritte mit der Nennung der Personen, die für die Realisierung dieser Arbeitsschritte zuständig sind. Hierbei kann ein Ablaufdiagramm hilfreich sein.

Die Grundschule ist ein ganzheitlich wirkender Lebens- und Erfahrungsraum. Diese ganzheitliche Sichtweise liegt auch der schulischen Suchtprävention zugrunde.

Ursachenorientierte Suchtprävention, die die Persönlichkeit des Kindes fördern will, kann nur dann erfolgreich werden, wenn sie als Gemeinschaftsaufgabe aller Lehrkräfte einer Schule verstanden wird. Das hiermit verbundene große Spektrum an Verantwortung kann nicht ein einzelner tragen, sondern nur ein ganzes Kollegium. Es muß sich in den pädagogischen Grundfragen von Suchtprävention und Gesundheitsförderung in der Schule verständigen und gegenseitig stützen.

Als pädagogische Gemeinschaftsaufgabe aller Lehrkräfte einer Grundschule wird die schulische Suchtprävention zum Gegenstand und zur Aufgabe des Schulprogramms. Das Schulprogramm spiegelt die pädagogische Grundorientierung des Kollegiums wider und ist zugleich Ausdruck der gemeinsamen Verantwortung aller Lehrkräfte für ihre Schule.

Bei der Entwicklung eines Schulprogramms ist von der Schulrealität auszugehen, es zielt auf die kritische Reflexion des eigenen Arbeitsstandes und baut auf dem Grundkonsens des Kollegiums über die weiteren Arbeitsschritte auf.

Die Entwicklung eines Schulprogramms ist ein langfristiger Entwicklungsprozeß, in dem das Kollegium über die Arbeitsverfahren entscheidet, daß zunächst auch mehr Arbeit für alle Kolleginnen und Kollegen bedeutet, aber auch die Vereinzelung des Lehrerberufs aufheben und wieder mehr Freude am Beruf bringen kann.

Orientierung über professionelle Unterrichts- und Handlungskonzepte zur Präventionsarbeit in der Grundschule für Lehrerinnen und Lehrer sowie für Lehrerkollegien

In den Beispielen für die suchtvorbeugende Gestaltung von Unterricht und Schulleben der Grundschule wurde schon ausführlich auf die Materialien der Bundeszentrale für gesundheitliche Aufklärung hingewiesen. Daneben gibt es eine Reihe weiterer Materialien, von denen hier die ebenfalls schon erwähnten Materialien der Lehrerfortbildung in Nordrhein-Westfalen zur Suchtvorbeugung in der Grundschule noch einmal ausführlicher dargestellt werden sollen.

In einem aus 5 Bausteinen bestehenden Material- und Medienverbund werden hier relevante Wissensstände aus Theorie und Praxis der Sucht- und Drogenprävention sowie entsprechende grundschulbezogene Handlungskonzepte und Unterrichtsvorschläge für Grundschullehrerinnen und Lehrer vorgelegt. Inzwischen haben alle Grundschulen des Landes Nordrhein-Westfalen diese Materialien erhalten. (Die Sekundarstufen I und II des Landes Nordrhein-Westfalen haben bereits 1991 einen 9 Bausteine umfassenden Material- und Medienverbund zur schulischen Suchtprävention erhalten.)

Die einzelnen Materialbausteine müssen nicht in der vorliegenden Abfolge gelesen bzw. erarbeitet und gebraucht werden. Die Fragen und Probleme, die in einer Grundschule jeweils zur Klärung und Arbeit anstehen, können in diesen Bausteinen aufgesucht und auf praktikable Informationen und Handlungsvorschläge hin bearbeitet werden. Von jedem Kapitel der Materialbausteine aus ergeben sich Bezüge und Hinweise auf weiterführende Impulse und Vorschläge.

Im folgenden werden die 5 Bausteine der Grundschulversion kurz vorgestellt:

Baustein I: Konzeption zur Suchtvorbeugung in der Grundschule

Dieser Baustein führt in die aktuelle Diskussion der Sucht- und Drogenprävention ein, bietet grundlegende Klärungen an und arbeitet die grundschulische Suchtprävention als einen Kernbereich des Erziehungs- und Bildungsauftrags der Grundschule heraus.

Baustein II: Fachliche Grundlagen

In einer Art Kompendium sind hier alle grundschulrelevanten Kenntnis- und Erfahrungsstände des sucht- und drogenpräventiven Arbeitsbereichs zusammengestellt. Vor allem dieser Baustein präzisiert und differenziert die Konzeption (Baustein I).

Im Anschluß an eine Darstellung der Situation von Kindern in der gegenwärtigen Gesellschaft werden generelle pädagogische Orientierungen für die Grundschulen skizziert sowie Hintergrundinformationen zum Thema Sucht und Drogen gegeben. Die Suchtvorbeugung wird weiterhin als individuelle, soziale und gesellschaftliche Aufgabe erörtert und mit Handlungskonzepten und Wegen der präventiven Arbeit in der Grundschule verbunden. Abschließend werden Erfordernisse in der Zusammenarbeit mit Eltern und mit außerschulischen Einrichtungen behandelt sowie zentrale Adressen und kommentierte Literaturempfehlungen angeboten.

Baustein III: Erziehung und Unterricht, Schulprogramm

Dieser Baustein ist unterteilt: III A richtet sich mit konkreten Unterrichtsangeboten und -anregungen an alle Grundschullehrerinnen und -lehrer; III B macht Grundschulkollegien, Kollegiumsgruppen und Schulleitungen Handlungsvorschläge, wie eine Schule ihr Profil zum „Schulprogramm einer suchtpräventiven, gesunden Schule“ entwickeln kann.

- Baustein III A „Erziehung und Unterricht“ macht ein umfangreiches Angebot von Unterrichtsvorschlägen, die in folgende Gruppen gegliedert sind:

  - Wer bin ich?
    Förderung der affektiv-emotionalen Kompetenz

  - Was kann ich tun?
    Ermutigung zum selbstbestimmten Handeln

– Wir leben miteinander
  Förderung der emotional-sozialen Kompetenz

– Umgang mit suchtauslösenden Mitteln
  Förderung der Sachkompetenz

Der Baustein schließt mit Medienvorschlägen, methodischen Hinweisen und Literaturempfehlungen ab.

- Baustein III B führt in die schulische Suchtprävention als Gemeinschaftsaufgabe des ganzen Lehrerkollegiums bzw. der ganzen Schule ein und schlägt ein konkretes Modell zur Entwicklung eines eigenen Schulprogramms „suchtpräventive und gesunde Schule“ vor. Dieser Baustein bezieht pragmatische Konzepte aus der schulinternen Lehrerfortbildung und aus der Schulentwicklung ein.

Baustein IV: Zusammenarbeit mit Eltern

Ohne die Zusammenarbeit mit den Eltern kann schulische Suchtvorbeugung nicht gelingen. Um diese Zusammenarbeit, in der Grundschullehrerinnen und -lehrer vielfältig erfahren sind, auch hinsichtlich der suchtpräventiven Aufgaben erfolgreich gestalten zu können, werden mit diesem Baustein 15 Handlungselemente in der Form von praxisnahen, durchgearbeiteten Vorschlägen vorgelegt – vom Brainstorming in der Lehrergruppe für die Elternarbeit über Fragen der Kontaktaufnahme mit Eltern, der Vorbereitung und Durchführung von Elternabenden, des Beratungsgesprächs und des Hausbesuchs bis hin zum Elternseminar und der Förderung einer Elterngruppe.

Baustein V: Rechtsaspekte

Da der Bereich der schulischen Suchtvorbeugung in vieler Hinsicht auch mit Rechtsfragen verbunden ist und in dieser Hinsicht häufig Orientierungshilfen bei Unsicherheiten benötigt werden, ist dieser Baustein ebenfalls als Kompendium aller einschlägig relevanten Rechtsaspekte angelegt. Informiert wird im suchtpräventiv bedeutsamen Zusammenhang über Rechtsfragen und -aspekte der Erziehung im Elternhaus, des Bildungs- und Erziehungsauftrags der Schule, der Leistung und der Leistungserziehung, der Medienerziehung sowie den Kinder- und Jugendschutz, über die Bekämpfung des Suchtmittelmißbrauchs in der Schule, die Pflicht zur Verschwiegenheit, über die verschiedenen Suchtmittel sowie über jugendgefährdende Orte.

Der Baustein schließt ab mit Literaturhinweisen, wichtigen Anschriften und einem Anhang, in dem ausgewählte Erlasse und Gesetzesauszüge zu finden sind.

3. Sucht- und Drogenvorbeugung mit Jugendlichen

3.1 Sucht und Drogenvorbeugung mit Jugendlichen in Familien, Freundesgruppen und Freizeit

Anforderungen an Jugendliche

Sucht und Drogenabhängigkeit haben *viele Ursachen* und weisen dabei im Jugendalter, also etwa zwischen dem 12. und dem 18. Lebensjahr, *spezifische Schwerpunkte* auf. Neben dem Einstieg in den Konsum der gesellschaftlich akzeptierten (sog. legalen) Drogen Alkohol und Nikotin und der Akzeptanz von Medikamenten (vor allem Anregungs-, Beruhigungs- und Schlafmittel) wird in diesem Alter meistens auch Haschisch probiert bzw. regelmäßig konsumiert. Mehr als 50 % der Heroinabhängigen haben mit dem Konsum vor dem 18. Lebensjahr begonnen. Somit liegt im Übergang von Kindheit zum Erwachsensein, in der Adoleszenz, eine besondere Gefährdung für Sucht und Drogenabhängigkeit.

Dies erklärt sich hauptsächlich daraus, daß die Jugendlichen sich in einem *schwierigen Entwicklungsabschnitt* ihres Lebens befinden, in dem besondere Anforderungen an sie gestellt werden, durch ihre Eltern, durch Gleichaltrige, durch Lehrkräfte und Ausbilder, durch andere Erwachsene, die ihnen begegnen, aber auch durch sie selbst:

- Sie sollen ein eigenständiges Wert- und Normempfinden aufbauen, in Selbständigkeit ein Gefühl für Verantwortung entwickeln, zugleich aber bestimmte Anpassungsleistungen an das gesellschaftliche System erbringen, das durchaus nicht immer mitmenschliche Verantwortung oder die Selbständigkeit junger Menschen honoriert.

- So sollen sie ein „gesundes Durchsetzungsvermögen" entwickeln, andererseits aber auch soziale Verantwortlichkeit unter bewußtem Verzicht auf Durchsetzung eigener Interessen beweisen.

- Sie sollen sich in ihre Geschlechterrolle einüben und sie annehmen, was ihnen sowohl durch sexuelle Tabus wie auch durch sexuelle Exzessivität erschwert wird.

- Sie sollen sich in Schule und Ausbildung bewähren, berufliche Perspektiven entwickeln und die berufliche Existenzsicherung vorbereiten, während gleichzeitig durch rezessive Maßnahmen in Schule und Ausbildung Zukunftschancen zerstört werden.

- Sie sollen selbständig werden, sich von ihren Familien lösen, d.h. auch von ihren Eltern unabhängig werden, zugleich aber wird vielfach unreflektierter Gehorsam gegenüber Eltern und anderen Erwachsenen erwartet.

- Sie sollen sich in ihrer Gleichaltrigengruppe eine Position erringen, die die eigene Persönlichkeit stärkt, zugleich auch Verantwortung fördert, konfliktfähig macht und doch auch wieder Rücksichtnahme fordert.

Diesen *hohen Anforderungen* zu entsprechen verlangt viel Kraft, Mühe und Durchhaltevermögen, Eigenschaften und Fähigkeiten, die nicht alle Jugendlichen in der gleichen Weise aufzubringen vermögen. Das heißt, daß *nicht alle von ihnen den Anforderungen dieses Lebensabschnitts gewachsen* sind, vor allem dann nicht,

- wenn sie in den Erwachsenen keine Vorbilder erkennen können, die ihnen akzeptable, lebbare Perspektiven bieten,
- wenn ihnen der Sinn der gestellten Anforderungen fehlt,
- wenn sie überfordert werden,
- wenn schwierige Lebensumstände in ihrer unmittelbaren Umgebung, in ihrer Familie, in der Schule, in ihrer Wohnumwelt oder bei ihren Freunden ihre Entwicklung beeinträchtigen und ihre Reifung gefährden,
- wenn sie von ihresgleichen und von Erwachsenen nicht ernst genommen werden,
- wenn ihnen die Eltern, die Lehrkräfte, die Ausbilder oder andere Erwachsene die Hilfe versagen, die sie zur Bewältigung ihrer speziellen Altersprobleme benötigen,
- wenn ihnen dagegen von den Erwachsenen, manchmal auch von

Gleichaltrigen, Problemlösungen angeboten werden, die sie in ihrer Entwicklung nicht fördern, sondern eher schädigen, d.h. auch in Sucht und Abhängigkeiten führen.

Diese Lebensphase ist für die Jugendlichen gleichsam „vollgepackt" mit *Aufgaben, Anforderungen und Pflichten*, die ihnen von Erwachsenenseite auferlegt werden, zugleich aber auch Zeit und Raum des Probierens, der Ablösung von alten Bindungen und der Suche nach neuen Beziehungen und Orientierungen, gekennzeichnet von Identitätsdiffusion und Identitätssuche, von Selbstfindung, Selbstzweifel, Suchen, Finden und auch wieder Verwerfen von Sinnentwürfen – bis der Jugendliche, aus der Sicht seiner Eltern, seiner Lehrer und Ausbilder, dann „endlich erwachsen" ist. Dabei bleibt oft die Frage offen, was denn nun eigentlich dieses Erwachsensein ausmacht: die Anpassung an die Welt der älteren Generationen oder das Finden eines neuen sinnerfüllten Lebensentwurfs, der mehr oder weniger im Gegensatz zur Erwachsenenwelt steht?

Aus diesen inneren und äußeren Spannungen entstehen bei Jugendlichen unterschiedliche Verhaltensweisen, die diese Probleme ausdrücken und lösen (sollen). In dem *Spannungsfeld von Persönlichkeitsentwicklung, Identitätssuche und Problemlösungsstrategien* für den eigenen Lebensentwurf spielen allgemeines Genußverhalten, (legaler wie illegaler) Drogenkonsum und Suchtgefährdung eine bedeutende Rolle.

Denn *Drogengebrauch wie auch Genußbedürfnis und -befriedigung können Ausdruck sehr unterschiedlicher Befindlichkeiten der Jugendlichen sein,* z.B. von mangelnder Zuwendung durch Eltern und anderer wichtiger Personen und mangelnder Anerkennung durch Lehrkräfte und Ausbilder, von Überforderung und Frustrationen in der Schule, von Hoffnungslosigkeit und Verzweiflung über soziale und gesellschaftliche Verhältnisse, von fehlenden Sinnerlebnissen, von krisenhaften Beziehungen zu Gleichaltrigen, unbewältigten Sexualitätsproblemen, aber auch von intensivem Erlebnisbedürfnis, von der Lust nach Rauscherfahrung, von Geborgenheit in einer Clique, als Ersatzbefriedigung und zugleich als tief erfüllendes Glücksgefühl. Suchtmittelkonsum kann auch ein bewußter Regelverstoß und eine Kraftprobe gegen die Normen der

Erwachsenen, kann ein Versuch zur Demonstration des Erwachsenseins und gleichzeitig ein Ritual des Cliquenzusammenhalts sein oder aus innerer Leere der Abtötung der Langeweile dienen.

Daher verbietet sich die scheinbar einfache und schnelle Deutung und Problemlösung jugendlichen Suchtverhaltens: *Suchtvorbeugung im Jugendalter gelingt nur über einen differenzierten, d. h. multifaktoriellen und ganzheitlichen Problemlösungsansatz.*

Sucht- und Drogenvorbeugung in der Familie

Die Eltern sind auch für ihre jugendlichen Kinder die Hauptverantwortlichen, auch wenn in diesem Lebensabschnitt die allmähliche Ablösung der Jugendlichen von den Eltern – übrigens auch von den Geschwistern – beginnt. Die Familie resp. die Eltern sind auch für die Sucht- und Drogenvorbeugung bei Jugendlichen ein wesentlicher Faktor, auf den die Anti-Sucht- und Anti-Drogenerziehung nicht verzichten kann. Allerdings darf die Familie in diesem Zusammenhang nicht idealisiert werden. Denn so wichtig die unmittelbare Gefährdungsvorbeugung wie die mittelbare Vorbeugung durch Vorbildverhalten seitens der Eltern auch ist, so geht andererseits unter bestimmten Voraussetzungen auch von der Familie bzw. den Eltern eine massive Gefährdung der Jugendlichen aus, und zwar dann, wenn die Eltern gesundheitsgefährdend trinken, rauchen oder Medikamente konsumieren und damit ein schlechtes Vorbild für ihre Kinder abgeben.

Für die Sucht- und Drogenvorbeugung der Familie gelten einige wichtige Voraussetzungen, die allen Beteiligten helfen, allgemeine Krisen- und Problemsituationen zu bewältigen und speziell die Suchtgefährdungen zu meistern:

- Die Jugendlichen sind nicht Objekt elterlicher Erziehungsmaßnahmen, sondern werden mit zunehmendem Alter immer mehr Partner in allen Beziehungen der Familienmitglieder miteinander.
- Die Eltern bemühen sich um die Persönlichkeitsentwicklung ihrer Kinder, d.h., sie fördern deren Verantwortungsbewußtsein

sich und anderen gegenüber, ihre Ich-Stärke, ihre Bereitschaft zur Gestaltung des eigenen, d.h. in diesem Zusammenhang auch suchtfreien Lebens.

- Die Jugendlichen werden in ihrer Persönlichkeit durch die Anerkennung großer und kleiner Leistungen gestärkt.
- Sie werden bei der Gestaltung der eigenen Zukunft ermutigt und unterstützt, wobei die Eltern auf die unbedingte Durchsetzung ihrer Wünsche verzichten und den Jugendlichen weitgehend Freiheit lassen – in der Schule, in der Ausbildung, bei der Suche nach Zukunftsperspektiven.
- Wichtig ist die Kontaktpflege der Eltern zu Freundinnen und Freunden der eigenen Kinder.
- In der Familie muß grundsätzlich Achtung und Vertrauen ohne Ansehen des Alters und der Person gelten.
- Grundsätzlich bemüht sich die Familie um eine Atmosphäre der Offenheit und Wertschätzung gegenüber anderen Personen und Gruppen.
- Es muß möglich sein, Beziehungsprobleme innerhalb der Familie anzusprechen und Konflikte fair miteinander zu regeln.
- Dazu gehört eine offene Gesprächsbereitschaft.
- In der Familie werden Konsum-, Genuß- und ggf. Suchtverhaltensweisen reflektiert, besprochen und nötigenfalls korrigiert.
- Alle Familienmitglieder sollten so liebevoll miteinander umgehen, wie jedes einzelne Mitglied es gern für sich erwartet.

Eltern haben zwar einerseits wenig Einfluß gegen gesellschaftliche Entwicklungen und Erscheinungen, die ihre Kinder gefährden können, z.B. gegen Alkohol-, Zigaretten-, Medikamenten- und andere Konsum- und Genußmittelwerbung, gegen kinder- und jugendfeindliche gesellschaftliche Entwicklungen, gegen Arbeitslosigkeit oder wirtschaftliche und ökologische Zukunftsgefährdungen.

Aber sie haben *Einflußmöglichkeiten* in ihrer näheren sozialen Mit- und Umwelt, gemeinsam mit Angehörigen oder mit Freunden, in Initiativen oder Selbsthilfegruppen, um die Lebensbedingungen für sich und ihre Kinder zu verbessern. Sie haben auch die Möglichkeit, mit ihren heranwachsenden Kindern gemeinsam die Zukunft zu besprechen und die Jugendlichen zu ermutigen zu Eigeninitiative, zu Gestaltung und Verantwortung sowie ihnen Spielraum zu geben für eigene Erfahrungen und Entscheidungen. Denn wer sich entfalten und verantwortungsbewußt für etwas entscheiden kann, dem fällt es auch leichter, sich gegen etwas zu entscheiden, auch gegen Sucht und Drogen.

Empfehlenswertes Verhalten der Eltern: durch positives Vorbild und bewußte Maßnahmen

Liebe, Vertrauen und Achtung den Jugendlichen gegenüber

z.B. Zuwendung; Zärtlichkeit; sich Zeit nehmen; gemeinsame, keine arbeitsteilige Erziehung; Respekt vor der Würde und Gleichwertigkeit der Person der Jugendlichen; Ernstnehmen der Anliegen, Interessen, Freuden, Sorgen und Nöte; Sympathie und Solidarität gegen Geringschätzung und Verlassenheitsgefühle; Förderung der Persönlichkeitsentwicklung; Lob und Aufmerksamkeit …

Stärkung des Selbstvertrauens der Jugendlichen

z.B. Geduld und maßvolles Lob; Unterstützung des Forschungsdrangs und Gestaltungswillens; Förderung der vielfältigen Wahrnehmung der Wirklichkeit; Unterstützung der Lebensplanung und -gestaltung; angemessene Forderung, aber nicht Überforderung bei Pflichten, Arbeiten, Aufgaben; Ermutigung im mitmenschlichen Umgang mit den eigenen und den Empfindungen anderer; Ermutigung zur Übernahme von Verantwortung…

Förderung von Eigeninitiative und Verantwortung der Jugendlichen

z.B. Unterstützung der Freude am Erfahren, Erforschen, Selbermachen und Gestalten; Förderung der Suche nach eigenen Interessen und Lebensschwerpunkten; Angebot der Orientierungshilfe ohne Druck und Zwang; Würdigung der Leistungen des Jugendlichen; Einbeziehen des Jugendlichen in Entscheidungsfragen der Familie; Überlassen von anspruchsvollen Aufgaben; Ermutigung zu eigenständiger Problem- und Konfliktlösung; Übertragen von Verantwortung; Förderung der Verantwortung sich selbst und anderen gegenüber...

gemeinsame Pflege vielfältiger Kontakte und Beziehungen
z.B. Offenheit gegenüber Nachbarn, Bekannten, Berufskollegen, Freunden und Verwandten; Ermutigung und Förderung von Kontakten des Jugendlichen zu Gleichaltrigen; weitestgehende Akzeptanz von Beziehungen der Jugendlichen; Gesprächsbereitschaft und zwangsfreie Orientierungshilfe bei belastenden und gefährdenden Beziehungen des Jugendlichen; Unterstützung von persönlichkeitsstärkenden Kontakten und Begegnungen; aktives Erleben eigener Beziehungen; Unterstützung der zunehmenden Selbständigkeit des Jugendlichen in neue Beziehungen hinein und Förderung der unbelasteten Loslösung von der Familie...

gemeinsame Förderung der eigenen Gesundheit und bewußte Vorbeugung gegenüber Suchtgefahren
z.B. aktive Gesundheitspflege durch Ernährung, Bewegung, Belastungsausgleich, medizinische Vorsorge etc. durch die ganze Familie; Bemühungen um eine Verbesserung der Umweltbedingungen in der Wohnung, im Stadtteil, in der Stadt und weiteren Umgebung; Unterstützung von übergeordneten ökologischen Initiativen; maßvoller eigener Umgang mit Konsum- und Genußmitteln; eigene Information und Gespräch über drohende Gesundheitsgefährdungen; aktive Auseinandersetzung mit Gesundheitsgefährdungen aus Genußmitteln; Auseinandersetzung mit Sucht- und Drogengefahren; eigener maßvoller Umgang mit Genußmitteln; gesundheitsförderndes Vorbildverhalten der Eltern; faire, nicht bedrängende Gesprächsoffenheit gegenüber Jugendlichen über Fragen der Sucht- und Drogengefährdung; Bereitschaft für eventuell notwendige Hilfeleistungen; Kontakt, Information, Zusammenarbeit, Rat und Hilfe über Beratungseinrichtungen und Selbsthilfegruppen...

Sucht- und Drogenvorbeugung in Freundes- und Gleichaltrigengruppen

Neben den Bindungen und Beziehungen zur Familie spielen für die meisten Jugendlichen *die Gruppen der Gleichaltrigen und/oder Freunde eine wichtige Rolle in Entwicklung und Sozialisation.* Die Gleichaltrigen- oder Freundesgruppe kann dabei unterschiedliche Funktionen übernehmen:

- Sie ist ein Übergang von der Familie in die Gesellschaft, indem sie einerseits vertraute Beziehungsformen aus der Familie aufgreift und andererseits durch Aufnahme unterschiedlicher gesellschaftlicher Einflüsse die Ablösung von der Familie und die Einübung in außerfamiliale Umgangsformen fördert.
- Sie baut eine Art Gegenkultur gegen die Familie auf, die nicht nur Ablösung von der Familie bedeutet, sondern die Trennung von den älteren Generationen herbeiführt bis hin zum Bruch sozialer Beziehungen.
- Sie bietet einen Ersatz an den Stellen, wo die Familie und insbesondere die Eltern für die Entwicklung des Jugendlichen ausfallen. Damit leistet die Gruppe zwar einerseits eine Hilfe, baut damit aber andererseits eine deutliche Trennung zur Elterngeneration auf.

Diese Funktionen vermischen sich in der Realität, so daß eine bestimmte Gruppe nur selten als allein förderlich oder „schädlich" für die Entwicklung eines Jugendlichen identifiziert werden kann. Dies zeigt sich beispielsweise in verschiedenen Gruppen der illegalen Drogenszene: Ein Jugendlicher kann hier, neben den Schädigungen durch Drogenabhängigkeit, durchaus Zuwendung, enge Bindung und soziale Identität erfahren. Aus diesem Grund ist es ja so außerordentlich schwer, Abhängige aus der „Szene" zu holen, solange man ihnen zur sozialen Identität des Drogenmilieus nicht eine neue Identität, einen echten sozialen Gewinn und erfüllenden Sinn anbietet und vermitteln kann.

Für die *Suchtvorbeugung* vermögen Freundeskreise und Gleichaltrigengruppen in der Schule, in Sportvereinen, in kirchlichen oder anderen Jugendorganisationen auf unterschiedliche Weise *wertvolle Beiträge* zu leisten: Sie können

- die erforderliche Ablösung vom Elternhaus unterstützen, gleichzeitig aber soziale Beziehungen und Halt bieten,
- die Einübung in vielfältige soziale Umgangsformen fördern,
- der geschlechtlichen Entwicklung und Reifung wichtige Impulse geben,
- Anregungen für die Lebensorientierung vermitteln,
- den Blickkreis für neues Denken und Fühlen erweitern,
- Kulturformen und mitmenschliche Umgangsweisen neu gewichten helfen,
- in Problem- und Krisensituationen Lösungen und Hilfen bieten,
- soziale Identität vermitteln,
- zu neuer Verantwortung und Solidarität führen.

Insgesamt *können Freundeskreise und Gleichaltrigengruppen vor Sucht- und Drogengefahren wirkungsvoll schützen,* wenn diese Beiträge zur Eigen- und sozialen Verantwortung vorherrschen. Das heißt, wenn die Wirkungen der Gruppenzugehörigkeit zugunsten der Entwicklung einer ichstarken und sozial qualifizierten Persönlichkeit stärker sind als die Folgen aus einem Verhalten, das im Gegensatz oder Konflikt zu bestehenden Regeln oder vorgegebenen Verhaltensweisen schaden kann (z.B. Folgen aus Drogenkonsum, Gesetzesverstöße o.ä.). Darin besteht das Risiko selbstorganisierter Jugendgruppen, das freilich für die Entwicklung Jugendlicher notwendig ist. Aufgabe der Erwachsenen ist es nicht repressiv-steuernd einzugreifen, *sondern ein freibleibendes Angebot zu machen bzw. für Problemsituationen, die von Jugendlichen nicht mehr bewältigt werden können, beratend und helfend zur Verfügung zu stehen.*

Sucht- und Drogenvorbeugung in der Freizeit

Freizeit ist für die Vorbeugung ein ambivalenter Begriff und verknüpft sich in diesem Zusammenhang eng mit Familie und Gleichaltrigengruppe der Jugendlichen. Für beide Bereiche bedeutet sie sowohl eine von der Konsum- und Genußindustrie durchgestaltete und okkupierte Welt, die selbst vielfältige Formen der Sucht produziert (Feste und Feiern mit Alkohol, Nikotin, exzessive Erlebnisformen, Spielsucht, Drogenszene in Diskotheken etc.), aber auch Entspannung, Freude und Glück mit wichtiger Vorbeugungsfunktion als sinnvolle Gestaltung des Lebens außerhalb der Arbeits- und Berufswelt (z.B. gesunde, sozial und umweltverträgliche Erlebnisformen, Feiern und Feste).

Für die gemeinsame Freizeitgestaltung der Familie tragen Eltern eine wesentliche Mitverantwortung (s. o.). Die Freizeit mancher Jugendlichen ist darüber hinaus mitbestimmt durch professionelle Jugendarbeit, für die meisten aber im Alltag selbst organisiert: in der Freundes- und Gleichaltrigengruppe (s. o.), mit einer Partnerin oder einem Partner bzw. für sich allein.

Bewußte Freizeitgestaltung mit Blick auf Sucht- und Drogenvorbeugung setzt an

- in der Familie: z.B. Gestaltung von Ferien, Wochenenden etc.,
- in der Schule: z.B. Schulfeste, Klassenfahrten, Nachmittagsbetreuung o.ä,
- in Jugendgruppen, z.B. an freien Nachmittagen und Abenden, auf Fahrten, Sportveranstaltungen und anderen Unternehmungen,
- in der organisierten Jugendarbeit, z.B. in Jugendhäusern, in der Stadtteilarbeit, bei der Ferienbetreuung, auf Jugendfreizeiten etc.

Suchtvorbeugung bedeutet im Bereich der Freizeit, daß Erwachsene von sich aus aktive Beiträge leisten bzw. Jugendliche zu weitgehender Selbstgestaltung anregen bzw. diese ermöglichen und selbst ein suchtfreies Freizeitverhalten vorleben. Das bedeutet z.B. im einzelnen:

- allgemein soziale Beziehungen zu fördern,
- Selbstgestaltung von Freizeit anzuregen,
- Betätigungsfelder für sinnvolle Freizeitaktivitäten bereitzustellen,
- Erlebnisprojekte mit eigener Planung und Organisation anzubieten,
- kontinuierliche Stadtteil-, Workshop- u. a. Angebote zu machen,
- den Anreiz und die Griffnähe zu legalen und illegalen Drogen zu mindern,

- mit Suchtmittelkonsumenten und Probierern angemessene Alternativen zu planen und zu gestalten,
- Freizeitaktivitäten (vor allem in der organisierten Jugendarbeit) mit anderen Lebensbereichen der Jugendlichen (Familie und Schule) zu vernetzen.

Probleme und Situationen, Überlegungen und Handlungsvorschläge:

Drogen im Fernsehen – ein Thema für Eltern?

Eltern sehen einen Fernsehfilm über Drogenprobleme. Gezeigt werden Bilder eines Drogentoten in einer Bahnhofstoilette, ein Polizeibeamter nennt die aktuellen Zahlen der Herointoten, berichtet von Fahndungserfolgen. Es folgen Bilder verzweifelter Angehöriger eines Drogensüchtigen. Die beiden Eltern stellen sich nach dem Film die besorgte Frage, ob ein solches Drogenschicksal ihren Kindern, z. Z. im Alter von 10 und 12, drohen könnte.

?

- Sind Eltern genügend über Sucht und Drogen informiert?
- Welches Alter der Kinder macht Elterninformationen notwendig?
- Wie ergeht es anderen Familien?
- In welchem Alter droht den Kindern eine Sucht- und Drogengefahr?
- Wo finden sich Gesprächspartner, mit denen sich über die eigenen Sorgen reden läßt?
- Können Eltern etwas gegen Gefährdungen unternehmen?

Suchtgefährdungen

! Da Sucht und Abhängigkeit auch in der menschlichen Persönlichkeit begründet liegen (S. 24), kann *grundsätzlich jeder Mensch suchtgefährdet sein.* Weitere Gefährdungen liegen im sozialen Umfeld, in gesellschaftlichen Situationen und in der Wirkweise der Droge oder des Milieus selbst. Folglich können Eltern mit ihrer Vorbeugung an unterschiedlichen Stellen ansetzen. Wichtig ist vor allem eine kinder- und jugendfreundliche Erziehung.

Der Einstieg in den (illegalen) Drogenkonsum liegt bei den meisten Jugendlichen zwischen dem 12. und dem 18. Lebensjahr. Das ist aber zugleich auch das Alter, in dem Jugendliche Alkohol und Tabakwaren (zumeist Zigaretten) als legale Drogen ausprobieren.

Vielfältige Informationen und Beratung

Daher ist die frühe Information der Eltern wichtig. Reportagen und Spielfilme über das Sucht- und Drogenproblem sollten dabei sehr kritisch gesehen werden. Denn bisweilen steht das Sensationelle (z.B. der Drogentod, die Polizeieinsätze, spektakuläre Aufmacher über den Drogenkrieg u.ä.) zu sehr im Vordergrund, Aufklärung und hilfreiche Hinweise kommen zu kurz, werden mißverständlich dargeboten oder erschöpfen sich in moralischen Appellen. Zu begrüßen sind dagegen Informationen, die Eltern Wege zu Beratung und Hilfe zeigen können.

Eltern sollten das Problem *nicht verdrängen,* auch nicht im frühen Lebensalter ihrer Kinder, sollten Mut haben zu unbequemen Fragen und Antworten. Erste Informationen können Erziehungs-, Jugend- und Drogenberatungsstellen am Ort oder in der Region liefern. Ansprechpartner sind auch Caritas, Diakonisches Werk, Paritätischer Wohlfahrtsverband, Arbeiterwohlfahrt, die Kirchen, Jugend- oder Gesundheitsämter der Stadt oder des Kreises.

Vielleicht gibt es in der Nähe auch einen Drogenhilfeverein oder einen Elternkreis drogenabhängiger Jugendlicher. Hinweise erhalten Eltern auch von zentralen Einrichtungen wie z. B. von der Bundeszentrale für gesundheitliche Aufklärung oder entsprechende Landesstellen (S. 255).

An vielen Schulen arbeiten auch Berater und Beraterinnen für Suchtvorbeugung, die ebenso Auskunft geben können wie der schulpsychologische Dienst der örtlichen Schulbehörde.

Eltern sind dem Problem also nicht hilflos ausgeliefert: Sie können sich informieren, damit sie sich richtig verhalten und für Gespräche mit ihren Kindern sachkundig werden.

Telefonische Auskunft und Beratung bei Beratungsstellen und Ämtern! Gespräche mit anderen Eltern und Familien! Anfordern von schriftlichen Informationen! Auf keinen Fall das Problem passiv und ängstlich an sich herankommen lassen oder verdrängen! Entscheidend ist die eigene Initiative. Der erste Schritt besteht darin, sich selbst gründlich über die Sucht- und Drogenfragen zu informieren!

Mit den Kindern über Drogen reden?

Elternabend einer 9. Klasse: Heute steht das Thema „Drogen" auf dem Programm. Der Beratungslehrer der Schule informiert über Möglichkeiten der Aufklärung und Beratung. Anschließend findet eine Aussprache statt.

Nach dem Elternabend überlegen die Eltern einer Schülerin, ob es sinnvoll sei, das Thema mit der Tochter noch einmal aufzugreifen, einiges zu vertiefen oder ob sie es bei den Informationen der Veranstaltung belassen sollen. Ein wenig schwingt bei den Eltern die Furcht mit, sie könnten durch das nochmalige Aufgreifen der Thematik bei ihrer Tochter die Neugier auf Drogen wecken.

?

- Sollten die Eltern das Thema „Drogen" nach dem Elternabend lieber ruhenlassen?
- Wird das Problem bei Jugendlichen nicht erst durch Gespräche aufgewertet?
- Sollte dieses Thema nicht überhaupt den Fachleuten überlassen werden?

Das richtige Gespür entwickeln

! Zu vieles Reden über Sucht und Drogen hat u.U. negative Folgen: Einerseits kann bei Jugendlichen wie auch bei Erwachsenen ein Überdruß entstehen, andererseits auch stärkeres Interesse geweckt werden (was nicht gleichbedeutend mit Drogenkonsum ist). Das richtige Maß ist nicht immer leicht zu finden. Wenn aber der *Gesprächskontakt* zwischen Eltern und Kindern funktioniert, wenn Eltern sensibel für die Reaktionen ihrer Kinder sind, werden beide Seiten das richtige Gespür auch für dieses Thema entwickeln können.

Mit dem Gesprächsangebot allein lösen die Eltern keinen Drogenkonsum bei ihren Kindern aus. Diese Gefahr droht von anderer

Seite und teilweise viel früher, als manche Eltern ahnen: durch vielfältige Werbeangebote in den Geschäften und im Fernsehen etc. für Alkohol, Nikotin und andere Genußmittel, durch schlechtes Vorbildverhalten der Erwachsenen, durch Drogenangebote auf der Straße, in Diskotheken, auf Parties, im Freundeskreis usw. Sofern das Verhältnis zwischen Eltern und ihren Kindern stimmt, läßt sich leichter über „heikle“ Themen reden.

Eltern sollten in jedem Fall Zwang und Druck vermeiden und selber sachkundig sein. Die Information durch Fachleute oder schriftliche Aufklärung ist dabei hilfreich.

Ein gutes Vorbild sein

Viel wichtiger noch als das vielleicht nur einmalige Gespräch über Sucht und Drogen ist das gute Vorbild der Eltern (s. auch vorher „Vorbeugung in der Familienerziehung“, das Rauchen zu unterlassen oder zumindest stark einzuschränken, Alkohol nur maßvoll und nicht mit regelmäßiger Gewohnheit zu trinken, sich mit Medikamenten zurückzuhalten, wahllosen Konsum von Fernsehen und Video aufzugeben. Kinder werden durch das Vorbild der Erwachsenen viel mehr beeinflußt und geprägt als durch gelegentliches und noch so eindringliches Reden über ein brisantes Thema.

Wenn Eltern ihr eigenes Leben aktiv und sinnvoll, d.h. auch ohne Drogen oder andere Mittel, die abhängig machen, gestalten, leisten sie auch gleichzeitig gute Sucht- und Drogenvorbeugung.

Gespräche – aber ohne Zwang – sind sinnvoll. Eltern sollten sich kundig machen! Sie können zwar nur wenige schädliche Umwelteinflüsse ausschalten, aber durch ihr eigenes gutes Vorbild gegensteuern!

Alkoholverkauf am Kiosk

Eine Nachbarin erzählt Frau B., daß deren Sohn Kurt am Kiosk mit Gleichaltrigen Bier eingekauft hat.

Kurt ist 14 Jahre alt, wirkt aber deutlich älter und hat einen großen Freundeskreis, aus dem etliche Gleichaltrige mit ihm im Fußballverein sind.

Frau B. ist unsicher, wie sie sich Kurt gegenüber verhalten soll.

?

- Beginnt so die Karriere eines Alkoholikers?
- Wird der Junge durch seine Freunde verführt?
- Oder animiert er seine gleichaltrigen Freunde zum Alkoholkonsum?
- Hat ein Erwachsener aus dem Verein die Jungen zum Bierholen geschickt?
- Oder ist die ganze Situation nur „halb so schlimm"?
- Sollte man das Geschehen nicht einfach ignorieren, um nicht unnötig Staub aufzuwirbeln?

Sachliche und besonnene Reaktionen

!

Die Eltern sollten in diesem Fall ihr Kind ansprechen. Denn der Vorfall sollte nicht auf die leichte Schulter genommen, andererseits auch nicht dramatisiert werden. Eltern dürfen mit ihren Reaktionen den Jugendlichen nicht verschrecken oder durch Überbewertung Interesse wecken, andererseits aber auch die Situation nicht verharmlosen. Vor allem sollten übereilte Reaktionen vermieden werden. Es könnte sich lohnen, ein paar Tage abzuwarten, vielleicht mit einer vertrauenswürdigen Person darüber sprechen – dann verfliegt der erste Ärger, und die Eltern können sachlicher über die Situation reden.

Der Jugendliche sollte nicht in die Enge getrieben, es sollten ihm keine Strafen angedroht werden. Besser ist es, *Ängste zu nehmen* („Ich muß mit dir reden, aber keine Angst, es ist nichts Schlimmes... Ich verspreche dir, daß ich nicht schimpfe..." o.ä.). Es sollte aber schon deutlich gemacht werden, daß ein Jugendlicher in diesem Alter keinen Alkohol kaufen darf, und wenn er es tut, dafür Gründe nennen muß. Sinnvoller ist es zu bitten, Alkohol zu meiden, anstatt zu verbieten, weil Eltern ohnehin nichts untersagen sollten, was sie nicht kontrollieren können. Die Eltern wirken dabei am ehesten glaubwürdig, wenn sie selbst keinen oder nur sehr zurückhaltend Alkohol konsumieren (S. 164).

Angemessene weitere Maßnahmen

Probleme ergeben sich möglicherweise aus Gepflogenheiten des Vereins. Eltern sollten sich über die Konsum- und Genußgewohnheiten dort informieren. Immer wieder wird auch in Sportvereinen Alkohol mißbraucht (bei Vereinsfesten, bei Siegesfeiern usw.). Da gilt es – auch und gerade mit Blick auf die geltenden Jugendschutzbestimmungen – ein *klares Wort* mit Trainer, Jugendwart und Vereinsleitung zu reden, gegen Trinkereien zu wirken, vor allem gegen Alkoholkonsum in Anwesenheit von Kindern und Jugendlichen.

Dringend erforderlich ist auch ein klares Wort an die Adresse des Kioskbesitzers. Verstöße gegen das Jugendrecht sind nicht zu tolerieren. *Rechtliche Schritte* müssen eingeleitet werden (Polizei, Jugendamt), wenn der Kioskbesitzer weiterhin Alkohol an Minderjährige verkauft.

Gefahren für Jugendliche

Mit dem beschriebenen Verkauf von Bier beginnt noch nicht der Einstieg in eine Alkoholikerlaufbahn, es sei denn, sonstige Umstände gefährden den Jugendlichen zusätzlich wie z. B. große persönliche Schwierigkeiten, gegen die der Alkohol Entlastung zu versprechen scheint, starker Gruppendruck aus Gleichaltrigenkreisen oder durch ältere Jugendliche, exzessiver Alkoholkonsum von Eltern und anderen Erwachsenen, problematische Umwelt o. ä.

Ruhig mit dem Jugendlichen reden – ohne Dramatisieren, ohne Strafandrohungen, aber mit Erläutern der Zusammenhänge und Gefahren des Alkoholkonsums! Die Konsumgepflogenheiten im Sportverein klären, ggf. Gegenmaßnahmen ergreifen: Gemeinsam mit anderen Eltern die Vereinsführung auf ihre Verantwortung hinweisen und um Abänderung der Gefährdungssituationen bitten. Gegen unverantwortliche Kioskbesitzer durch geeignete Maßnahmen einschreiten!

Drogenangebot auf der Straße

Die zwanzigjährige Angelika – sie ist Auszubildende – kommt eines Tages nach Hause und erzählt ihren Eltern etwas aufgeregt, aber auch leicht belustigt: „Stellt euch vor, da hat mir heute so ein Typ vor der Firma Stoff angeboten…“

?

- Sollen Eltern sich mit ihrer Tochter über Drogen unterhalten, sollen sie warnen?
- Oder ist die Tochter alt genug, um mit diesem Problem selber fertig zu werden?
- Sollen die Eltern die Polizei oder die Firma verständigen?
- Sollen sie das Ganze einfach ignorieren oder sich für nicht zuständig erklären?
- Ist ihre Tochter jetzt drogengefährdet?

Gefahren des Drogenangebots

!

Sorgen sind auf jeden Fall berechtigt, denn ein Drogenangebot – ganz gleich ob es sich um Alkohol, Nikotin oder illegale Stoffe handelt – stellt immer eine *Gefährdung* dar. Panik ist aber unangebracht. Daß Jugendliche mit Drogen in Kontakt kommen können, gehört gewissermaßen zum Alltag und ist nicht zu verhindern. Darüber wissen die meisten Jugendlichen oft besser Bescheid als ihre Eltern, auch wenn sie es nicht zugeben. Der Polizei ist das Phänomen derartiger Drogenangebote bekannt. Sie zu verständigen, kann zumindest für diesen Angebotsplatz bewirken, daß die Dealer verschwinden. Diese tauchen dann aber wieder an anderer Stelle, nach einer gewissen Zeit vielleicht auch wieder vor der Firma auf.

Gespräch und Beratung

Hilfreicher ist ein vertrauliches Gespräch mit dem Suchthelfer/Sozialarbeiter des Betriebs (sofern vorhanden) oder mit Mitarbeitern einer Beratungsstelle. Wenn es zu Komplikationen im Betrieb kommt, ist der Betriebsrat einzuschalten. Diese Maßnahmen sollten die Eltern aber ihrer Tochter überlassen und sich nicht selbst einschalten. Im übrigen sollten die Eltern solche Situationen nicht überbewerten, nicht hektisch werden, *sondern ruhig auf ihr Kind eingehen* und es beraten, soweit sie können.

Offensein für das Gespräch, nicht panikartig reagieren! Abwägen, ob die Polizei verständigt werden sollte! Nicht über den Kopf des jungen Erwachsenen hinweg handeln, sondern nur gemeinsam vorgehen – am besten jedoch dem Betreffenden die Maßnahmen selbst überlassen!

Haschisch auf der Party – Einstieg in die Drogensucht?

Die Geschwister Sandra, 19, und Thilo, 17, kommen von einer Party nach Hause, finden ihre Eltern noch wach und erzählen begeistert. Dabei rutscht Thilo heraus, daß einige Gleichaltrige auch „gehascht" hätten. Die Eltern schrecken auf, doch Sandra versucht zu beschwichtigen: „Regt euch bloß nicht auf – das tut doch jeder mal."

?

- Stecken die beiden Jugendlichen jetzt „in der Drogenszene"?
- Wie gefährlich ist Haschisch überhaupt?
- Ist Haschisch die Einstiegsdroge in die Sucht?
- Wie sollen sich die Eltern verhalten: über die Angelegenheit hinweggehen, die Polizei alarmieren, sich mit ihren Kindern über Drogen unterhalten, Parties verbieten, mit Fachleuten reden?

Unterschiedliche Bewertungen von Drogen

! Bei sehr vielen Jugendlichen hat Haschisch oder Marihuana (s. Drogenübersicht) einen anderen Stellenwert unter den Genußmitteln als bei den Eltern. Haschisch ist den meisten Erwachsenen unheimlich, weil sie es selbst gar nicht oder kaum kennen, während viele Jugendliche häufig damit umgehen, ungeachtet der verschiedenen gesundheitlichen Gefährdungen und der Strafandrohungen aus dem Betäubungsmittelgesetz, was die Eltern als die Bedrohung ihrer Kinder sehen. Mit dem Konsum von Haschisch haben die Jugendlichen natürlich *Kontakt mit der Drogenszene* bzw. sind Teil von ihr, vor allem wenn sie selber mit der Droge handeln. Allerdings ist hier zur unterscheiden: Richter bewerten den einmaligen Konsum als weniger schwerwiegend als beispielsweise den Handel mit dem Drogenstoff, was gleichbedeutend damit ist, daß man dafür meistens etwas mehr in der Tasche bei sich führt. Auch muß der – immer illegale – Umgang mit Haschisch auf einer Party anders gewichtet werden als der Deal mit harten Drogen (ohne damit den Haschischkonsum zu verharmlosen). Gleichwohl, die Jugendlichen machen sich *strafbar.*

Probleme der Pubertät

Mit dem Konsum von Haschisch – aber auch aller anderen legalen wie illegalen Drogen – ist zweifellos eine gesundheitliche Gefährdung gegeben, die ganz allgemein jeden Jugendlichen in seiner Pubertät etwa zwischen dem 12. und 18. Lebensjahr bedrohen kann. In diesem Alter haben junge Menschen eine Vielzahl von Entwicklungen zu durchschreiten und Probleme zu bewältigen: die geschlechtliche Reifung und Rollenübernahme, die Selbstbehauptung gegenüber Gleichaltrigen und gegenüber Erwachsenen, die Loslösung von den Eltern, die Orientierung in Ausbildung und Beruf, den Aufbau eigener Verantwortung und die Findung eines eigenen Standortes in der Gesellschaft. Diese Entwicklungsaufgaben werden nicht ohne *Verunsicherung und Konflikte* bewältigt, aus denen sich *Krisen und mögliche Gefährdungen* ergeben können. Der Jugendliche benötigt dabei Hilfe zur Selbständigkeit, Achtung und Anerkennung. Wenn diese aber in Familie, Schule oder im Freundeskreis versagt werden, sucht er u. U. jene Befriedigung mit anderen Mitteln zu erreichen, die ihn selbst und andere schädigen: Er greift möglicherweise zu Drogen und steigt in Milieus ein, deren Wirkungen ihm Scheinwelten vorgaukeln, aber wenigstens vorübergehend eine gewisse Befriedigung bieten.

Wege in die Abhängigkeit

Die Wege in die Abhängigkeit sind vielfältig, doch erscheinen einige Schritte als typisch: Zunächst hat der Jugendliche Kenntnis von legalen und illegalen Drogen und beobachtet seine Umwelt einschließlich der Eltern, wie sie mit Genußmitteln umgehen. Er orientiert sich an den *Konsumgewohnheiten seiner Vorbilder* (z.B.

Eltern, ältere Geschwister, Freunde, Idole), sucht und probiert den Genuß, der ihm in seiner Situation als der angenehmste erscheint und der ihm die größte Bestätigung verspricht.

Bei den meisten Jugendlichen ist Haschisch nicht die typische Einstiegsdroge, sondern es sind viel früher Alkohol und Nikotin. Wird deren Konsum *regelmäßig,* ist der erste Schritt zu Haschisch leichter vollzogen als wenn ein Jugendlicher überhaupt keine Drogen konsumiert. Wenn aber Haschisch akzeptiert wird, ist die Wahrscheinlichkeit größer, andere, auch härtere Drogen wie Kokain oder Heroin zu probieren.

Eltern sollten aber wissen, daß der Konsum von Alkohol und Nikotin *nicht zwangsläufig* in den illegalen Drogenkonsum führt und daß einmaliger oder gelegentlicher Haschischkonsum nicht automatisch Heroinkonsum und -abhängigkeit nach sich zieht. Außerdem führt die Droge allein niemals in die Sucht, sondern weitere Faktoren wie Lebenskrisen, Labilität, mangelnde Bestätigung, Mißerfolge, außergewöhnliche Belastungen, erfahrene Lieblosigkeit, mangelnde Geborgenheit, Verführungen aus der sozialen Umwelt u. a. m.

Besonnene Reaktion – begrenzte Möglichkeiten der Hilfe

Eltern sollten beim ersten Drogenkontakt ihrer Kinder besonnen bleiben und nicht in Panik geraten. Sie sollten vielmehr mit ihren Kindern reden, sie auf die großen Gefahren hinweisen und ihre Sorgen mitteilen, im ganzen aber eher *zurückhaltend, nicht aufdringlich* reagieren. Bei der Verständigung der Polizei sollten sie wissen, was auf die Tochter/den Sohn zukommt. Dies ist sicher belastender als ein klärendes Gespräch in der Familie oder eine fachkundige Beratung. Außerdem wissen Eltern, daß sie nicht alle Wege ihrer Kinder mitgehen und nicht alle Risiken ausschalten können, denn die Risikobereitschaft bei Kindern und Jugendlichen ist höher als bei Erwachsenen bzw. als diese sie sich oftmals vorstellen können. Wenn Eltern unsicher sind, können sie sich an eine Beratungsstelle, an einen Anwalt, an den Beratungslehrer der Schule, an einen Schulpsychologen oder an einen Elternkreis wenden.

Nicht panikartig und hektisch reagieren! Besonnen bleiben! Es kann hilfreich sein, das Gespräch mit dem Jugendlichen zu suchen, ggf. sich auch von Fachleuten beraten zu lassen. Nicht die Droge ist das Wichtigste, sondern die Befindlichkeit der Tochter/des Sohnes! Informationen über die Zusammenhänge von Drogenkonsum, Abhängigkeit und Sucht sind unbedingt erforderlich.

Der erste Rausch – Prägung fürs Leben?

Manfred, 16 Jahre alt, hat zum erstenmal mit seinen Freunden „so richtig einen draufgemacht". Er wird betrunken nach Hause gebracht.

Für das Donnerwetter der Eltern ist Manfred nicht mehr aufnahmefähig.

?

- Muß es überhaupt ein Donnerwetter geben?
- Sollte man das „Besäufnis" ignorieren?
- Ist es richtig, über den Rauschzustand zu reden, wenn Manfred wieder nüchtern ist?
- Hat dieser Vorfall eine prägende Wirkung für das restliche Leben von Manfred?

Verständnis zeigen – aber Grenzen setzen

! So verständlich eine erste erregte Reaktion der Eltern ist, so wenig hilft sie im Augenblick, denn Manfred ist ja nicht mehr richtig aufnahmefähig. Wichtiger ist im Moment die erste Hilfe und Versorgung von Manfred. Für alles andere ist später Zeit. Auch hilft es wenig, den begleitenden Freunden Vorwürfe zu machen. Meistens ist den Jugendlichen das Ganze ohnehin unangenehm.

Die Eltern sollten nach einem solchen Vorfall mit ihrem Kind sprechen, aber nur wenn alle Beteiligten ausgeruht sind und Zeit haben. Sie sollten sich vornehmen, nicht laut und unfreundlich mit Vorwürfen zu reagieren, sondern eher zu fragen, wie es zu dem „Besäufnis" kam oder ob der Jugendliche von sich aus dazu etwas sagen möchte. Lange Moralpredigten sind wenig sinnvoll, besser ist es sich vorzunehmen, das Ganze nicht zu wiederholen bzw. dem Jugendlichen einen entsprechenden *deutlichen, aber freundlichen*

Hinweis zu geben. Vielleicht ist aber auch gar kein Gespräch erforderlich, sondern nur die kurze Reaktion der Eltern: „Ich fand deinen Zustand gestern abend gar nicht gut. Wir sind ganz schön erschrocken. Bitte mach das nicht wieder!“ o.ä. Wenige Worte bewirken oft mehr, wenn sie deutlich klären. Bei dem Jugendlichen bleibt u.U. der positive Eindruck, daß die Eltern den Vorfall zwar nicht gutheißen konnten und auch klar ihre Meinung äußerten, ihn aber nicht „fertiggemacht“ haben. Diese klärende Kürze bedeutet keinen Verzicht auf Erziehung und sollte auch nicht als Verharmlosung mißverstanden werden, sondern sie beläßt dem Jugendlichen ein Selbstwertgefühl, trotz eines Fehlers angenommen zu bleiben.

Familienatmosphäre

Möglicherweise hat Manfred die „falschen“ Freunde, die ihn zum Trinken animieren (wenn er es nicht sogar selber ist, von dem die Trinkerei ausging). Vielleicht hat er selber nur einmal über die Stränge geschlagen. Eltern sollten auf keinen Fall die Freunde schlecht machen, sondern eher Positives herausstellen („Wir finden es gut, daß deine Freunde sich um dich gekümmert haben.“). Wenn Eltern überstark reagieren, wenn sie in den Augen des Jugendlichen ungerechtfertigte Vorwürfe machen, erreichen sie eher das Gegenteil. Auf lange Sicht ist es besser, wenn Eltern eine für ihr Kind wahrnehmbare angenehme „Gegenkultur“ gegen „schlechte“ Freunde pflegen, d.h. ein *Familienklima mit sozial warmer und drogenfreier Atmosphäre* schaffen. Wenn Eltern trotz aller Unbequemlichkeit für den Jugendlichen offen, in ihrem eigenen Denken, Fühlen und Handeln verständlich und grundsätzlich vertrauenswürdig bleiben, ohne den jungen Menschen an sich fesseln zu wollen, hilft das als Gegengewicht gegen eine drogengebundene Gesellschaft besser als tausend warnende Worte.

Gegen Druck und Zwang

Wenig Erfolg versprechen Strafandrohung, Druck und Zwang auf die Dauer, auch wenn kurzfristige Wirkungen erzielt werden. Denn die Kinder/die Jugendlichen geraten durch solche Maßnahmen in den Konflikt zwischen Eltern und Freunde, ohne sachgerecht entscheiden zu können. Im Vordergrund steht dann nicht mehr das Alkoholproblem, sondern der Eltern-Kind-Konflikt. Heimlichkeiten, Lügen und Flucht sind dann eher der „Erfolg“ anstatt der erhofften Enthaltsamkeit von Alkohol und Zigaretten.

Selbstkritik

In diesem Zusammenhang müssen die Eltern sich und ihre Generation selbstkritisch befragen. Alkohol und Nikotin, bei vielen auch noch bestimmte Medikamente (Beruhigungs-, Schlaf- oder Anregungsmittel) sind die Drogen der Erwachsenen und gelten bei vielen Jugendlichen daher als Zeichen des Erwachsenenseins, als Symbole einer erstrebenswerten Lebensqualität. Wen wundert es, wenn Jugendliche dasselbe wie die Erwachsenen wünschen: Sie wollen „groß werden und sein“! Haben sie nicht oft genug zu hören bekommen: „Nun werde doch endlich erwachsen!“ Und jetzt werden sie erwachsen, aber auch mit den *Unarten der älteren Generation.*

Gruppendruck der Gleichaltrigen

Eltern sollten auch den Gruppendruck der Gleichaltrigen nicht unterschätzen: Wer nicht mitmacht (beim Trinken und Rauchen u. a.), ist noch „ein Kleiner“, noch ein Kind, gehört nicht dazu. Erschwerend für die Abstinenzwilligen wirken auch die Preisgestaltungen in den Lokalen, die jugendliches Imponier- und Renommiergehabe noch verstärken: Alkoholische Getränke sind oft immer noch billiger als Cola oder Limo.

Da beim Alkoholkonsum viele Ursachen zusammenspielen, sollten sich die Eltern umfassend und selbstkritisch informieren! Die Einsicht beim Jugendlichen stärken! Auf Zwang und Strafen verzichten! Gestaltung einer freundlichen Familienatmosphäre! Freunde des eigenen Kindes nicht einfach schlechtmachen, das Positive sehen! Aber auch vor Gefährdungen im offenen Gespräch warnen!

Peter und der Alkohol der Eltern

Die Eltern stellen fest, daß ihr 17jähriger Sohn Peter verstärkt an die häuslichen Alkoholvorräte geht. Zunächst bedient er sich heimlich. Als die Eltern, obwohl sie seinen Konsum bemerkt haben, sich nicht äußern, greift Peter zunehmend offen zum Bier im Kühlschrank und zum Wein im Keller.

Die Reaktion der Eltern: Erstaunen, Verblüffung, Unsicherheit…

?

- Sollte Peter offiziell erlaubt werden, sich des Alkohols so zu bedienen wie die Eltern?
- Gelten für Peter andere Regeln als für die Eltern?
- Sollten die Eltern den Alkoholkonsum verbieten oder die Vorräte wegschließen?
- Vielleicht sollte überhaupt kein Alkohol mehr im Haus sein?
- Sollten die Eltern von nun an gemeinsam mit ihrem Sohn Alkohol konsumieren?

Unglaubwürdigkeit der Eltern

! Wenn Alkohol im Haus ist, wird er auch getrunken, zunächst von den Eltern, später meistens auch von den Kindern als ihren treuen Nachahmern – so wenigstens ist es in vielen Haushalten. Die Eltern wünschen in der Regel ja auch, daß die Kinder ihnen nacheifern. Das kann allerdings – wie in der geschilderten Situation – zu überraschenden Folgerungen der jungen Leute führen. Eltern wirken nämlich auch in ihrem Genußverhalten als Vorbilder und werden sehr schnell unglaubwürdig, wenn sie ihre Kinder vor Alkohol und Nikotin warnen, aber selber unkontrolliert oder wenig maßvoll trinken und rauchen. Aber nicht nur diese Genußmittel sind kritisch zu sehen, sondern der *gesamte Genußkonsum* der Familie. Eltern sollten darüber nachdenken, wobei auch eigene Fehler einzugestehen sind: daß Eltern zuviel Alkohol trinken, daß Alkohol zur Angeberei vor Gästen dient (der „ganz besondere" Wein im Keller!), daß Zigaretten oder Weinbrand Überbrücker der Langeweile oder Verlegenheit sind u. v. a. m.

Mit gutem Beispiel vorangehen

Wenn Eltern von ihren Kindern ein besseres Verhalten verlangen, müssen sie selbst mit gutem Beispiel vorangehen und sich selbst in die Kritik miteinbeziehen. Sie dürfen nicht abblocken nach dem Motto: „Du, benimm dich – was ich tue, geht dich gar nichts an!" Eine plötzliche Alkoholabstinenz in dem geschilderten Fall wirkt aufgesetzt und könnte vielleicht bei dem Jugendlichen als künstlich oder gar als Affront verstanden werden. Viel freundlicher für den Umgang miteinander wirkt doch, wenn Eltern zu einem *maßvollen* und rauschfreien Alkoholkonsum kommen oder stehen und ihrem Kind vermitteln, daß man auch mit geringen Mengen auskommt, ggf. auch mit klaren Begründungen, wenn man sein eigenes Verhalten verdeutlichen oder auch korrigieren muß. Das Einbeziehen des Jugendlichen und jungen Erwachsenen in einen maßvollen Konsum verhindert Neidgefühle, nimmt dem Ganzen das Flair des reizvollerweise zu übertretenden Verbots und nimmt den jungen Menschen außerdem ernst. Vielleicht wollte Peter auch gar nichts anderes als ernst genommen zu werden, als auf sich aufmerksam zu machen: „Seht her, ich bin jetzt erwachsen – so wie ihr!" Auf den Alkohol kam es ihm möglicherweise gar nicht so sehr an.

Verantwortlichkeit zeigen – Alternativen bieten

Eltern sollten häusliche Alkoholvorräte nicht wegschließen, wenn sie jugendliche Kinder haben. Das wirkt etwas weltfremd und erhöht u. U. den Reiz der legalen Droge. Sie sperren ihr Kind von ihrem eigenen Konsum aus, trinken eventuell in seiner Abwesenheit oder heimlich weiter, tun also etwas, was man eigentlich nicht tun sollte und praktizieren damit eine *verlogene Doppelmoral.* Und dann wundern sich manche Eltern, wenn ihr Kind, ebenso heimlich, illegale Drogen konsumiert, also im Prinzip ganz ähnlich verfährt wie sie selbst.

Das Problem wird auch nicht dadurch gelöst, wenn Eltern jetzt den Alkohol in ihrem Haus „freigeben“ und mit der Tochter/dem Sohn kräftig trinken. Es ist kein Ausweis von Erwachsensein und -werden, wenn Jugendliche wie Erwachsene dem Alkohol zusprechen, womöglich noch durch die Eltern dazu animiert. Verantwortungslos handeln jene Erwachsenen, die Jugendliche mit einer deftigen Trinkerei in die Erwachsenenwelt „einführen“ wollen.

Ähnliches gilt übrigens auch für den Zigarettenkonsum, dessen Schädlichkeit unbestritten ist. Jugendliche zum Rauchen zu animieren ist ein Vergehen an deren Gesundheit.

Eltern sollten *Alternativen* bieten: zur Party einmal keinen Alkohol, sondern eine alkoholfreie Bowle, zum Fernsehen kein Bier, sondern ein Fruchtsaft, zur gemütlichen Runde kein Wein, sondern verschiedene Teesorten und zum Durstlöschen ein Mineralwasser!

Eltern können den maßvollen Umgang mit Alkohol einüben: vor allem den Rausch, auch in seinem Anfangsstadium, unbedingt vermeiden! Alternativen zum Alkohol bieten! Die eigenen Genußgewohnheiten generell überprüfen – das Zuviel reduzieren! Große Alkoholvorräte vermeiden, nur kleine Mengen im Haus vorrätig haben (wenn es notwendig erscheint)! Am besten gar nicht rauchen! Bei allen Regeln sich selbst und den Kindern und Jugendlichen gegenüber unbedingt ehrlich und glaubwürdig bleiben!

Die Gruppe

In einer 10. Gymnasialklasse hat sich eine Gruppe von zehn Schülerinnen und Schülern gebildet, die sich regelmäßig im Haus ihres Mitschülers Marc trifft. Die Gruppe konsumiert Haschisch und Speed und unterhält gute Kontakte zur örtlichen Drogenszene.

Die Jugendlichen sind bei ihrem Konsum und Deal ungestört, da Marcs Vater während der Woche auf Geschäftsreisen unterwegs und die Mutter schon vor zwei Jahren nach der Scheidung ausgezogen ist. Lediglich Marcs volljährige Schwester wohnt noch mit in dem großzügig angelegten Haus. Sie ist über die Situation der Gruppe informiert, toleriert sie auch, aber nur unter der ausdrücklichen Bedingung, daß die Gruppe nach außen hin gegenüber den Nachbarn unauffällig bleibt und Marc im Haus stets für Ruhe und Ordnung sorgt.

Marcs Vater weiß zwar, daß sich bei seinem Sohn ein großer Freundeskreis trifft. Da bisher jedoch keinerlei Komplikationen aufgetreten sind und für ihn alles „zivilisiert" abläuft, schöpft er keinen Verdacht und bleibt ahnungslos.

?

- Müßte Marcs Schwester nicht eigentlich den Vater über die Gruppe informieren?
- Was kann Marcs Vater unternehmen, wenn er Bescheid weiß: wegsehen und die Jugendlichen gewähren lassen, eingreifen und Hausverbot erteilen, Verbote nur gegen den Drogenkonsum und -deal aussprechen?

Rollenkonflikte

!

Marcs Schwester steht in gewisser Weise zwischen ihrem Bruder und ihrem Vater. Wahrscheinlich empfindet sie Verantwortung für beide: einerseits den Bruder nicht zu verraten und gleichzeitig mit ihm Frieden zu halten, andererseits für den Vater das Haus in Ordnung zu halten bzw. halten zu lassen. Wie ihr ergeht es vielen Geschwistern von Drogenkonsumenten, die zwischen den Generationen stehen, sich in Rollenkonflikten befinden und dieser für sie oft auch unerträglichen Situation durch innere Distanz zu beiden Parteien oder durch Verlassen des Elternhauses zu entkommen versuchen.

Es bedeutet eine Überforderung der Schwester, von ihr zu verlangen, gleichsam eine sorgende Hand anstelle des Vaters über Marc zu halten und als Stellvertreterin des Vaters gegen Marc und seine Gruppe vorzugehen. Wenn sie sich wirklich gegen die Gruppe und damit auch gegen ihren Bruder stellen will, dann muß das ihr eigener Wille sein. Keinesfalls aber darf sie in diese Rolle und Situation hineingezwungen werden.

Nicht wegsehen – handeln!

Was aber soll der Vater unternehmen, wenn er von der Gruppe Kenntnis erhält?

Wegsehen ist sicher die unverantwortliche Verhaltensvariante. Damit signalisiert der Vater zumindest, daß er Drogenkonsum und -deal toleriert und damit Straftaten fördert. Er droht damit selbst straffällig und zugleich durch die Jugendlichen erpreßbar zu werden. Außerdem fördert er die gesundheitliche Gefährdung seines Sohnes und der ganzen Gruppe.

Miteinander reden

Marcs Vater muß sich, wenn er informiert ist, entscheiden, ob er will oder nicht. Der erste Schritt sollte das Gespräch mit dem Sohn sein. In ruhiger Weise verbunden mit der Bitte, die Drogenaktivitäten einzustellen, und mit dem Appell, selbst mit Konsum und Deal aufzuhören. Wenn es die Situation erlaubt bzw. Marc einverstanden ist, sollte der Vater mit der Gruppe sprechen und ihr in ruhiger, nicht verurteilender, aber entschiedener Weise zu verstehen geben, daß er Drogenkonsum und -deal in seinem Haus nicht duldet.

Abgestuft entscheiden und handeln

Ohne Gespräch mit der Gruppe einfach das Haus zu verbieten, würde unter Umständen mehr zerstören als nützen. Denn die Jugendlichen sind ja grundsätzlich keine schlechten Menschen, sondern sie tun etwas, das der Vater nicht tolerieren kann. Sie haben einen Anspruch darauf, anständig behandelt zu werden. Es gilt also auch, Überzeugungsarbeit zu leisten und dabei zugleich klare Grenzen zu setzen, nicht aber, Beziehungen zu zerschlagen.

Vielleicht ist eine kompromißartige Stufung der gemeinsamen Konfliktlösung zu vereinbaren. Der Vater schlägt vor: „Ihr könnt gern weiterhin in unserem Haus zusammenkommen, aber bitte unterlaßt Drogenkonsum und -deal. Vielleicht könnt ihr andere Freizeitaktivitäten entwickeln. Ich bin zum Gespräch bereit. Ich möchte aber nichts mit Drogen in meinem Haus zu tun haben. Wenn das nicht geht, dann müßt ihr das Haus verlassen."

Man mag dagegen einwenden, daß ein solches Angebot zu nichts führt, daß die Jugendlichen also mit ihren Drogenaktivitäten fortfahren oder aber das Quartier wechseln werden. Das ist in der Tat möglich. Dennoch könnte es sein, daß die eine oder der andere aus der Gruppe nachdenklich wird und von den Aktivitäten Abstand nimmt, daß eine Diskussion einsetzt und in der Gruppe vielleicht selbstkritische Fragen gestellt werden. Um diese – vielleicht geringen – Chancen nicht von vornherein zu verspielen, wäre es gut, wenn Marcs Vater ruhige Überzeugungsarbeit mit Setzung von Grenzen zu leisten versucht. Damit wird die Situation versachlicht und Marc gleichzeitig vor seinen Freunden entlastet. Zugleich ist die Gruppe vor eine Entscheidung gestellt, sie muß sich auseinandersetzen, zumindest aber auf die Position des Vaters reagieren, was ihr mit einem bloßen Verbot abgenommen würde.

Geduldig sein

Man muß sich darüber klar sein, daß man als Erwachsener den Jugendlichen den Kontakt zu Drogen nicht wirkungsvoll verbieten kann, wenn die Jugendlichen nicht von sich aus bereit sind, auf Drogen zu verzichten. Denn was nützt ein Verbot, dessen Einhaltung man nicht kontrollieren kann? Also bleibt „nur“ eine nicht bedrängende Überzeugungsarbeit, klare Grenzen, Fairneß und die Aufrechterhaltung der Beziehungen über alle Differenzen hinweg. Das zu leisten, ist bereits sehr viel Gutes. Allerdings müssen sich Eltern im klaren sein darüber, daß es den schnellen Erfolg in einer solchen Situation nicht gibt, sondern daß sie Geduld aufwenden müssen.

Nicht Co-abhängig werden

Noch ein warnender Hinweis an die Eltern, die um jeden Preis nach außen hin den Schein aufrechtzuerhalten versuchen, als gebe es in ihrer Familie keine Sucht- oder Drogenprobleme: Diese Eltern laufen Gefahr, von der Sucht oder Drogenabhängigkeit des eigenen Kindes selbst abhängig und erpreßbar zu werden, wenn sie sich auf dessen „Spiel“ einlassen (Gefahr der sogenannten Co-Abhängigkeit).

Sich beraten lassen

Manchmal ist es ratsam, sich bei kompetenten Leuten Rat und Hilfe zu holen (Sucht-, Drogen-, Erziehungsberatungsstelle), bevor man selbst etwas falsch macht, in der ersten Wut unbeherrscht reagiert, solange man unsicher ist. Die besonnene Reaktion, das Abwarten, das Einholen eines Rates, das Ersuchen um Hilfe sind auch vorbildhafte Verhaltensweisen für die Jugendlichen, sind gleichzeitig auch vorbeugende Maßnahmen dagegen, sich durch Unbesonnenheit und Unbeherrschtheit selbst ins Unrecht zu setzen. Es ist keine Schande, Rat und Hilfe zu suchen!

Nicht wegsehen, sondern aktiv Verantwortung übernehmen, aber besonnen bleiben! Miteinander reden, gemeinsame Lösungen suchen! Aber auch deutliche Grenzen setzen, jedoch dem anderen die Chance geben nachzudenken, sich zu korrigieren! Verbote helfen wenig oder gar nicht bzw. nur dann, wenn ihre Einhaltung gesichert werden kann! Auf Dauer helfen kontinuierliche gute Beziehungen besser! Aber Kompromisse und Zugeständnisse an die Sucht des anderen dürfen nicht sein.

Gerald unter Drogenverdacht

Die Eltern des 16jährigen Gerald glauben an ihrem Sohn Verhaltensänderungen festgestellt zu haben. Sie sind vor allem durch den auffälligen Leistungsabfall in der Schule aufmerksam geworden sowie durch zunehmende Distanz, die Gerald zu ihnen entwickelt. Sie haben den Verdacht, Gerald könnte Drogen nehmen.

?

– Sollen die Eltern offen über ihren Verdacht reden?

– Sollten sie vielleicht Nachforschungen nach Drogen in seinem Zimmer anstellen?

– Oder ist es besser, zuerst einmal mit einem Arzt oder mit Drogenberatern und -beraterinnen zu reden?

– Oder sollen die Eltern besser gar nichts unternehmen?

Offenheit im Umgang miteinander

! Das Normalste wäre doch, mit dem eigenen Kind zu reden, zu fragen, was los ist, ihm Hilfe anzubieten, ohne sich aufzudrängen. Wichtig wäre, daß die Eltern mit Fachleuten über ihre Sorge reden, um sich kundig zu machen. Sie lernen dabei, mit den eigenen Ängsten umzugehen und sich etwas zu entlasten. Wenig hilfreich ist es dagegen, wenn die Eltern ihrem Kind nachspionieren, sein Zimmer auf der Suche nach Drogen auf den Kopf stellen, Verhöre beginnen oder gar eine Leibesvisitation durchzuführen versuchen. So verständlich auch der Wunsch nach Gewißheit ist, eine solche *Konfrontation ist zu vermeiden*. Denn die Gewißheit, daß die Tochter/der Sohn mit Drogen zu tun hat, erkaufen sich die Eltern dabei mit einem schwerwiegenden Vertrauensverlust und mit Erniedrigung, mit einer vielleicht Jahre dauernden Krise des Verhältnisses zu ihrem Kind. Außerdem trägt die Gewißheit nicht zum Drogenverzicht bei. Denn die Eltern nehmen für den Jugendlichen mit ihrem Verhalten der Kontrolle dieselbe Haltung ein, vor der er flieht, die er vermeiden will, von der er sich bedroht fühlt (z.B. durch die Polizei).

Gefahren der Kriminalität

Manche Eltern tragen sich sogar mit dem Gedanken, ihr Kind wegen illegalen Drogenbesitzes bei der Polizei anzuzeigen: Sie wollen ein deutliches Zeichen setzen, ihre Macht zeigen oder einfach einen Schlußstrich ziehen. Ein solcher Schritt mag im Ausnahmefall eine Verhaltensänderung bei dem Jugendlichen bewirken, aber im Fall der Drogenabhängigkeit führt er nicht weiter. Im Gegenteil: Zu den Leiden der Abhängigkeit kommen jetzt die Folgen der *Kriminalität* hinzu. Die psychosoziale Lage dieses Jugendlichen verschlechtert sich, er bindet sich eher fester in die Drogenszene ein und entzieht sich der Beratung und Hilfe.

Besonnenheit zeigen

Auch aus einem anderen Grund müssen Eltern vor übereilten Schritten und drastischen Maßnahmen gewarnt werden. Denn es ist keineswegs sicher, ob das Kind/der Jugendliche, der Drogen nimmt, auch wirklich schon abhängig ist. Möglicherweise bestehen Pubertätsprobleme, die der hauptsächliche Grund für die beobachteten Verhaltensänderungen sein können, so daß der Drogenverdacht unberechtigt sein kann. Das soll nicht heißen, daß man die mögliche Drogengefährdung bagatellisieren soll. Aber die Eltern sollten zur größeren Besonnenheit und zur größeren *Nachdenklichkeit* und auch zur *Zurückhaltung* finden.

Wie in vielen anderen Krisensituationen müssen Eltern ein gewisses Maß an Unsicherheit und Ungewißheit ertragen und geduldig abwarten. Das gehört auch zum Loslassen der Kinder in deren eigenes Leben hinein, auch wenn es dabei große Schwierigkeiten und zahlreiche Risiken gibt.

Empfehlenswertes Verhalten

Für das richtige Verhalten der Eltern gibt es keine präzisen Regeln im Sinne einer Gebrauchsanweisung für den Krisenfall. Auch sind schnelle Erfolge nicht zu erwarten. Aber man kann sich an einigen *Anhaltspunkten aus den Erfahrungen der Praxis* orientieren:

- die Überprüfung und ggf. die Veränderung des eigenen Konsums und Genusses; vor allem bei Alkohol, Zigaretten und Medikamenten: Ausstieg aus der eigenen Abhängigkeit,

- die Überprüfung und ggf. die Änderung des Verhaltens gegenüber dem eigenen Kind: mehr Freundlichkeit, mehr Zeit füreinander, mehr Aufmerksamkeit und Zuwendung, weniger Druck, Zwang und Einengung,

- die deutliche Abgrenzung gegen den Drogenkonsum: das eigene Kind zu lieben heißt nicht die Droge zu akzeptieren, heißt auch nicht, gefährdende Drogen in der eigenen Umgebung zu dulden,

- die offene Aussprache über diese Probleme vor anderen vertrauenswürdigen Personen,

- die Suche und Annahme fremder Hilfe, damit man im eigenen Handeln sicherer wird,

- die eigene Unabhängigkeit der Eltern vom Sucht- und Drogenproblem ihres Kindes: Eltern dürfen nicht in eine Mitabhängigkeit geraten, sondern müssen ihr eigenes Leben gestalten, um immer wieder neue Kräfte schöpfen zu können (dazu auch S. 183).

Das Vertrauen bewahren, miteinander im Gespräch bleiben! Keine übereilten Handlungen – besser ist es, sich beraten zu lassen! Eltern dürfen nicht selbst von der Abhängigkeit ihres Kindes abhängig werden!

Spielsucht oder Spieltrieb

Klaus ist 15 Jahre alt. Sein Weg von der Schule nach Hause führt an einer Spielhalle vorbei, in die er zunächst „nur mal so zum Gucken“ hineingeht, eines Tages aber doch mitspielt und schließlich regelmäßig dort verkehrt.

Den Eltern fällt der erhöhte Geldbedarf ihres Sohnes auf.

?

- Darf Klaus in diesem Alter überhaupt eine Spielhalle besuchen?
- Ist er bereits spielabhängig oder spielsüchtig?
- Wie sollen sich die Eltern verhalten?
- Soll die Schule informiert werden?

Jugendschutzbestimmungen

! Klaus darf in diesem Alter noch keine Spielhalle betreten. Die Eltern sind *rechtlich verpflichtet* einzuschreiten. Sie sollten daher mindestens den Spielhallenbesitzer auf seine rechtlichen Verpflichtungen aufmerksam machen und ihm untersagen, ihren Sohn einzulassen. Eventuell helfen nur juristische Schritte über die Polizei, das Jugendamt oder einen Anwalt. Vielleicht ist auch ein Zeitungsartikel, der auf die Gefahren, die von der Spielhalle ausgehen, ein Mittel der Vorbeugung.

Schwieriger zu klären ist die Rolle der Schule, für die es kaum juristische Möglichkeiten gibt, direkt einzuschreiten, es sei denn, ein offensichtlicher Verstoß gegen Jugendschutzbestimmungen wie im Fall von Klaus lägen vor. Hier empfiehlt sich die Zusammenarbeit mit dem zuständigen Jugendamt. Pädagogische Aufgabe der Schule ist vor allem die Information und Aufklärung im Rahmen *ihrer Vorbeugungsaufgabe.*

Gemeinsame Problembewältigung in der Familie

Schwieriger gestaltet sich die Problembewältigung im Miteinander der Familie. Es ist richtig, wenn die Eltern ihr Kind über die Bestimmungen zum Jugendschutz aufklären, um ihm z. B. die Unannehmlichkeiten zu ersparen, die aus einer polizeilichen Kontrolle erwachsen. Weit wichtiger ist aber die Klärung, ob hier bereits eine Spielabhängigkeit besteht oder ob das Kind/der Jugendliche eben wirklich „nur mal so zum Spaß" hingegangen ist. Eltern sollten sich von Beratern und Beraterinnen informieren lassen, eventuell auch Kontakt zu einer Spielerselbsthilfegruppe aufnehmen, um sich Kenntnisse über Erscheinungsformen und Merkmale der Spielsucht zu verschaffen und Hinweise zur Selbsthilfe einzuholen.

Wichtiger als mahnende Worte der Eltern ist die Überprüfung der *sozialen Beziehungen innerhalb der Familie*. Hilfreich könnte sein, wenn die Eltern mehr Zeit und Mühe für die Freizeitgestaltung gemeinsam mit ihren Kindern aufwenden. Vielleicht fehlen der Tochter/dem Sohn Anregungen und Unterstützung zum selbstgestalteten Spielen, Kontakte mit Gleichaltrigen, Anerkennung und Erlebnisse? Anregungen dafür können Eltern von Jugendberatungseinrichtungen erhalten.

Eltern müssen die Rechtslage (Jugendschutz) beachten. „Verbündete" um Rat fragen: Jugendberater, Rechtsanwalt, Polizei, Jugendamt, Schule etc.! Mit dem Kind/dem Jugendlichen reden, Freizeitangebote für das eigenständige Gestalten unterbreiten! Sich Zeit nehmen für die Kinder und Jugendlichen! Die jungen Menschen anerkennen, ihnen Gelegenheit geben, sich zu bewähren, ohne sie zu überfordern, ihr Selbstwertgefühl steigern helfen!

Medikamentenabhängig?

Die 16jährige Carina leidet vor schulischen Prüfungen unter großer Nervosität und Angst. In der vorausgehenden Nacht schläft sie nur schlecht, kann kaum frühstücken und steigert sich oft in Angstzustände kurz vor einer Klassenarbeit. Dennoch sind ihre schulischen Leistungen insgesamt befriedigend.

Die Eltern dringen auf eine ärztliche Behandlung. Der Arzt verschreibt Carina ein leichtes Beruhigungsmittel.

?

- Warum hat Carina eine solche Angst vor Leistungskontrollen?
- Liegt das an ihr selbst, kann sie sich nicht richtig „zusammennehmen"?
- Liegen die Ursachen am Verhalten der Lehrer oder an Überforderungen durch die Eltern?
- Ist es richtig, in Carinas Fall Medikamente zu verabreichen?
- Gibt es noch andere Hilfen gegen derartige Ängste?

Angstursachen klären – Ängste überwinden

! Grundsätzlich sollte man nach den Ursachen und Bedingungen der Prüfungsangst fragen und sie zu vermeiden suchen. An der Angst sind immer mehrere beteiligt – d.h. nicht automatisch auch mitschuldig –, Lehrer, Eltern, Mitschüler und Mitschülerinnen und die oder der Betroffene selbst.

Der erste Versuch der Angstbewältigung liegt bei Carina selbst, z.B. sie aussprechen zu lassen, wovor sie Angst hat: Ist es nur die Prüfung, oder sind es die Reaktionen der Umwelt, die belasten?

Überfordert sich Carina selbst, oder erwarten Lehrer und Lehrerinnen oder Eltern zuviel von ihr? Hat sie vielleicht Probleme im Umgang mit ihren Mitschülerinnen und Mitschülern? Über all das kann man reden, wenn das *Gespräch frei ist von Vorwürfen, Anschuldigungen, Beschimpfungen und neuen (Über-)Forderungen.*

Der Arztbesuch ist sicher hilfreich, wenn eine Ursachenanalyse betrieben wird. Bedenklich erscheint dagegen eine schnelle Verabreichung von Medikamenten nur zur Symptombehandlung. Doch ein verantwortungsbewußter Arzt greift nicht sofort zum Rezeptblock, und Eltern sollten ihn auch nicht dazu drängen – das wäre keine Lösung des Problems, eher ein Verdecken der wirklichen Ursachen.

Eltern können mit Einverständnis ihres Kindes auch einen Jugendberater, einen Therapeuten hinzuziehen. Das Gespräch in der Schule, mit Lehrern und Lehrerinnen, mit anderen Eltern, mit einem Schulpsychologen kann helfen, wenn die Ängste klar ausgesprochen werden und wenn die Eltern auch ihr eigenes Verhältnis und ihr Verhalten zum Kind/Jugendlichen mit einbeziehen können. Prüfungsangst kann auch Thema eines Elternabends in der Schule sein, denn vielleicht stehen Carinas Eltern nicht allein mit ihren Sorgen und Nöten.

Vernünftiger Umgang mit Medikamenten

In der Familie sollte das Thema Medikamente und deren Notwendigkeit angesprochen werden. Wie halten es die Eltern selbst mit Schlaf-, Beruhigungs-, Aufputsch- oder Schmerzmitteln? Vielleicht erwartet die Tochter/der Sohn die schnelle Problemlösung aus der Hausapotheke genauso wie die Eltern? Diese sollten sich daher selbst überprüfen, ob sie immer ein *gutes Vorbild* abgeben. Wenn Eltern ein Arzneimittel einnehmen müssen, sollten sie dessen Notwendigkeit erklären, aber niemals ein Medikament als Problemlöser mißbrauchen. Denn die Probleme werden dadurch auf Dauer nicht bewältigt, weil das Medikament nur der medizinischen Hilfe dienen, aber nicht die Lebensgestaltung ersetzen darf: So entsteht sehr leicht eine Medikamentenabhängigkeit, die einen schweren

Krankheitszustand darstellt – bei Kindern und Jugendlichen ebenso wie bei Erwachsenen.

Zur Nichtbewältigung des Problems – in Carinas Fall der Prüfungsangst – käme dann noch das Problem der Abhängigkeit hinzu: Die Betreffenden werden bei Medikamentenabhängigkeit unfähig, ihr Leben zu meistern.

Im offenen und weitgehend unbelasteten Gespräch Ängste nennen! Nach Gesprächspartnern suchen, die keine Angst machen und vertrauenswürdig sind! Eltern sollten den Arzt nicht drängen, Medikamente gegen die Angst oder zur Leistungssteigerung ihrer Kinder zu verschreiben. Nach den Ursachen forschen und dort ansetzen! Sich selbst überprüfen: Habe ich überfordert, Angst ausgelöst, gedroht? Den gesundheitsgerechten Umgang mit Medikamenten einüben – bei sich selbst und bei den eigenen Kindern!

Drogenabhängig

Das Ehepaar S. weiß um den illegalen Drogenkonsum ihrer volljährigen Tochter Ilona. Sie tun alles, um die Situation nicht bekannt werden zu lassen. Damit das Familienleben nach außen hin möglichst normal weiterläuft, stecken die Eltern ihrer Tochter Geld zu, wenn sie „Stoff" benötigt. Denn sie befürchten, daß sich Ilona sonst anderweitig Geld beschafft: durch Diebstahl oder Prostitution. Andererseits ist den Eltern aber klar, daß es so nicht weitergehen kann – allein aus finanziellen Gründen schon nicht.

?

- Machen sich die Eltern strafbar, wenn sie den illegalen Drogenkonsum ihres Kindes mitfinanzieren?
- Ist es überhaupt sinnvoll, auf diese Weise zu helfen?
- Sind Eltern unbarmherzig, wenn sie den Drogenkonsumenten nicht finanzieren?
- Drohen Eltern ihr Kind nicht zu verlieren, wenn sie ihm die Geldmittel versagen?

Mitabhängigkeit vermeiden

! Eltern können sich strafbar machen, wenn sie den Deal ihres Kindes mitfinanzieren, zumindest geraten sie mit in polizeiliche Ermittlungen. Und sie helfen damit weder sich noch ihrem Kind auf die Dauer. Im Gegenteil: Die Eltern verlängern nur die Abhängigkeit, auch wenn vom Konsumenten tausendmal beteuert wird, dieser Deal sei wirklich der allerletzte: In Wirklichkeit wecken die Eltern nur Hoffnungen auf Fortsetzung des Drogenkonsums.

Wenn Eltern mit ihrem Geld „helfen", werden sie auf die Dauer *mit in die Sucht hineingezogen, mitabhängig und mitschuldig.* Sie sind dann nicht nur Opfer der Sucht ihres Kindes, sondern zugleich auch Mittäter. Außerdem können sie auf lange Sicht die Sucht des eigenen Kindes gar nicht mitfinanzieren – ein illegal Drogenabhängiger kann je nach Droge pro Monat mehrere tausend Mark verbrauchen – und das auch nicht verheimlichen. Daher ist es notwendig, allerdings auch meistens mit persönlichen Schwierigkeiten und Auseinandersetzungen verbunden, wenn Eltern gegen die Abhängigkeit ihre Kindes eigenständig *klare Grenzen* ziehen und sich nicht von der Sucht bestimmen und überrollen lassen.

Die Hilfe anderer suchen

Die Sucht ihre Kindes sollten Eltern aber nicht allein durchzustehen versuchen oder dabei auf die Hilfe oder Entlastung durch die Geschwister des Abhängigen allein hoffen, die ja selbst unter dieser Situation leiden. Eltern benötigen Helfer gegen die Suchtsituation, die nicht aus der Familie kommen, sondern Nichtbetroffene und Nichtleidende sind, z.B. aus einem Elternkreis, durch professionelle Berater und Beraterinnen, durch einen Arzt oder Rechtsanwalt oder gute Freunde, die klaren Kopf behalten können und sich ihrerseits auch wieder über die Problematik bei Fachleuten kundig zu machen bereit sind. Denn die Eltern müssen auch an ihr *eigenes Wohl und das ihrer anderen Kinder denken* – das ist ihr gutes Recht und hilft letztlich auch wieder dem Abhängigen.

In extremen Fällen, in denen Drogenabhängige in ihrer Suchtnot die Eltern oder die Geschwister bedrohen oder familiäres Eigentum zur Sicherung ihres Drogenkonsums veräußern, raten manche Elternkreise auch zu rechtlichen Schritten oder Notwehrmaßnahmen, wenn kein anderes Mittel der Verständigung mehr hilft. Das kann ein polizeiliches Eingreifen erfordern oder die Sicherheitsverwahrung sein, wenn Gefahr für die Eltern oder für andere Personen besteht.

Das sind natürlich Extremsituationen, die zur Problembewältigung zunächst kaum etwas beitragen, weil seelische und körperliche Abhängigkeit intensiver medizinischer und therapeutischer Maßnahmen bedürfen.

Das Elend der Milieuabhängigkeit

Viele Erwachsene spüren an sich selbst (auch wenn sie es oft nicht zugeben können), wie schwer es ist, sich das Rauchen oder Trinken ganz abzugewöhnen..Wie schwer haben es dann illegale Drogenabhängige, die meistens noch in einer finanziell katastrophalen Lage sind, die sich fest eingebunden haben in eine Szene (mit der Angst der Fahndung, Aufdeckung ihres illegalen Konsums und Bestrafung, Erpreßbarkeit u.a.) und zudem noch mit den Problemen des Erwachsenwerdens zu kämpfen haben?! Besonders belastend wirkt sich bei vielen illegalen Drogenabhängigen die Einbindung in das Milieu der Szene aus. Denn sie haben zugleich viele, wenn nicht alle drogenfreien Kontakte aufgegeben. Damit sind wichtige Beziehungen „nach außen" verlorengegangen.

Da Drogen sehr teuer, d.h. durch Taschengeld oder Durchschnittseinkommen nicht zu bezahlen sind, besorgen sich Abhängige das notwendige Geld aus Diebstahl, Raub, Erpressung (unter Umständen auch der eigenen Angehörigen) und/oder Prostitution. Diese Nöte der Abhängigen illegaler Drogen sind jedoch von den einzelnen Eltern allein nicht aufzufangen. Zum einen übersteigt die Problembewältigung die Kraft einer Familie in der Regel bei weitem, zum anderen unterliegt Drogensucht vielfältigen Bedingungen, so daß auch verschiedene Gruppen und Organisationen, die entsprechend fachlich qualifiziert sind, zur Bewältigung nötig sind.

Eltern dürfen die Abhängigkeit ihres Kindes nicht durch Geld fördern, dürfen nicht selbst mit abhängig werden! Deutliche Grenzen zwischen sich und die Sucht des Abhängigen ziehen! Beratung und Hilfe, notfalls Schutz in Anspruch nehmen: Beratungsstelle, Elternkreis, Anwalt, Arzt – im äußersten Bedrohungsfall (aber wirklich nur dann!) auch die Polizei. Eltern sollten aber so lange wie möglich versuchen, einen normalen Umgang mit ihrem Kind, d.h. aber auch mit konsequentem Verhalten gegen die Sucht, aufrechtzuerhalten!

Literaturempfehlungen

Bartsch, Norbert / Knigge-Illner (Hrsg.): Sucht und Erziehung. Bd. 2. Sucht und Jugendarbeit. Weinheim und Basel: Beltz Verlag 1988.

Bäuerle, Dietrich: Im Kampf gegen die Drogensucht. Hilfen für Eltern und ihre Kinder. Frankfurt: Fischer Taschenbuchverlag 1991.

Kindermann, Walter: Drogen – Abhängigkeit, Mißbrauch, Therapie. München: Droemer und Knaur Verlagsgemeinschaft 1991.

Knapp, Rudolf (Hrsg.): Vorbeugung gegenüber Suchtgefahren. Heidelberg: Decker und Müller Verlag 1989.

3.2 Sucht- und Drogenvorbeugung in den Schulen der Sekundarstufen I und II

In den vorausgegangenen Kapiteln sind Überlegungen und Vorschläge zur Suchtvorbeugung im Kindesalter für die Bereiche Familie und Grundschule vorgelegt worden. Die Jugendlichen, von denen im Hinblick auf Möglichkeiten der Sucht- und Drogenvorbeugung in Familie, Freundesgruppe und Freizeit die Rede war, sind zugleich auch alle Schülerinnen und Schüler der Sekundarschulen. Von den Möglichkeiten der schulischen Sucht- und Drogenvorbeugung in diesen Schulformen ist in diesem Kapitel die Rede.

Einführende Überlegungen: Welche Aufgabenfelder der Sucht- und Drogenvorbeugung bestehen in den Sekundarschulen?

Dieses Kapitel wendet sich vor allem an Lehrerinnen und Lehrer der einschlägigen Schulformen im Sekundarbereich. Es geht um eine Einführung in pädagogisches Präventionshandeln für Lehrkräfte im Hinblick auf jugendliche Schülerinnen und Schüler sowie im Anschluß daran um die Erörterung einiger ausgewählter Schulalltagssituationen, die suchtpräventiv bedeutsam sind. Da im begrenzten Umfang dieses Ratgebers lediglich eine elementare Einführung gegeben werden kann, erfolgt abschließend eine Orientierung über professionelle Handlungskonzepte und schulische Präventionsmodelle.

Sucht- und Drogenvorbeugung als pädagogische Aufgabe der Schule

Sucht- und Drogenabhängigkeit sind nicht auf eine Ursache allein rückführbar, sondern entstehen im Wechselwirkungsverhältnis zwischen den Faktoren ***Persönlichkeit, Droge/Stoff, soziales Umfeld und gesellschaftliche Verhältnisse*** (vgl. Kapitel 1). Sucht, auch Drogensucht, als Gier, als vermeintlich unbezwingbares Verlangen nach einem illusionierenden Lebensgefühl *(„Feeling“)*, das die Flucht aus einer quälenden Wirklichkeit in eine rauschhafte Scheinwelt eröffnet, bricht nicht schlagartig und als unerklärliches, schicksalhaftes Verhalten über die betroffenen Menschen herein. Noch weit im Vorfeld kranken, süchtigen Verhaltens bereiten sich Süchte durch unauffällige Suchthaltungen vor, die durch jahrelange Wiederholung und vielleicht auch im Zusammenhang mit Verführungssituationen oder Katastrophen im eigenen Lebenslauf in offenes Suchtverhalten als Krankheit übergehen können. Wichtig ist also, zwischen Suchthaltungen und Suchtverhalten zu unterscheiden.

Zunächst zu den Suchthaltungen:

Gegenüber Problemen und Konflikten im eigenen Lebensbereich sowie im gesellschaftlichen Umfeld können sich Menschen selbstbestimmt, sozial verantwortlich und solidarisch verhalten und auf diese Weise an die Bewältigung der anstehenden Herausforderungen herangehen. Möglich und vielfach praktiziert sind aber genauso Ausweichen und Flucht vor den Problemen. Wird die Arbeit an den kleinen und großen Lebensproblemen immer wieder durch Flucht, Anpassung, Ausweichen oder Ersatzhandeln unterlassen, kann zunehmender Problemdruck neue Spannungs- und Katastrophengefühle herbeiführen. Haben Menschen nicht gelernt, Lebensprobleme und deren Bewältigung als selbstverständliche Teile des eigenen Lebens zu akzeptieren und mit ihnen umzugehen, können sie leicht in Flucht- und Ausweichverhalten geraten, das die übergroß erscheinenden Konflikte und deren Last und Leid durch Lustgefühle von Entspannung und Glück überdecken soll. Das Ziel solchen Fluchtverhaltens ist das „Feeling“, daß alles in Ordnung und glücklich gelöst sei. Auf diese Weise, so scheint es, können unerträgliche Minderwertigkeitsgefühle, Sinnverlust, unerfüllte Sehnsüchte nach Geborgenheit, Sicherheit und Freundschaft scheinbar erreicht werden. Unmäßiges Essen und Trinken, hemmungsloses Arbeiten, Verlangen nach Gewalt- und Horrorfilmen, bedingungslose Anpassung an Autoritäten, Gier nach Süßigkeiten, oder „Kaufrausch“ können solche Suchthaltungen anzeigen oder sogar schon krankes, süchtiges Verhalten sein. Sind dabei auch bestimmte Stoffe/Drogen im Spiel – wie z. B. Alkohol, Tabakwaren oder Medikamente – kann auch Drogenabhängigkeit entstehen.

Suchthaltungen als Ausdruck und Folgen von Problemangst, Verantwortungsscheu und Minderwertigkeitsgefühlen werden meist in Kindheit und Jugend erlernt. Dabei ist von entscheidender Bedeutung, welche Möglichkeiten die Betreffenden zum Aufbau einer eigenen Persönlichkeit (Identität) in Auseinandersetzung mit anderen Menschen und ihrer Umwelt hatten. Ein immer wiederkehrendes Problem in diesem Zusammenhang ist, daß Kindern und Jugendlichen in Familie, Schule und Betrieb entweder zuviel „erspart" und abgenommen oder zuviel zugemutet wird, daß es entweder zu Formen der Überbehütung oder der Überforderung kommen kann. Positive oder negative Vorbildwirkungen können beim Erwerb von Suchthaltungen ebenfalls eine Rolle spielen.

Sucht- und Suchtverhalten

Werden in Anforderungs- und Belastungssituationen Ausweich- und Fluchtverhalten auf Dauer praktiziert und eingeübt, kann – in Verbindung mit Problemdruck z.B. durch Schulversagen, Arbeitslosigkeit oder Verlust von Freunden – aus Suchthaltungen leicht ein stabiles, krankes Suchtverhalten werden. Selbstbewußtsein, Freundschaft und Liebe, Lebensfreude und Lebensgenuß sind dann nicht mehr durch eigene Persönlichkeit und Kraft erreichbar, sondern können nur noch durch die Illusion, das „Feeling", durch krankes Suchtverhalten kurzfristig phantasiert und gefühlt werden.

Krankes Suchtverhalten liegt vor, wenn es nicht mehr nur als Flucht oder Ersatz für Situationen und Gefühle des Unwohlseins ausgeführt wird, sondern eine eigene, zwanghafte Dynamik gewinnt, die rücksichtslos und scheinbar unüberwindlich auf die Verwirklichung des Suchtverhaltens drängt.

Was folgt daraus für die Schule?

a. Die Schule ist keine Einrichtung des Gesundheitswesens. Krankes Suchtverhalten liegt außerhalb ihrer Behandlungsmöglichkeiten. Sie hat weder einen therapeutischen Auftrag noch therapeutisch qualifiziertes Personal. Die Therapie von Suchterkrankungen ist Aufgabe der ambulanten und stationären Facheinrichtungen.

b. Die Schule kann keine Drogenbekämpfung leisten, weil sie keine polizeilichen Aufgaben und keine Strafvollzugsfunktionen hat. Drogenbekämpfung ist Aufgabe von Justiz und Polizei.
c. Gesellschaftliche Ursachen von Sucht und Drogenabhängigkeit wie z.B. die Ungleichheit von Lebens-Chancen, Armut, Wohnungslosigkeit oder Diskriminierung hat die Schule ursächlich nicht zu verantworten und kann sie auch nicht beseitigen. Hier sind Politik und Gesellschaft verantwortlich und zuständig.
d. Im Rahmen ihres Erziehungs- und Bildungsauftrags kann und muß die Schule ihre sucht- und drogenpräventiven Aufgaben im Zusammenhang mit der Gesundheitsförderung mit pädagogischen Maßnahmen erfüllen; das entspricht ihrem Auftrag und der Qualifikation ihres Personals.
e. Pädagogische Suchtvorbeugung ist vor allem die Prävention gegenüber Suchthaltungen und dadurch gegenüber krankem Suchtverhalten. Entsprechend ist die Drogenvorbeugung ein Teil der schulischen Suchtprävention.

Nach vielen vorliegenden Erfahrungen darf suchtpräventives Arbeiten in der Schule auf keinen Fall die Fehler vergangener Jahre wiederholen und sich in bloßer Information und Abschreckung erschöpfen (vgl. Kapitel 1). Vorbeugungsarbeit im Zusammenhang mit der Gesundheitsförderung (Gesundheitsfaktoren!) hat dann die größten Erfolgsaussichten, wenn sie mit Schüler- und Elternberatung, mit positivem Sozialklima in der Schule, mit Spaß und Lust, mit Motivation und Interesse und in diesem Zusammenhang auch mit qualifizierter Information arbeitet.

Ziele und Aufgabenfelder der schulischen Suchtvorbeugung

Vor dem Hintergrund der vorangegangenen Klärungen haben Sucht- und Drogenvorbeugung in der Schule zwei zentrale Zielbereiche: Es geht um die Fähigkeit der Schülerinnen und Schüler,

- jeweils angemessen und persönlich verantwortlich im näheren und weiteren Umkreis mit eigenen und sozialen Problemen, Konflikten und Realitätsanforderungen umzugehen;

- jeweils gesundheitsbezogen, rechtlich angemessen und eigenverantwortlich mit Drogen umzugehen:
  - vollkommene Abstinenz bei illegalen Drogen
  - selbstverantwortlicher und selbstkontrollierter Umgang mit Alkohol mit dem Ziel weitgehender Abstinenz
  - selbstverantwortlicher und selbstkontrollierter Umgang mit Tabakerzeugnissen mit dem Ziel möglichst weitgehender Abstinenz
  - bestimmungsgemäßer Gebrauch von Medikamenten.

Diese übergreifenden Ziele weisen die schulische Suchtvorbeugung nicht als isolierte, drogenspezifische Einzelmaßnahme aus, um die sich im Grunde Beratungsstellen und Gesundheitsdienste kümmern müßten, sondern als umfassende Aufgabe ***aller*** Schulbeteiligten. Sie ist integraler Teil des schulischen Bildungs- und Erziehungsauftrags.

Schulische Suchtvorbeugung hat primär- und sekundärpräventive Aufgaben (vgl. Kapitel 1):

Primärprävention

Die vielfältigen Ursachen und Verstärker von Suchthaltungen und Suchtverhalten in der Lebenswelt von Schülerinnen und Schülern hat die Schule nicht zu verantworten und kann sie auch nicht beseitigen. Dagegen muß sie darum bemüht sein zu klären, welche möglichen Ursachen und Verstärker von Suchthaltungen vielleicht in ihrem eigenen Bereich gegeben sind. Häufig ist der Schulalltag für viele Schülerinnen und Schüler mit tiefgreifenden Problemen und Belastungserfahrungen verbunden (z.B. Leistungsversagen, Schulabschluß, Konflikte mit Mitschülern und Lehrern). Angst, Unsicherheit und Ohnmachtsgefühle gehören offenbar zum Schulalltag. Die suchtpräventive Bedeutung und Problematik dieses Sachverhalts wird durch vorliegende empirische Untersuchungen belegt, nach denen besonders alkoholgefährdete Jugendliche und Konsumenten illegaler Drogen höhere Quoten von Schulversagen aufweisen und über Schul- und Arbeitsbelastungen sowie über Probleme mit Lehrern, Ausbildern und Eltern klagen.

Gegenüber ihren kleinen und großen Schulproblemen neigen Schülerinnen und Schüler häufig nicht zu aktiver und produktiver Lösung, sondern zu Flucht- und Ausweichhandlungen. Wenn durch dieses Verhalten bereits vorhandene oder entstehende Suchthaltungen verstärkt werden, stellt sich für die beteiligten Lehrerinnen und Lehrer die Frage, ob sie sich dieses Problemzusammenhangs bewußt sind und ob sie Schüler im präventiven Sinne beraten und begleiten können. Diese Frage geht an ***alle*** Lehrerinnen und Lehrer und nicht nur an solche, die für gesundheitliche Belastungen und Suchtgefährdungen der Kinder und Jugendlichen ein besonderes Interesse aufbringen.

Lernstörungen und Schulkonflikte können durch verständnisvolle und beratende Haltungen der entsprechenden Lehrerinnen und Lehrer meist erfolgreicher bearbeitet werden als durch unterrichtliche Maßnahmen. Daß pädagogisches Handeln unverzichtbar zum Unterricht gehört, ist dabei eine Selbstverständlichkeit.

Schule, die ihren Schülerinnen und Schülern kognitive und emotionale, persönliche und soziale Lernerfahrungen und -erfolge eröffnen möchte, sollte ihnen möglichst viele Gelegenheiten zur aktiven und selbstverantwortlichen Beteiligung an der Gestaltung des Schullebens und des Unterrichts geben. So lassen sich Motivationsprobleme, Angst, Unsicherheiten, Versagens- und Ohnmachtsgefühle vermindern oder sogar vermeiden. Zwar kann die Schule dadurch nicht zu einem problem- und konfliktfreien Schonraum werden, der auch weder erreichbar noch erstrebenswert ist; Schülerinnen und Schüler können aber eher in einem positiven Lern- und Vertrauensklima selbstbewußten, eigenverantwortlichen und angemessenen Umgang mit Anforderungen und Schwierigkeiten lernen und werden weniger zu Flucht und Ausweichen in Suchthaltungen verführt.

Über diese primärpräventiven Aufgaben der Schule als Bestandteile ihres Erziehungs- und Bildungsauftrags hinaus, an dessen Erfüllung sich ***alle*** Lehrerinnen und Lehrer beteiligen müssen, ergeben sich aber noch weitergehende Aufgaben:

Sekundärprävention

Sekundäre Prävention in der Schule ist erforderlich bei besonderen Ereignissen und in besonderen Gefährdungssituationen – z. B.: massiver Alkoholmißbrauch bei Schulfesten und Ausflügen; betrunkene Schüler im Unterricht; übermäßiger Tabakkonsum in der Schule; Ohnmacht nach dem Inhalieren von Schnüffelstoffen; Verdacht auf Konsum und Handel mit Tabletten und illegalen Drogen auf dem Schulgelände.

Solche Ereignisse und Probleme gehen in der Regel mit Unsicherheiten, ja mit Ratlosigkeit in Lehrerkollegien einher. Ermahnungen, Hinweise auf Rechtsvorschriften, Appelle an die zuständigen Lehrerinnen und Lehrer, Benachrichtigung der Eltern, Lehrerkonferenzen etc. bewirken für gewöhnlich gar nichts. Sie sind eher geeignet, die Gefühle von Hilflosigkeit noch zu verstärken. In dieser Situation sind besondere sekundärpräventive Maßnahmen erforderlich, die aber voraussetzen, daß es im Kollegium entsprechende Kompetenzen gibt. Darum ist in fast allen Bundesländern vorgesehen, daß sich Beratungslehrerinnen und -lehrer für Sucht- und Drogenvorbeugung bei solchen Problemen engagieren.

Die Aufgaben dieser Beratungslehrerinnen und -lehrer für Sucht- und Drogenvorbeugung sind in der Regel nicht so sehr auf die Arbeit mit Schülerinnen und Schülern gerichtet; vielmehr sollen sie die Mitglieder des Lehrerkollegiums, die Schulleitung und die Eltern hinsichtlich geeigneter präventiver Maßnahmen beraten sowie solche Maßnahmen durchführen und koordinieren. Viele Bundesländer haben zwar diese Einrichtung des Beratungslehrers für Sucht- und Drogenvorbeugung geschaffen; es gibt aber noch große Defizite im Hinblick auf die Qualifizierung bzw. Fortbildung dieser Lehrerinnen und Lehrer.

Gemeinsam mit dem Lehrerkollegium, der Schulleitung und den Eltern stehen diese Beratungslehrerinnen und -lehrer für Sucht- und Drogenvorbeugung in folgenden Aufgabenfeldern:

- Eine unabdingbare Voraussetzung wirksamer Vorbeugungsarbeit in der Schule ist ein ***qualifiziertes*** und differenziertes ***Sach-***

wissen mindestens der Beratungslehrer für Suchtvorbeugung über Ursachen und Erscheinungsformen von Sucht, süchtigem Verhalten und Suchthaltungen, über Drogenarten, Drogenanwendungen und Drogenwirkungen, über Vorbeugungskonzepte, über den Zusammenhang der Prävention mit der Gesundheitserziehung und -förderung sowie über den Zusammenhang dieses Komplexes mit politischen, ökonomischen, sozialen und kulturellen Fragen. Beratungslehrerinnen und -lehrer für Suchtvorbeugung brauchen ein solches Sachwissen für die eigene Handlungskompetenz vor allem im Hinblick auf die qualifizierte Information des Kollegiums, der Schulleitung und der Eltern.

- Sucht- und Drogenprävention in der Schule kommt zwar ohne solide Information nicht aus, darf sich aber nicht in Information erschöpfen (vgl. Kapitel 1). Wo immer es im primär- und sekundärpräventiven Bereich um Ausweich- und Fluchtverhalten von Schülerinnen und Schülern gegenüber Konflikten, sozialen und Leistungsanforderungen geht, wo immer es also um Prävention gegenüber Suchthaltungen geht, genügt Information nicht. Erforderlich ist eine fundierte ***Beratungskompetenz*** der Beratungslehrerinnen und -lehrer für Suchtvorbeugung. Im Hinblick auf qualifiziertes Sachwissen im Zusammenhang mit einschlägigen Materialien, Handlungskonzepten und Unterrichtsvorschlägen geht es im Aufgabenfeld der Beratung um folgende Maßnahmen:

  – Situations-, personen- und gruppenbezogene Information und Beratung von einzelnen Lehrerinnen und Lehrern, Lehrerkonferenzen, Schulleitung, Elterngruppen und ggf. auch von Schülerinnen und Schülern. Dabei wird es einerseits um Orientierung über das Wissen und die Sachverhalte gehen, die zu kennen in der jeweiligen Situation erforderlich ist, sowie um Klärungen der Problemsituation, ihrer Entstehungszusammenhänge und Lösungsmöglichkeiten.

  – Einzel- und Gruppenberatung von Lehrerkonferenzen im Hinblick auf Sucht- und Drogenprobleme als Unterrichtsthemen in den einzelnen Schulfächern und im Hinblick auf fächerübergreifenden Unterricht. Da die Kollegiumsmitglieder sich in der Regel eher als Unterrichtsfachleute und nicht als pädagogische Präventionsexperten verstehen, ist es wichtig, daß die Beratungslehrerinnen und -lehrer ihren Kolleginnen und Kollegen im Rahmen von Unterricht Beteiligungsmöglichkeiten an der Präventionsarbeit eröffnen. Voraussetzung dazu ist ein Angebot von qualifizierten Unterrichtsvorschlägen (vgl. die folgenden Fallbeispiele). Darüber hinaus geht es aber genauso darum, Beratung anzubieten im Hinblick auf die Durchführung einer Projektwoche zu Sucht- und Gesundheitsfragen, zu alkoholfreien Klassen- und Schulfesten, zur Einrichtung einer Teestube in der Schule etc.

– Im Mittelpunkt steht allerdings die Beratung von Lehrerinnen und Lehrern bzw. von Lehrergruppen, von Eltern und einzelnen Schülerinnen und Schülern sowie Schülergruppen, die als Betroffene oder Beteiligte im Umgang mit sucht- und drogengefährdeten Schülern Unterstützung brauchen. Beratungslehrerinnen und -lehrer für Suchtvorbeugung sollten in der Lage sein, mit solchen Personen und Gruppen sowohl Einzel- als auch Gruppenberatungen durchzuführen. Diese sehr wichtige sekundärpräventive Arbeit in der Schule setzt jedoch einschlägige Kompetenzen voraus, die in der Regel im Rahmen der Lehrerfortbildung erworben werden müssen.

  Beratungsgespräche mit gefährdeten Schülerinnen und Schülern sollten aber nur auf deren Wunsch hin durchgeführt werden, da solche Kontakte in der Regel auf Vertrauensbeziehungen beruhen; der Beratungslehrer darf hier nicht an die Stelle von Vertrauenslehrern im Umgang mit den betroffenen Schülerinnen und Schülern treten. Wichtig ist aber, daß die Beratungslehrerinnen und -lehrer für Suchtvorbeugung auch Schüler auf Wunsch beraten und unterstützen können.

- Um zu verhindern, daß die Beratungslehrerinnen und -lehrer für Sucht- und Drogenvorbeugung in der Schule auf sich allein gestellt bleiben und die Lehrerkollegien sich jeweils von suchtpräventiven Arbeiten zurückziehen oder entlastet fühlen, sollten die Beratungslehrerinnen und -lehrer einen möglichst umfassenden Fundus von ***Unterrichtsvorschlägen und -materialien*** für alle Jahrgänge und Fächer ihrer Schule bereithalten. Durch ein solches Angebot an alle Kollegiumsmitglieder, durch Erläuterung dieses Angebots und Beratung bezüglich der Einsatzmöglichkeiten, sind viele Kollegiumsmitglieder motivierbar, sich an der suchtpräventiven Arbeit zu beteiligen.

Da sich die Beratungslehrerinnen und -lehrer für Suchtvorbeugung einen qualifizierten und umfassenden Fundus solcher Materialbausteine in der Regel nicht selbst erarbeiten können und da es bereits einschlägig profilierte und erprobte Unterrichtsmaterialien gibt, sollten sie sich diese Bausteine und Konzepte für ihre Schule systematisch anschaffen.

- Auf sich allein gestellt können Beratungslehrerinnen und -lehrer für Suchtvorbeugung in ihren Schulen wenig bewirken. Nur wenn es ihnen gelingt, ihr Kollegium, die Schulleitung und die Eltern zur Kooperation zu motivieren, können sich Erfolge einstellen. ***Kooperation innerhalb der Schule** und **Zusammenarbeit nach außerhalb*** (mit Experten und Facheinrichtungen) sind ein zentral bedeutsames Aufgabenfeld, das in der Regel auch den größten Zeiteinsatz erfordert.

- ***Ohne die Zusammenarbeit mit den Eltern*** hat suchtpräventive Arbeit in der Schule keine Erfolgsaussichten. Das betrifft sowohl die Primär- als auch die Sekundärprävention. Die Zusammenarbeit mit den Eltern beginnt bei den Gesprächen über die Schülerinnen und Schüler und erstreckt sich über Elternabende, Schulfeste und -projekte bis zur gemeinsamen Gestaltung der Schule und (sekundärpräventiv) zur Einrichtung von Seminaren und Fallberatungsgruppen mit den Eltern besonders gefährdeter Schülerinnen und Schüler.

Da es in diesem Ratgeber nicht möglich ist, das ganze Spektrum suchtpräventiver Arbeit in der Schule in diesen Aufgabenfeldern zu erörtern, werden zwei ausgewählte Situationen aus diesen Aufgabenfeldern skizziert und auf Handlungsmöglichkeiten hin erörtert. Im Vordergrund stehen dabei Beispiele aus der sekundärpräventiven Arbeit, bei der es in Verbindung mit der pädagogischen Bildungs- und Erziehungsarbeit und über sie hinaus um besondere Gefährdungen und Zuspitzungen geht.

Probleme und Situationen, Überlegungen und Handlungsvorschläge:

Nachfolgend werden zwei für den Alltag schulischer Sucht- und Drogenprävention exemplarische Beispiele kurz dargestellt, diskutiert und im Hinblick auf Handlungsmöglichkeiten mit einigen Vorschlägen versehen, die sich in der schulischen Präventionspraxis bisher ausgezeichnet bewährt haben.

Die Vorbeugungsarbeit in der Schule ist vor allem auf die Schülerinnen und Schüler gerichtet. Dabei wird es aber unumgänglich sein, daß die Lehrerinnen und Lehrer eines Kollegiums ihr eigenes Verhältnis zu schulisch verstärkten oder sogar erzeugten Suchthaltungen bei den Schülern klären und sich darüber hinaus fragen, in welchem Ausmaß sie eigentlich ganz persönlich Drogenkonsumenten sind und welche „Vorbilder“ sie für die Schüler sind. Sucht- und drogenpräventive Inhalte in Schule und Unterricht lassen sich nicht wie Hebelgesetze in der Physik oder Winkelfunktionen in der Geometrie vermitteln, d. h. ohne Berücksichtigung der eigenen Person als Lehrer.

Die folgenden zwei Praxisbeispiele thematisieren vor allem die Handlungsmöglichkeiten für Lehrerinnen und Lehrer; sie sind u. a. die Adressaten dieses Ratgebers und brauchen für ihre präventive Arbeit mit Schülerinnen und Schülern Vorschläge und Handlungsangebote.

Alkohol in der Schule – was tun?

Nach zwei Stunden Unterricht in der 8a weiß Herr Behle, der Klassenlehrer, an diesem Montagmorgen wieder einmal genau Bescheid: Neben den üblichen Turbulenzen nach dem langen Wochenende sitzen drei Schüler – wie schon öfter – angetrunken im Unterricht. Herr Behle geht in der großen Pause auf einige Kolleginnen und Kollegen zu, die ebenfalls in der 8a unterrichten und fragt, ob es ihren Beobachtungen nach in der letzten Zeit besondere Auffälligkeiten gegeben hätte. Er glaube, daß einige Schüler in der Schule tränken. Frau Eckstein und Frau Marwitz, die ebenfalls in der 8a unterrichten, berichten davon, daß sie verschiedentlich Alkohol im Klassenzimmer gerochen hätten, daß ihnen das Benehmen einiger Schüler sehr merkwürdig erschienen sei, und daß sie sich jetzt, wo Herr Behle davon erzählt, auch vorstellen könnten, daß einige Schüler während der Schulzeit Bier oder Schnaps trinken würden. Herr Kienbast, Mathematiklehrer in der 8 a, hat das noch nicht bemerkt. Er meint, daß die Klasse ohnehin so chaotisch sei, daß einige alkoholisierte Schüler fast gar nicht mehr auffallen würden.

Als am übernächsten Tag dieselben Schüler mit Bierflaschen auf dem Schulhof stehen, wird Herr Behle als Klassenlehrer benachrichtigt. Er nimmt den Schülern die Bierflaschen unter deren Protest weg; freiwillig geben sie sie nicht heraus. Herr Behle macht dem Schulleiter davon Mitteilung und informiert die Eltern mit der Bitte, sie möchten künftig dafür Sorge tragen, daß ihre Söhne keinen Alkohol mit zur Schule bringen bzw. in der Schule keinen Alkohol zu sich nehmen. Der Schulleiter teilt Herrn Behle mit, daß in den Jungentoiletten von den Raumpflegerinnen wiederholt Schnaps- und Bierflaschen gefunden worden seien. Er macht Herrn Behle darauf aufmerksam, daß das untersagt sei und fordert von ihm geeignete Maßnahmen.

Herr Behle ist ratlos.

Diese Situation ist sicher vielen Lehrerinnen und Lehrern vertraut; vor allem die Ratlosigkeit Herrn Behles ist so oder so ähnlich weit verbreitet. Was könnte Herr Behle tun? Daß Ermahnungen und Verbote wenig bewirken werden, ist absehbar. Eltern von 15jährigen haben häufig zu wenig oder gar keinen Einfluß auf das Verhalten ihrer Töchter und Söhne in der Schule. Konsum und Mißbrauch von Alkohol können sehr viel mit dem negativen Vorbild der Eltern zu tun haben, die zu Hause mit der größten Selbstverständlichkeit Alkohol in größeren Mengen konsumieren.

Pubertäre Orientierungen, Erwachsenenverhalten nachzuahmen und zu rauchen und zu trinken, können weitere Ursachen für den Alkoholkonsum in der Schule sein, und schließlich kann für heranwachsende Jugendliche in der Pubertät gerade das Verbot, in der Schule Alkohol zu trinken, herausfordernd und stimulierend sein. Mutproben, Selbstdarstellungen in der Freundesgruppe und Regelverletzungen gegenüber den Lehrern erklären den Alkoholkonsum in der Schule in vielen Fällen. Kommen schulische Belastungen hinzu, z.B. Anspannungs- und Überforderungssituationen, verbindet sich die pubertäre Motivation mit Suchthaltungen und Fluchtverhalten.

Vorliegende empirische Untersuchungen über den Alkoholkonsum von Jugendlichen zeigen, daß für sehr viele Heranwachsende diese Droge ein fast selbstverständlicher Bestandteil ihres Lebensalltags ist. Alkoholwerbung, Alkoholkonsum im Alltag bei fast allen Gelegenheiten, Verharmlosung und kulturelle Überhöhung machen für viele Jugendliche unverständlich, warum Alkohol in der Schule verboten sein soll. Erst recht, wenn Lehrerinnen und Lehrer trinken, wenn bei Schulfesten Eltern und Lehrerkollegium das Bier in Strömen fließen lassen oder wenn bei Schülerfeten Alkohol wie selbstverständlich ausgeschenkt wird.

Vor diesem Hintergrund hat Herr Behle wenig Chancen, sich mit Verboten und Hinweisen auf Vorschriften durchzusetzen. Vor allem aber muß gefragt werden, ob die Alkoholprobleme der drei betroffenen Schüler damit gelöst wären, wenn sie sich an Herrn Behles Verbot hielten, während des Unterrichts keinen Alkohol zu trinken. Tränken sie dann in den Toiletten? Käme es nicht außerhalb der Schule (vor und nach dem Unterricht) möglicherweise zu verstärktem Alkoholmißbrauch? Würde durch ein realisiertes Verbot das Alkoholproblem der Schüler nicht eben nur als Oberflächenphänomen „behandelt“?

Herr Behle sucht Hilfe. Da seine Hauptschule keinen Beratungslehrer für Sucht- und Drogenvorbeugung hat, nimmt er Kontakt zu einer benachbarten Realschule auf, von der er weiß, daß an dieser Schule eine ausgebildete Beratungslehrerin, Frau Menge, arbeitet. Er telefoniert ausführlich mit Frau Menge, schildert ihr sein Problem und bittet sie um Rat. Nach einigen gemeinsamen Überlegungen sagt Frau Menge, daß sie von ihren Erfahrungen in vergleichbaren Situationen hier davon abraten möchte, unüberlegt und mit Verboten an die drei Schüler heranzutreten. Sie regt an, die anderen beteiligten Kolleginnen und Kollegen, die ebenfalls in der Klasse 8a unterrichten, in die Arbeit einzubeziehen. Frau Menge stellt dar, daß sie im Rahmen ihrer Ausbildung zur Beratungslehrerin die Methode der „kollegialen Beratung" gelernt hätte und daß sie mit dieser Methode in einer ganzen Anzahl von Problemsituationen gemeinsam mit den je beteiligten Lehrerinnen und Lehrern ganz erfolgreich gearbeitet habe. Sie schlägt Herrn Behle vor, daß er und die betreffenden Kolleginnen und Kollegen sich zu einer „kollegialen Beratung" an einem Nachmittag verabreden. Herr Behle ist erleichtert und sagt zu, seine Kolleginnen und Kollegen für das Vorhaben zu gewinnen.

Er spricht nacheinander Frau Eckstein und Frau Marwitz sowie Herrn Kienbast an und kann auch den Schulleiter für die Teilnahme an der „kollegialen Beratung" gewinnen. Allen betroffenen Lehrerinnen und Lehrern ist klar, daß Herr Behle auf sich allein gestellt mit den drei Schülern nicht sehr weit kommt, wenn es nicht gelingt, alle Lehrkräfte in der 8a zu einer gemeinsamen Problemsicht und zu einem abgestimmten Handeln zu bewegen. Der Schulleiter möchte gern an der „kollegialen Beratung" teilnehmen, um über diesen Fall hinaus Handlungsmöglichkeiten für vergleichbare Situationen in der Schule zu erfahren.

Am Dienstagnachmittag der folgenden Woche finden sich alle im Lehrerzimmer der Hauptschule um 16.00 Uhr ein. Nachdem sich Frau Menge, die Beratungslehrerin aus der benachbarten Realschule, kurz vorgestellt hat und erläutert, wie es zu diesem Treffen gekommen ist, informiert sie die Gruppe über ihren Arbeitsvorschlag. Dieser etwa einstündige Gruppenberatungsprozeß kann hier nicht ausführlich geschildert werden; statt dessen sollen einige Angaben zu dieser Methode der „kollegialen Beratung“ und ihrer Einsatzmöglichkeiten gemacht werden:

Die „kollegiale Beratung“ ist eine Methode zur Kleingruppenberatung, die zunächst nicht die beteiligten Schülerinnen und Schüler einbezieht, sondern ihre Lehrerinnen und Lehrer ins Gespräch über Problemsichten und Handlungsmöglichkeiten bringt. Eine spätere Teilnahme von Schülern an solchen Beratungen ist nicht ausgeschlossen. Die „kollegiale Beratung“ in der Lehrergruppe ist im Hinblick auf Sucht- und Drogenprobleme sowie auf andere Störungen und Konflikte im Schulalltag eine Möglichkeit, als einzelnes Kollegiumsmitglied aus der Isolierung und Ohnmacht gegenüber Erfahrungen des Scheiterns der eigenen pädagogisch-unterrichtlichen Handlungsabsichten und Präventionsversuche herauszugelangen. Diese Methode setzt anders an als die vielen spontanen Versuche zwischen Lehrerinnen und Lehrern, sich in Pausen oder Konferenzen gute Ratschläge zuzurufen oder „todsichere Rezepte“ auszutauschen. In aller Regel greifen solche Ratschläge und Rezepte zu kurz. Die „kollegiale Beratung“ ist demgegenüber eine strukturierte Methode systematisch angelegter und aufeinander folgender Arbeitsschritte für Kleingruppen. Anders als in der Einzelberatung (unter vier Augen) geht es in der „kollegialen Beratung“ darum, daß die teilnehmenden Lehrerinnen und Lehrer ihre pädagogischen Kompetenzen (Wissen und Können) einbringen, daß sie ihre Vereinzelungen und Problembelastungen am Arbeitsplatz Schule durch wechselseitiges Verstehen, Beraten und durch Solidarität überwinden. Die Beteiligten nehmen wahr, daß sie mit ihren Problemen nicht allein sind und daß sie gemeinsam Lösungsmöglichkeiten finden und realisieren können.

Die Methode der „kollegialen Beratung“ setzt bei den teilnehmenden Lehrerinnen und Lehrern keine besonderen Kompetenzen voraus; sie beteiligen sich als Kollegiumsmitglieder, die an der Lösung bestimmter Alltagsprobleme gemeinsam arbeiten möchten. Die Leitung bzw. Moderation einer kollegialen Beratungsgruppe sollte allerdings bei jemand liegen, der diese Methode im Rahmen der Lehrerfortbildung bzw. der Ausbildung zum Beratungslehrer für Sucht- und Drogenvorbeugung gelernt hat. Diese Methode ist schnell zu lernen. Sie setzt keine vieljährige Ausbildung voraus, sondern berücksichtigt und aktiviert vor allem die Expertenschaft der beteiligten Lehrerinnen und Lehrer im Hinblick auf Erziehung und Unterricht. Die Leitung bzw. Moderation der Beratungsgruppe folgt bestimmten grundlegenden Phasen und Arbeitsschritten:

Einstieg:

1. Klärungen: Wer leitet bzw. moderiert? Wer sind die Anwesenden? Anrede: Du oder Sie? Welcher Zeitrahmen steht zur Verfügung? Vertraulichkeit!!! Wer bringt „Fälle“ bzw. Probleme mit? Wessen Problem soll Thema der „kollegialen Beratung“ sein?

   In der Einstiegsphase werden von der Gruppenleitung die vorstehenden Fragen geklärt. Dazu gehört auch, daß der Leiter bzw. die Leiterin nicht als Referent oder Sachexperte auftritt, sondern als Moderatorin bzw. als Moderator für die Einhaltung von Regeln, Arbeitsphasen und Arbeitsschritten; diese Bedingung sollte akzeptiert werden.

Bericht:

2. Darstellung bzw. Bericht eines Konflikts/Problems durch ein Gruppenmitglied

3. „Blitzlicht“

   Die Moderation sorgt dafür, daß der Berichtende sehr ausführlich zu Wort kommt und sein Problem so persönlich darlegen kann, wie es für ihn erforderlich ist. Er darf dabei von niemand unter den Anspruch einer „objektiven“ Darstellung gesetzt werden. Auf keinen Fall sind Bewertungen, Ratschläge und Tips von den Gruppenmitgliedern zugelassen.

   Nach dem Bericht geben die Zuhörerinnen und Zuhörer dem Berichterstatter eine kurze Rückmeldung darüber, was dessen Darstellung in ihnen persönlich an Gefühlen und Erinnerungen ausgelöst hat. Die Moderation erinnert an die Blitzlichtregeln, persönlich zu sprechen, keine Analyse vorzutragen, nicht zu kritisieren und sich kurz zu fassen.

Erarbeitung:

4. Nachfragen und ggf. Rollenspiel: Klärungen zum Problem, zum Fall, zum Konflikt

5. „Ich als du…": Empathische Rollenübernahme

6. Rückmeldung des Berichterstatters auf die Darstellung der Gruppenmitglieder

7. Auf der Suche nach Lösungen:

   7.1 Sachliche Klärungen
   - Klären, wer an dem Problem, an der Situation, an dem Konflikt noch beteiligt ist und entsprechend einbezogen werden muß
   - Sammeln von Sachinformationen zum Problem, zum Konflikt
   - Sammeln von Lösungsmöglichkeiten

   7.2 „Ich als du…": Lösungsvorschläge durch empathische Rollenübernahme in der Gruppe

8. Rückmeldung und Bewertung durch den Berichterstatter

In dieser Arbeitsphase trägt die Moderation vor allem Sorge für eine genaue Unterscheidung zwischen den Arbeitsschritten des Verstehens und der Lösung sowie dafür, daß Verstehens- und Lösungsschritte durch Empathie (Einfühlung durch Rollenübernahme) und nicht durch Analyse, Ratschläge und Belehrung erfolgen. Auf jeden Fall muß die Moderation darauf achten, daß alle Beteiligten in ihren Rollen bleiben – bis hin zur Verwendung der Sprachformeln „Ich als (Name des Berichterstatters)…". Anfänger in der Gruppenmoderation sollten sich zunächst nur auf Moderation bzw. Leitung der „kollegialen Beratung“ beschränken und nicht zugleich in die Rolle von Teilnehmern gehen; d.h., sie sollten sich nicht inhaltlich an Rückmeldungen, Rollenübernahme und Lösungsvorschlägen beteiligen, sondern sich ausschließlich auf die Einhaltung der Phasen- und Arbeitsschritte in der „kollegialen Beratung“ konzentrieren.

Während der Erarbeitungsphase ist es von zentraler Bedeutung, daß die Moderation darauf achtet und ggf. entsprechend interveniert, daß zwischen Nachfragen und Verstehen (4., 5., 6.) und Lösungsbemühungen (7.) klar unterschieden wird. Durch Übernahme der Rolle des Berichterstatters durch nacheinander alle Gruppenmitglieder kann es gelingen, dem Berichterstatter verständlich zu machen, daß er sehr genau von allen Anwesenden verstanden worden ist. Auf dieser Verstehensgrundlage in Verbindung mit sachlichen Klärungen (7.1) kann eine weitere Runde, bei der alle Gruppenmitglieder in der Rolle des Berichterstatters („Ich als du...“) ihre Lösungsmöglichkeit vorschlagen (7.2), solche Handlungswege in den Blick rücken, die sowohl zur Person des Berichterstatters als auch zur Situation und allen weiteren an der Situation Beteiligten passen.

Abschluß:

9. Blitzlicht

10. Vereinbarungen zur Weiterarbeit, Abschluß

Das „Blitzlicht“ zum Abschluß soll nicht erneut eine Problemberatung in Gang bringen, sondern zum Ausklang der Sitzung Aufschluß darüber geben, wie es allen Anwesenden während der „kollegialen Beratung“ ergangen ist und wo sie jetzt stehen. Von der Moderation wird noch einmal an die Vertraulichkeit erinnert und an die dargestellten Handlungsabsichten. Gegebenenfalls kann vereinbart werden, sich in absehbarer Zeit noch einmal zu treffen, um zu prüfen, ob die gefundenen Lösungswege sich im Alltag bewährt haben.

Nach dieser Lektüre der Phasen und Arbeitsschritte einer „kollegialen Beratung“ stellt sich noch nicht die erforderliche Kompetenz her, eine kollegiale Beratungsgruppe zu moderieren. Dazu sind einige Durchgänge unter der Leitung eines Ausbilders (etwa im Rahmen der Lehrerfortbildung) sowie erste eigene Moderationsversuche erforderlich. Die Lektüre dieser Darstellung kann aber sehr wohl zeigen, daß es sich bei der „kollegialen Beratung“ nicht um ein Beratungsverfahren handelt, das in jahrelanger Arbeit gelernt werden muß, sondern relativ schnell angeeignet werden kann. Die „kollegiale Beratung“ in der Gruppe ist heute im Arbeitsfeld der schulischen Sucht- und Drogenvorbeugung ein verbreitetes und erfolgreiches Verfahren.

Bei Störungen und Auffälligkeiten im Schulalltag, die sucht- und drogenpräventiv bedeutsam sind, auf keinen Fall spontan, heftig und repressiv eingreifen! Besonnen reagieren, Erforderliches tun (z. B. „Erste Hilfe“), Zeit gewinnen, Rat einholen, Handlungsmöglichkeiten klären.

Unbedingt Gespräche mit den Kolleginnen und Kollegen (ggf. auch Schulleitung) führen, die die betreffenden Schülerinnen und Schüler ebenfalls kennen.

Erscheint das Problem, um das es jeweils geht, sehr schwierig und komplex und sind andere Kolleginnen und Kollegen aus der Schule beteiligt, empfiehlt es sich, eine „kollegiale Beratung“ in der Lehrergruppe durchzuführen:

- **Ist ein Mitglied des Kollegiums für die Durchführung „kollegialer Beratungen“ qualifiziert?**
- **Wer kann außerhalb der Schule „kollegiale Beratung“ anbieten (Nachbarschulen, Beratungsstellen)?**
- **Sind die an der Problemsituation direkt oder indirekt beteiligten Kolleginnen oder Kollegen für eine „kollegiale Beratung“ gewinnbar? Gegebenenfalls über die Möglichkeiten und Vorzüge dieser Methode informieren.**

Für die sekundärpräventive Arbeit in der Schule ist es erforderlich, daß über alle pädagogischen Bemühungen im Rah-

men der primären Prävention hinaus Maßnahmen durchgeführt werden können, die auf aktuelle, schwierige und bedrohliche Situationen mit Schülerinnen und Schülern gerichtet sind. Speziell hierfür bedarf es der Beratungslehrerinnen und -lehrer für Sucht- und Drogenvorbeugung. Wenn diese Kolleginnen und Kollegen noch keine Kompetenzen für die Gruppenberatung haben, sollten entsprechende Vorfälle zum Anlaß genommen werden, sie zur Teilnahme an entsprechenden Lehrerfortbildungsangeboten zu motivieren.

Eltern und Elternvertreter in der Schule sollten nachfragen, ob es an ihrer Schule besonders ausgewählte und entsprechend qualifizierte Beratungslehrerinnen und -lehrer für Sucht- und Drogenvorbeugung gibt und ob diese Kollegiumsmitglieder eine Qualifizierung im Rahmen der Lehrerfortbildung erhalten haben. Wenn das nicht der Fall ist, kann der Druck von Elternvertretern im Rahmen der Mitbestimmungsgremien in der Schule sehr hilfreich sein.

Sucht- und Drogenvorbeugung als Unterrichtsthemen

Frau Wagner ist Beratungslehrerin für Suchtprävention an ihrem Gymnasium. Sie spricht gelegentlich mit dem Schulleiter über ihre Aufgaben und Einsatzmöglichkeiten, und hin und wieder wünscht ein Kollegiumsmitglied eine Auskunft darüber, wie man mit Schülerinnen und Schülern über Rauchen und Nichtrauchen reden kann und welche Gefahren mit den illegalen Drogen verbunden sind. Sonst tut sich in dieser Hinsicht wenig in der Schule. Frau Wagner hat viele Versuche unternommen, mit einzelnen Kolleginnen und Kollegen gemeinsame suchtpräventive Arbeit anzupacken. Die Resonanz war immer sehr zurückhaltend bis ablehnend. Ihr Vorschlag, eine „Suchtwoche" als Projektwoche durchzuführen, wurde vom Kollegium überwiegend zurückgewiesen; dafür, so hieß es, müsse sie als zuständige Beratungslehrerin Initiative übernehmen und Arbeit leisten, schließlich wäre das ihre Aufgabe und sie erhielte auch eine Stundenentlastung dafür.

Frau Wagner möchte sich für die Suchtvorbeugung an ihrem Gymnasium engagieren, sieht sich aber ziemlich isoliert und weiß nicht so recht, wie sie aus dieser Isolation herauskommen kann.

Viele engagierte Kolleginnen und Kollegen, die als Beratungslehrer für Sucht- und Drogenvorbeugung eingesetzt worden sind, machen ähnliche Erfahrungen wie Frau Wagner. Wenn Lehrerkollegien und ihre Schulleitungen aus Betroffenheit und eigenem Antrieb (und nicht nur auf Grund einer Erlaßvorgabe aus dem Kultusministerium) ein Kollegiumsmitglied auswählen und beauftragen, suchtpräventive Aufgaben zu übernehmen, ist das meist schon ein großer Schritt. Häufig liegen entsprechende Problemerfahrungen und Hilflosigkeitserlebnisse vor, und es gibt ein Bewußtsein davon, daß etwas geschehen muß. So wichtig einerseits dieser Schritt der Beauftragung eines Kollegiumsmitglieds auch ist, so problematisch können seine Folgen sein: Das Kollegium fühlt sich von sucht- und drogenpräventiven Aufgaben entlastet, weil es jetzt jemand gibt, der zuständig ist und der dafür ggf. sogar noch eine kleine Stundenentlastung bekommt. Und wenn für diese Beratungslehrerin bzw. für diesen Beratungslehrer auch noch die Teilnahme an einer entsprechenden Aus- bzw. Fortbildung vorgesehen ist, kann das leicht dazu führen, daß im Kollegium eine Haltung vorherrscht, daß dieses so qualifizierte Kollegiumsmitglied nun erst recht für suchtpräventive Arbeit in der Schule weitgehend allein verantwortlich ist.

Zweifellos ist es ein wichtiger Schritt, über die Aufgaben primärer Suchtvorbeugung hinaus für die sekundärpräventive Arbeit in der Schule besonders beauftragte und qualifizierte Kolleginnen und Kollegen als Beratungslehrerinnen und -lehrer für Suchtvorbeugung einzusetzen und fortzubilden. Um den möglichen negativen Folgen dieser Spezialisierung und Qualifizierung entgegenzutreten, sollten die Beratungslehrerinnen und -lehrer vom Beginn ihrer Tätigkeit an ein kooperatives Verständnis suchtpräventiver Arbeit entwickeln und sich entsprechend verhalten. Dazu sind über gute Absichten hinaus aber entsprechende Handlungskonzepte erforderlich. Deswegen wäre Frau Wagner in ihrem Gymnasium zu folgender Vorgehensweise zu raten:

1. Analyse der bisherigen Arbeit: Was hat meine Arbeit als Beratungslehrerin für Suchtvorbeugung in meiner Schule bisher konkret erbracht? Welche Probleme lagen eher bei mir (Qualifikation, Kooperationsverhalten, Angebote an Kolleginnen und Kollegen)? Welche Widerstände gab es im Kollegium? Wie war die Zusammenarbeit mit der Schulleitung? Wie war die Arbeit mit Schülerinnen und Schülern? Hat es erfolgreiche oder erfolglose Zusammenarbeit mit Eltern gegeben? Habe ich Kooperation mit Facheinrichtungen außerhalb der Schule gesucht?

2. Kooperationspartner gewinnen: Wer im Kollegium, in der Schulleitung, in der Schülervertretung und in der Elternvertretung ist für Zusammenarbeit in der Sucht- und Drogenvorbeugung zu gewinnen? Was muß ich für diese Zusammenarbeit einsetzen? Wer kann mich von außerhalb der Schule dabei unterstützen?

3. Aus- und Fortbildungsangebote: Gibt es im näheren Umkreis meiner Schule ein qualifiziertes Angebot zur Aus- bzw. zur Fortbildung von Beratungslehrerinnen und -lehrern für Suchtvorbeugung? Wer kann mich darüber orientieren? Wie kann ich ein solches Angebot ggf. initiieren, wenn es noch nicht besteht?

4. Handlungskonzepte: Welche bewährten Konzepte, Modelle und Vorschläge für sucht- und drogenpräventives Handeln in der Schule gibt es bereits? Wer verfügt über solche Konzepte und wie kann ich sie bekommen?

5. Handlungsplanung: Was nehme ich mir (im Anschluß an die Überlegungen zu Punkt 1 bis Punkt 4) im laufenden Schuljahr bzw. im nächsten Schuljahr konkret vor?

Die Analyse der suchtpräventiven Arbeit in der eigenen Schule und die darauf bezogene Handlungsplanung wird je nach Situation sehr unterschiedlich ausfallen. Bestimmte Punkte, Defizite und Probleme werden allerdings wohl immer wiederkehren: Ein weit verbreitetes Problem – vor allem in Gymnasien – liegt im Selbstverständnis vieler Lehrerinnen und Lehrer als Fachleute für Unterricht. Alles was nicht didaktisch, methodisch und pädagogisch auf Unterricht bezogen ist, gilt nach diesem Selbstverständnis eher als überhängig. Daß Schule nicht nur eine Unterrichtsveranstaltung ist, sondern aus Schulleben, Schulgestaltung, aus Festen und Feiern, aus Projekten und Außenkontakten besteht, gerät bei der Fixierung auf den Unterricht leicht aus dem Blick. Schulpolitiker, die sich unter Sparzwängen an den Vorschlägen aus dem „Kienbaum-Gutachten“ orientieren, haben die verhängnisvolle Entwicklung noch gefördert, die Gewährleistung von Unterricht zur absoluten Priorität in der Schule zu verklären – sehr häufig zu Lasten von pädagogischen Erfordernissen!

So beklagenswert dieses reduzierte Selbstverständnis vieler Lehrerinnen und Lehrer allein auf den Bereich Unterricht auch ist, so ernst muß dieses Selbstverständnis doch zugleich genommen werden, weil es im Schulalltag handlungsleitend und ausschlaggebend ist. Es genügt nicht, dieses Selbstverständnis nur zu kritisieren; wenn es behutsam geöffnet und verändert werden soll, müssen Lehrerinnen und Lehrer zur Beteiligung an der sucht- und drogenpräventiven Arbeit in der Schule dadurch eingeladen werden, daß ihnen Wege der Beteiligung im Rahmen ihres Fachunterrichts vorgeschlagen werden.

Für Frau Wagner heißt das konkret, daß sie sich darüber orientiert, in welchen fachunterrichtlichen Zusammenhängen die Sucht- und Drogenproblematik bisher Thema war, und welche Unterrichtsvorschläge und -modelle es gibt, die sie ihren Kolleginnen und Kollegen anbieten könnte. Konkrete Arbeitsschritte Frau Wagners wären:

a. Kurze schriftliche Befragung der Kollegiumsmitglieder, ob und wie Sucht- und Drogenprobleme bisher im Unterricht der einzelnen Fächer schon Themen waren. Frau Wagner sollte sich im gleichen Schreiben danach erkundigen, ob ihre Kolleginnen und Kollegen bestimmte Wünsche an sie als Beratungslehrerin für Suchtvorbeugung haben. In dem Brief sollte ein Rückmeldetermin genannt werden. Ratsam ist es, dem Anschreiben einen Rückmeldebogen anzuheften. Parallel zu dieser schriftlichen Befragung kann Frau Wagner Kollegiumsmitglieder mündlich ansprechen und um Auskunft bitten. Vor allem die Vorsitzenden von Fachkonferenzen sind hierbei wichtige Ansprechpartner.

b. Für die schulische Sucht- und Drogenvorbeugung insgesamt und besonders auch für den Unterricht gibt es eine Anzahl hervorragender und bewährter Konzepte und Unterrichtsmaterialien. Frau Wagner sollte sich an einschlägige Institutionen wenden (Kap. 5.) und um Übersendung solcher Modelle bitten. Für den Fall, daß Kosten entstehen, sind entsprechende Klärungen mit Schulleitung oder auch ggf. Schulträger erforderlich.

c. Frau Wagner sollte sich und ihre Arbeit sowie ihre Angebote an das Kollegium im Rahmen einer Lehrerkonferenz vorstellen. Vorbereitend muß sie darüber mit der Schulleitung sprechen, um eine günstige Terminierung bitten (TOP 1 auf der Tagesordnung, Zeitumfang: 30 – 40 Minuten) und um Unterstützung der Schulleitung werben. Parallel hierzu täte Frau Wagner gut daran, suchtpräventiv motivierte oder auch pädagogisch engagierte Kolleginnen und Kollegen als Bündnispartner für ihr Vorhaben einzunehmen. Am besten wäre es, wenn es gelänge, daß neben Frau Wagner der Schulleiter und ein oder zwei Kollegiumsmitglieder den entsprechenden Tagesordnungspunkt der kommenden Konferenz gestalten.

In der Konferenz sollte der Schulleiter (und nicht Frau Wagner) erklären, warum die sucht- und drogenpräventive Arbeit an der Schule nicht nur eine Verpflichtung des Kollegiums, sondern auch ein pädagogisches und sachliches Erfordernis ist und daß Frau Wagner gemeinsam mit Schulleitung und Kollegium eine Intensivierung der Arbeit vorschlagen möchte. Frau Wagner sollte im Anschluß daran fünf bis zehn Minuten lang über die primäre und die sekundäre Prävention in der Schule als Aufgabe aller Kolleginnen und Kollegen referieren (unbedingt an Visualisierung mit Tageslichtprojektor-Folien denken). In diesem kurzen Impulsreferat werden die verschiedenen Aufgabenfelder der schulischen Suchtprävention deutlich. Frau Wagner kann dann ausführen, daß sich alle hier in der Schule übernehmen würden, wenn sie alle diese Aufgaben anpacken wollten. Da aber die Kolleginnen und Kollegen erfahrene Unterrichtsfachleute seien, habe sie eine Umfrage über Erfahrungen in der Schule mit dem Thema „Sucht- und Drogenprobleme im Unterricht" durchgeführt; die Unterrichtsmaterialien, die hierzu im Kollegium vorlägen, habe sie gesammelt und könne sie allen Interessierten anbieten.

Darüber hinaus, so kann Frau Wagner mitteilen, habe sie Facheinrichtungen angeschrieben und um Zusendung bewährter Unterrichtsvorschläge und -konzepte zur Sucht- und Drogenthematik gebeten. Nach Sichtung der eingegangenen Materialien möchte sie dem Kollegium etwas zu den Grundsätzen von Sucht- und Drogenvorbeugung im Unterricht mitteilen und eine Information über das Angebot an Unterrichtseinheiten und -stunden geben, die sie bei Anfrage gerne weitergebe.

Frau Wagner führt aus, daß nach allen vorliegenden Erfahrungen und Untersuchungen bloße Information und Abschreckung über illegale Drogen eine Problemverkürzung darstelle und sogar gegenteilige Wirkungen haben könnte. Sucht- und Drogenprobleme im Unterricht sollten demgegenüber zwar immer sehr klar eine kognitive Komponente haben (qualifizierte Informationen), aber unbedingt mit der Komponente der Entscheidungsfindung verbunden sein, also auf die Förderung und Entwicklung von kritischem Denken und verantwortlichem Entscheiden gerichtet sein. Außerdem gehöre die Komponente der Angstbewältigung dazu (Umgang mit der Angst lernen) sowie die Komponente der sozialen Fertigkeiten (Übungen zur Kommunikation, zur Problemlösung und zum verantwortlichen Handeln). Die Komponente der Verbesserung von persönlichem Verhalten (Steigerung von Selbstvertrauen und Training von erwünschten Verhaltensweisen) ist mit den anderen Komponenten eng verbunden.

Frau Wagner kann im Anschluß an diese Ausführungen z. B. zwei dicke Mappen mit qualifizierten Unterrichtskonzepten und -vorschlägen hochhalten, die sie bestellt hat und die an diesen Komponenten orientiert sind und in denen sich eine Fülle von ganz konkreten Unterrichtsprojekten finden läßt (vgl. die Hinweise im nächsten Kapitel). Frau Wagner kann mitteilen, daß diese Unterrichtsvorschläge sich an die Kolleginnen und Kollegen fast aller Fächer richten und daß jeder Fachunterricht einbezogen ist und seinen Beitrag leisten kann. Frau Wagner informiert über ein konkret vorliegendes Unterrichtsangebot, das wie folgt gegliedert ist und fast 80 Unterrichtseinheiten bzw. -vorschläge enthält:

1. Wissen über Sucht und Drogen

- Kognitive Inhalte/Informationen
- Informationen über Sucht und Suchtmittel (Nikotin, Alkohol, Tabletten, illegale Suchtmittel), Wirkungsweisen
- Möglichkeiten der Therapie und Beratung
- Drogen und Gesellschaft

2. Entwicklung der Persönlichkeit

- Bewußtmachen von Gruppendruck
- Widerstehen und „Neinsagen“ lernen
- Bewußtmachen der Interaktionen in einer Gruppe
- Unsicherheit, Angst, Frustration, Mißerfolg, Ablehnung, aushalten können
- Möglichkeiten der Entscheidungsfindung, der Verbesserung der Kommunikations- und Problemlösungsfähigkeit
- Verbesserung der Ich-Kompetenz

3. Umgang mit sich selbst

- Förderung von Wahrnehmung und Selbstvertrauen
- Kennenlernen unterschiedlicher Normen und ihrer Bedeutung für das Verhalten
- Bewußtmachen persönlicher Werteskalen
- Erfahrungen des eigenen Körpers, der Reaktionen auf Gefühle
- Wahrnehmung und Überwindung von körperlichen Berührungsängsten

4. Umgang mit anderen

- Förderung sozialer Fertigkeiten
- Anspannungs- und Entspannungsübungen
- Gefühle und Befindlichkeiten wahrnehmen, verbalisieren und akzeptieren
- Sinneswahrnehmungen trainieren

Frau Wagner stellt dar, daß sie diese Unterrichtseinheiten hier in der Konferenz nicht im einzelnen vorstellen kann, daß sie aber sehr gerne auf Einladung in die Fachkonferenzen kommen würde, um dort einschlägige Unterrichtsangebote vorzustellen und mit den Kolleginnen und Kollegen darüber zu beraten, welche Unterrichtsmodelle für welche Jahrgänge besonders geeignet seien und welche Absprachen dabei mit anderen Fächern getroffen werden könnten.

Frau Wagner sollte es vermeiden, über ihre Darstellungen eine Problemdiskussion zu führen. Gut wäre eine entsprechende Absprache mit dem Schulleiter, der auch möglichst die Diskussionsleitung übernehmen sollte. Sinnvoll wäre das Konferenzgespräch auf Nachfragen und Klärungen gerichtet sowie darauf, wie mit dem Angebot Frau Wagners in der Folge ganz konkret umgegangen werden könnte. Hilfreich wäre auch die verbale Unterstützung in der Konferenz durch die Kolleginnen und Kollegen, die Frau Wagner vorab für ihr Vorhaben gewonnen hat.

Dieser Tagesordnungspunkt der Konferenz könnte damit abschließen, daß Frau Wagner noch Anregungen und Impulse für die gemeinsame suchtpräventive Arbeit in der Schule erbittet und um Einladungen in Fachkonferenzen nachsucht.

Für Lehrerkollegien, in denen der Unterricht eine zentrale Rolle spielt, ist dieser Einstieg in die suchtpräventive Arbeit nach vielen Erfahrungen sehr ratsam. Zusammenfassend wird allen Beratungslehrerinnen und -lehrern für Sucht- und Drogenvorbeugung, die in einer vergleichbaren Situation wie Frau Wagner sind, geraten:

Schriftliche und mündliche Klärungen von Wünschen und Kooperationsangeboten zur Suchtprävention im Kollegium.

Beschaffung einschlägiger und qualifizierter Unterrichtsmaterialien für die schulische Sucht- und Drogenvorbeugung, die nicht auf die überholten Konzepte bloßer Information und Abschreckung setzen, sondern pädagogisch bzw. psychosozial angelegt sind.

Kooperations- und Bündnispartner in Kollegium und Schulleitung, bei Schülern und Eltern gewinnen.

Lehrerkonferenz mit Schulleitung und Kooperationspartnern sorgfältig vorbereiten und durchführen mit dem Ziel der Orientierung über ein qualifiziertes Unterrichtsangebot zur Sucht- und Drogenthematik.

Information des Kollegiums über weitere Aufgabenfelder der pädagogischen Sucht- und Drogenvorbeugung und Begründung dafür, warum eine Konzentration in dieser Schule zunächst auf den Bereich Unterricht sinnvoll ist.

Intensive Beratung von Fachkonferenzen über qualifizierte Unterrichtsmaterialien zu Sucht- und Drogenthemen

Strategisches Ziel im Blick behalten: Unterricht ist nur ein Arbeitsbereich der Sucht- und Drogenvorbeugung in der Schule neben anderen.

Orientierung über professionelle Handlungs- und Unterrichtskonzepte zur Präventionsarbeit in Sekundarschulen

Neben den einschlägigen Angeboten – z.B. der Bundeszentrale für gesundheitliche Aufklärung in Köln – sowie anderer Facheinrichtungen (vgl. Kap. 5.) wird hier vor allem über den „Material- und Medienverbund zur schulischen Sucht- und Drogenvorbeugung" orientiert, der in Nordrhein-Westfalen entwickelt, erprobt und eingeführt worden ist:

Schulische Sucht- und Drogenvorbeugung ist Teil des Bildungs- und Erziehungsauftrages aller Schulen. Um die Schulen des Landes Nordrhein-Westfalen in dieser präventiven Arbeit zu unterstützen, hat das Landesinstitut für Schule und Weiterbildung im Auftrag des Kultusministers in Zusammenarbeit mit Experten und mit den Regierungspräsidenten einen Material- und Medienverbund zur schulischen Suchtvorbeugung entwickelt:

Baustein 1: Konzeption zur schulischen Sucht- und Drogenvorbeugung

Dieser Baustein stellt die konzeptionellen Grundlagen der schulischen Sucht- und Drogenvorbeugung dar. Er enthält eine auf empirischen Untersuchungen begründete Problemskizze der Sucht- und Drogengefährdungen für Jugendliche bzw. für Schülerinnen und Schüler. Im Anschluß daran werden theoretische und praktische Grundlagen schulischer Sucht- und Drogenprävention vom gegenwärtigen Erkenntnisstand der Suchtforschung her ausgeführt – z.B. klassischer und erweiterter Drogenbegriff, Erklärungsansätze und Standpunkte zum Drogenkonsum, physische und psychische Abhängigkeiten, „feeling", Sucht, Suchthaltungen, Suchtverhalten etc.

In diesem Kontext erfolgt dann eine Darstellung der Ziele und Arbeitsfelder schulischer Sucht- und Drogenvorbeugung im Zusammenhang der alle Lehrerinnen und Lehrer betreffenden primärpräventiven und besonders der sekundärpräventiven Aufgaben der Beraterinnen bzw. Berater für Suchtvorbeugung. Dieser Grundlagenbaustein schließt ab mit einem Kapitel, das über die einzelnen

Bausteine des Material- und Medienverbundes und die Arbeit mit ihnen im Rahmen von örtlichen Lehrerarbeitskreisen und schulischer Präventionsarbeit orientiert.

Baustein 2: Fachliche Grundlagen

Dieser Baustein ist ein Kompendium aller für die Arbeit der Beraterinnen/Berater für Suchtvorbeugung wichtigen Sachaspekte. Die im Grundlagenbaustein (Konzeption) angeführten Begriffe, Theorien und Ansätze zur Prävention erhalten hier eine gut verständliche Faktenbasis, die von den Lehrerinnen und Lehrern zur eigenen Orientierung gebraucht werden kann, die aber ebenso auch zur Unterrichtung des Kollegiums, der Eltern und der Schülerinnen und Schüler einsetzbar ist. Das Material ist kopiergeeignet, kann auf Folien gezogen und entsprechend in Konferenzen, Unterrichtsveranstaltungen oder Elternversammlungen eingesetzt werden.

Die fachlichen Grundlagen sind in fünf Blöcke gegliedert:

- Zusammenhänge von Konsum, Abhängigkeit und Sucht
- Arten, Anwendung und Wirkungsweisen von Drogen und anderen Suchtmitteln
- Die psychosozialen Faktoren der Sucht und des Drogenkonsums
- Wertungen und Haltungen zum Sucht- und Drogenproblem
- Maßnahmen gegenüber Sucht- und Drogenproblemen.

Der Baustein schließt mit einer kommentierten Literaturliste ab.

Baustein 3: Unterricht und Schule

In diesem Baustein werden für fast alle Fächer, Lernbereiche, Schulstufen und Schulformen Unterrichtseinheiten und -projekte angeboten, die den Themen- bzw. Problemkreis Drogen, Sucht und Vorbeugung zum Inhalt haben. Das thematische Spektrum umfaßt die Bereiche Sachwissen über Sucht und Suchtmittel, über Drogen und Gesellschaft; psychosoziale Identität im Hinblick auf den Gruppendruck, Zukunft, Werte und Normen; soziale Kompetenz wie z.B. Kommunikations- und Problemlösefertigkeiten in Schule, Freundeskreis und Familie; Selbstvertrauen, Selbstwahrnehmung, Umgang mit Gefühlen; Vorschläge zu Unterrichtsmedien und Medieneinsatz. Im Anhang sind Hinweise auf weitere Unterrichtsmaterialien zu finden, Ergänzungstexte zu Unterrichtseinheiten, Grundlagenliteratur, Verzeichnis der Unterrichtsmaterialien nach Schulstufen und Fächern geordnet sowie ein Schlagwortregister.

In einem umfangmäßig kleineren Teil dieses Bausteins werden Projekte aus dem Schulleben (Schule als Erfahrungs- und Lebensraum) dargestellt, die an den Unterrichtsbereich anknüpfen.

Baustein 4: Beratungsgespräch

Dieser Baustein ist vor allem als Hilfe für die Situation des Gesprächs zwischen zwei Personen gedacht – z.B. zwischen der Beraterin bzw. dem Berater für Suchtvorbeugung einerseits sowie einer Schülerin oder einem Schüler, einem Elternteil oder einer Lehrerin bzw. einem Lehrer des Kollegiums andererseits. Der Baustein stellt beratungsrelevante Situationen der schulischen Sucht- und Drogenpräventionsarbeit heraus, zeigt mögliche grundlegende Strategien des Beratungsverhaltens in diesen Situationen und bietet ein Trainingsprogramm als Basiskurs zur Aneignung grundlegender Beratungsfähigkeiten an. Der Baustein führt praxisbezogen in grundlegende Phasen des Beratungsgesprächs ein (Eröffnung der Beratungssituation, Erkennung und Benennung des Problems, Problemanalyse und Diagnose, Problembearbeitung). Zu diesem Baustein gehört ein Videofilm, der die im Text erläuterten Situationen und Gesprächsstrategien visualisiert und auf das schriftliche Trainingsmaterial Bezug nimmt.

Baustein 5: Kollegiale Beratung

Dieser Baustein ist primär als Hilfe für die Situation des Gesprächs in einer kleinen Gruppe (bis zehn Personen) gedacht. Es kann sich um Lehrer-, Schüler- oder Elterngruppen handeln; möglich sind aber auch gemischte Gruppen.

Der Baustein skizziert und reflektiert die kollegiale Beratung unter Bezugnahme auf einen dem Baustein beigefügten Videofilm, in dem eine Gruppe wichtige Phasen dieser Beratungsform zeigt.

Text und Film sind als Übungsprogramm für Lehrerarbeitskreise im Hinblick auf die schulische Präventionsarbeit angelegt.

Baustein 6: Planspiel

In diesem Baustein wird ein kollegiales Beratungsverfahren für Großgruppen (zwanzig bis dreißig Teilnehmerinnen/Teilnehmer) vorgestellt, das den Beteiligten gemeinsame Erfahrungen im Arbeitsfeld der schulischen Sucht- und Drogenprävention eröffnet und ihnen jeweils situationsbezogene Handlungsstrategien anbietet. Das suchtpräventiv ausgerichtete Planspiel eignet sich besonders für große Lehrergruppen (auch für ganze Lehrerkollegien), Eltern- und Schülergruppen oder auch für gemischte Gruppen.

Der Baustein führt in didaktische und technische Fragen der Planspielvoraussetzungen und -durchführungen ein, bietet eine Auswahl konkret einsetzbarer Planspiele für die schulische Arbeit und reflektiert abschließende Aspekte der gemeinsamen Auswertung solcher Spieldurchführungen in der Schule.

Baustein 7: Kooperation

Sucht- und Drogenprophylaxe ist in primärpräventiver Hinsicht Aufgabe aller Lehrerinnen und Lehrer eines Kollegiums (Erziehungsauftrag der Schule). Aber auch im sekundärpräventiven Bereich, dem spezifischen Arbeitsfeld der Lehrerinnen und Lehrer, die Beraterinnen bzw. Berater für Suchtvorbeugung sind, wären die entsprechend beauftragten Lehrkräfte auf sich allein gestellt überfordert. Ihr zentrales Arbeitsziel muß darum sein, nach und nach möglichst viele Kolleginnen und Kollegen in die Vorbeugungsarbeit einzubeziehen; nur so werden sich dauerhafte Erfolge erreichen lassen.

Dieser Baustein rückt darum alle für die schulische Suchtprävention relevanten Kooperationspartner im schulischen und außerschulischen Bereich in den Blick; deren Zuständigkeiten, Funktionen und Angebote werden vor dem Hintergrund bestimmter Problemsituationen erörtert.

Baustein 8: Rechtsaspekte
Im sucht- und drogenpräventiven Arbeitsbereich der Schule ergeben sich vielfältige rechtliche Fragen und Probleme. Alle Lehrerinnen und Lehrer sind darum auf qualifizierte Rechtsinformationen angewiesen, die mit diesem Baustein zur Verfügung gestellt werden.

Die wichtigsten Informationsbereiche sind:

- allgemeine Rechtsgrundlagen der schulischen Suchtprävention und dienstrechtliche Vorschriften
- Schweigerecht und Informationspflicht
- Strafrechtliche und strafprozeßrechtliche Vorschriften
- Aufgaben der Gesundheits-, Jugend-, Ordnungs- und Sozialämter, der Staatsanwaltschaften wie der Polizei
- Betäubungsmittelrecht und Jugendschutzgesetz

Im Anhang sind Literaturhinweise und einschlägige Rechtsbestimmungen zu finden.

Baustein 9: Zusammenarbeit mit Eltern
Die Beraterinnen und Berater für Suchtvorbeugung sowie selbstverständlich alle Lehrerinnen und Lehrer eines Kollegiums haben im Zusammenhang ihrer schulischen Präventionsarbeiten vielfältige Kontakte zu Eltern. Einerseits wird es um Gesprächsangebote gehen – z. B. im Rahmen von Elternversammlungen. Andererseits werden Eltern gefährdeter Schülerinnen und Schüler auf Beratung und Hilfe angewiesen sein, wobei geklärt werden muß, ob die Beraterinnen und Berater für Suchtvorbeugung Unterstützung geben können oder ob nicht Experten von außerhalb der Schule hinzugezogen werden müssen. In jedem Fall ist die Zusammenarbeit mit den Eltern eine zentrale Erfolgsvoraussetzung schulischer Präventionsarbeit.

Der Baustein umfaßt acht Elemente zur Zusammenarbeit mit Eltern:

- Kontaktaufnahme und Beginn der Zusammenarbeit mit den Eltern

- Weitergabe von Informationen über Sucht und Drogen
- Die Gestaltung des Elternabends
- Förderung einer Elterngruppe
- Durchführung eines Elternseminars
- Das Beratungsgespräch mit Eltern
- Krisenintervention
- Schulveranstaltungen zur Sucht- und Drogenproblematik

Literaturempfehlungen:

Landesinstitut für Schule und Weiterbildung des Landes Nordrhein-Westfalen: Material- und Medienverbund zur schulischen Suchtvorbeugung. Soest 1991, 2. Auflage.

Posse, N., Priebe, B.: „Wie kommen wir da bloß raus?" ...; in: Friedrich Jahresheft V: O. Ludwig, B. Priebe, R. Winkel (Hrsg.): Unterrichtsstörungen ... Seelze 1987.

Priebe, B.: Unterrichtsstörungen als gemeinsame Aufgabe – die kollegiale Beratung; in: Pädagogik 12/1991.

Rietz, U., Zingeler, U.: Baustein „Kollegiale Beratung"; in: Landesinstitut für Schule und Weiterbildung: Material- und Medienverbund zur schulischen Sucht- und Drogenvorbeugung. Soest 1991. Interessenten können die kollegiale Beratung als Trainingsprogramm (Videofilm und Begleittext) beim Soester Verlagskontor, Jakobistraße, 59494 Soest, im Rahmen des Material- und Medienverbunds zur schulischen Sucht- und Drogenvorbeugung beziehen.

4. Drogenübersicht

Drogenübersicht (legale und illegale Drogen)

Nachfolgend sind die zur Zeit gebräuchlichsten Drogen aufgeführt, in alphabetischer Reihenfolge und nach den Stichworten

- Anwendung
- Wirkung
- akute Gefahren und Langzeitfolgen
- Abhängigkeiten

gegliedert.

Alkohol

Trinkalkohol wird aus verschiedenen Substanzen wie Obst oder Getreide hergestellt, deren Zucker oder Stärke durch Gärung zu Alkohol umgewandelt wird. Alkoholische Getränke sind weitverbreitete Genußmittel. Reiner Alkohol ist eine farblose Flüssigkeit.

Anwendung in Form von Bier, Wein, Sekt oder Spirituosen getrunken; oft mit Nikotin, gelegentlich mit Koffein kombiniert; Mißbrauchs- und Suchtanwendung auch in Verbindung mit Medikamenten (Schmerz-, Schlaf-, Beruhigungsmittel, seltener Stimulanzien).

Wirkung zentralerregend und zentraldämpfend;
Anregung, gehobene Stimmung, gesteigerte Kontaktfreudigkeit, Verlust von Hemmungen,
Nachlassen des Reaktionsvermögens, Desorientierung, Kontrollverlust der Bewegungen,

	im Rausch nachlässige, heitere, gereizte, aggressive oder traurig-depressive Stimmung, Bewußtlosigkeit, Lähmungen, Vergiftung und Tod.
akute Gefahren und Langzeitfolgen	Magen- und Leberschäden (u. a. Zunahme des Krebsrisikos an Speiseröhre, Magen, Darm), Herz-/Kreislaufstörungen und -schäden, Abbau von Gehirnzellen (Verlust des Kurzzeitgedächtnisses u. a.), Potenzverlust (vor allem bei Männern), Tod durch Überdosis, erhöhte Unfallgefährdung (z. B. am Arbeitsplatz bei Bedienung von Maschinen, im Straßenverkehr), Gefährdung von Ausbildungs- und Arbeitsplatz, Belastungen der Familie, vor allem psychosoziale Schädigungen von Kindern und Jugendlichen, dauerhafter Verlust sozialer Beziehungen durch alkoholbedingte Verhaltensänderungen, Verelendung, Alkohol-Embryopathie (Schädigung des Ungeborenen durch Alkoholkonsum in der Schwangerschaft).
Abhängigkeiten	je nach Veranlagung schnelle seelische, bei längerer Gewöhnung auch schwere körperliche Abhängigkeit mit oft lebenslanger Rückfallgefährdung, eventuell Steigerung durch Einnahme anderer Suchtmittel.

Arzneimittel (Medikamente)

sind natürliche oder synthetische Stoffe, mit denen man in die körperlichen und seelischen Abläufe des Menschen eingreifen kann. Sie dienen in erster Linie der Heilung oder begleitenden Unterstützung helfender und heilender medizinischer Eingriffe, werden aber auch mißbraucht. Suchtgefährdend wirken vor allem solche Substanzen, die auf das zentrale Nervensystem einwirken und seelische Veränderungen und damit auch Verhaltensänderungen hervorrufen, die sog. Psychopharmaka. Zu ihnen gehören die Psychoanaleptika (psychisch aktivierende Substanzen z.B. mit antidepressiver Wirkung), Psycholeptika (Substanzen mit dämpfender Wirkung: spannungslösend, antidepressiv, beruhigend), Psychostimulantia/Psychotonika (Substanzen mit anregender und antriebssteigender Wirkung).

Anwendung

je nach Herstellungsform: flüssig, als Pulver oder Tabelette, Einnahme durch den Mund, über den Darm, in die Vene, in den Muskel oder unter die Haut gespritzt, Einwirkung durch äußere Anwendung über die Haut, durch Inhalation;
Vermischung von Wirksubstanzen durch Kombinationspräparate, z.B. Schmerzmittel mit anregenden Substanzen;
Konsum kombiniert mit Rauschmitteln, teilweise zur Wirkungssteigerung oder zur Substitution (Ersatzeinnahme) z.B. Heroin mit opiodhaltigen Hustenmitteln oder große Mengen von Hustenmitteln (mit Kodein o.ä.) als Ersatz für fehlendes Heroin.

Wirkung

Da sehr viele Medikamente mehrere Wirkungsbestandteile enthalten, entstehen häufig kombinierte Wirkungen mit Mißbrauchsgefahren.
Schmerzmittel: schmerzlindernd oder stillend, anregend, angenehmes Körpergefühl vortäuschend,

	Schlafmittel: schlaffördernd, beruhigend, angstlösend, Beruhigung vortäuschend, Beruhigungsmittel: entkrampfend, angst- und spannungslösend, Problemlösungen vortäuschend, Weck-/Anregungsmittel: antriebssteigernd, aufmerksamkeitsanregend, Leistungssteigerung vortäuschend.
akute Gefahren und Schmerzmittel:	Koordinationsstörungen, Beeinträchtigung des Bewußtseins, seelische Abstumpfung, Organschäden (vor allem Leber und Niere), Schlaf- und Beruhigungsmittel: seelische Abstumpfung, Verwahrlosung, körperlicher Verfall, Atemlähmung mit Todesfolge, Weck- und Anregungsmittel: planlose Aktivität, Angstbilder und Wahnvorstellungen, Blutdruckschwankungen, Kollaps, Depression, ständiges Mißtrauen, Organstörungen und -schäden, Verwahrlosung, körperlicher Verfall. Die Gefahren werden oft gesteigert durch unkontrollierte Selbstmedikation. Besondere Gefährdungen der Abhängigkeit und Sucht bei Vergabe von Psychopharmaka an Kinder und Jugendliche.
Abhängigkeiten	seelisch und körperlich.

Designerdrogen

sind in Drogenlabors durch Molekülvariationen von Arznei- oder klassischen Rauschmitteln hergestellte Drogen der „neuen Generation“: relativ preiswert, massenhaft zu produzieren, jederzeit an gesetzlichen Bestimmungen vorbei in fast beliebiger Zahl zu variieren.

Der Überblick ist kaum möglich, doch lassen sich bestimmte Gruppen der Substanzen zusammenfassen: die Amphetamine (häufige Bezeichnung Speed; Ecstasy/XTC ist eine der bekanntesten Designerdrogen), die Phencyclidine/Tryptamine (in der Drogenszene bekannt u. a. als PCP und Angel Dust, LSD- bzw. Psilocybin-ähnlich) und die Fentanyle/Prodine (als MPPP/MPTP – „neues Heroin“ gehandelt).

Anwendung	geschluckt, gesprizt, geschnupft, geraucht, auf die Haut gebracht.
Wirkung	Amphetamine: Euphorie, Anregung, Lustgefühle, Körpersensationen, Leistungssteigerung, Selbstüberschätzung, Dämpfung des Hungergefühls, Herabsetzung des Schlafbedürfnisses, Unruhe, Gereiztheit, Nervosität. Phencyclidine/Typtamine: ähnlich LSD, Halluzinationen, Verzerrung der Sinneswahrnehmungen, Desorientierung, Bewußtlosigkeit/ Wechsel zwischen Euphorie und Dysphorie, Selbstüberschätzung. Fentanyle/Prodine: stärkstes Designer-Opiat (bis zu siebentausendfach so potent wie Morphin) ähnlich Heroin.
akute Gefahren und Langzeitfolgen	Amphetamine: Erschöpfungszustände, körperlicher Zerfall, Bewußtseinstrübungen, Herz-/ Kreislaufschäden, unkalkulierbare Schädigungen bei der Kombination mit Heroin, Kokain, Schlafmitteln oder LSD.

	Phencyclidine/Typtamine: Bewußtlosigkeit, blinde Aggressivität, delirante Zustände, Realitätsverlust, Störungen der Motorik, Paranoia, Echoeffekt. Fentanyle/Prodine: Nebenwirkungen ähnlich dem Parkinsonschen Syndrom (unheilbar), Tod, sonst s. Heroin.
Abhängigkeiten	Amphetamine: seelisch, andere seelisch und körperlich.

Eine besondere Rolle spielt in diesem Zusammenhang die Droge Crack, die man als eine Art Vorläuferdroge der Designerdrogen bezeichnen könnte. Sie ist strenggenommen den anderen Substanzen des Fentanyls, Amphetamins oder Phencyclidins nicht zuzuordnen, weil sie als Mischdroge des Kokains eine eigenständige Rolle spielt. Crack hat aber in Deutschland die Öffentlichkeit auf die katastrophale Wirkung von Mischanwendungen aufmerksam gemacht.

Crack

ist eine Kombination aus Kokain mit Natriumbikarbonat oder Ammoniumhydroxid („Backpulver").

Anwendung	geschnupft, gelegentlich injiziert, geraucht
Wirkung	teilweise ähnlich dem Kokain, aber sehr viel schneller und heftiger einsetzend, schwerer Rausch mit Bewußtseinsstörungen und Ohnmacht/Koma.
akute Gefahren und Langzeitfolgen	infolge des Rauchens schwere Lungenschäden mit erhöhter Anfälligkeit für Lungenerkrankungen aller Art, Herzschäden/-infarkt durch starken Sauerstoffbedarf beim Crack-Rausch, Atmungskollaps mit Erstickungsgefahr, dauerhafte Hirnschäden, bei Schwangerschaft: schwere körperliche und geistige Schädigung des Ungeborenen, Tot- und Fehlgeburten.
Abhängigkeiten	seelisch, stark suchterzeugend

Haschisch und Marihuana/Cannabis

werden aus dem Indischen Hanf Cannabis sativa gewonnen, der im Vorderen Orient, in Afrika, Asien und Südamerika angebaut wird. Wirkstoff ist das Tetrahydrocannabinol (THC), das halluzinogene Wirkung entfaltet. THC ist synthetisch herstellbar. THC-Derivate kommen in der Medizin zum Einsatz.

Haschisch: Herz aus den Blütenspitzen der weiblichen Hanfpflanze, zu Platten oder Klumpen gepreßt, als Pulver oder Krümel, Farbe olivgrün, rötlich, braun bis schwarz, etwa fünfmal so wirksam wie Marihuana.

Marihuana: geschnittene und getrocknete Blätter der weiblichen Hanfpflanze.

Anwendung	geraucht, (meist in Tee) getrunken oder (mit oder in Gebäck) gegessen, inhaliert.
Wirkung	individuell sehr unterschiedlich: Euphorie, gesteigerte Kontaktfreudigkeit, Halluzinationen, Ruhelosigkeit, Antriebsverlust, Veränderung der Sinneswahrnehmungen, des Raum- und Zeitgefühls, Schwindelgefühl, Übelkeit.
akute Gefahren und Langzeitfolgen	Sinnestäuschungen, Angstzustände, erhöhte Risikobereitschaft, Echo- und Nachhalleffekt: Auftreten der Wirkung auch ohne Einnahme infolge Speicherung und unkontrollierbarer Abgabe des Wirkstoffs im Körper, Nachlassen der Konzentrations- und Leistungsfähigkeit, Depressionen, Verwirrtheit, seelische Entwicklungsstörungen, möglicherweise körperliche Störungen, möglicherweise in Verbindung mit anderen Wirkstoffen Auslöser von Psychosen.
Abhängigkeiten	unter Umständen seelische Abhängigkeit.

Heroin

wird aus Morphium gewonnen, das aus Opium hergestellt wird. Opium ist ein milchiger Saft aus der unreifen Schlafmohnkapsel, der eingedickt und zu braunen bis fast schwarzen Klumpen geformt wird. Hauptanbaugebiete des Schlafmohns liegen in Vorder- und Ostasien. Heroin ist ein halbsynthetisches Derivat aus Morphin, ein weißes bis beiges oder hellbraunes Pulver (oder auch Körnchen).

Anwendung	aufgelöst und in die Vene gespritzt, geschnupft oder geraucht (seltener), gelegentlich im Wechsel oder in Kombination mit Kokain und mit Medikamenten konsumiert.
Wirkung	Beeinflussung des zentralen Nervensystems, Beruhigung, Senkung des Schmerzempfindens, starke Euphorie, gesteigertes Selbstbewußtsein, Abschwächung der Sinneswahrnehmungen, gelegentlich Ängstigungen, schnelle Gewöhnung – bei Absetzung starke Entzugserscheinungen.
akute Gefahren und Langzeitfolgen	Persönlichkeitsveränderung: reizbar, aggressiv, egozentrisch, Verwahrlosung und Verelendung, bleibende Gehirnschäden, Magen- und Darmstörungen, Leberschäden, Zerstörung des Gebisses, Kieferdeformationen, Suizidgefahr, bei Schwangerschaft: Schädigung des Ungeborenen, Geburt von heroinabhängigem Kind, Atem- und Herzlähmung mit Todesfolge durch bewußte oder unbewußte Überdosierung,

durch Beimengung von Streckungsmitteln schwere Vergiftungen,
Wirkungssteigerung durch Medikamente,
Gefahr der Vergiftung mit Todesfolge,
Schädigung und Gefährdung der Umwelt: Verwahrlosung, Kriminalität, Prostitution – mit starker Eigengefährdung.

Abhängigkeiten seelisch und körperlich stark suchterzeugend, hoher Risikograd.

Kokain

Cocainhydrochlorid wird als Wirkstoff aus den Blättern des südamerikanischen Kokastrauchs gewonnen. Kokain ist ein weißes kristallines Pulver.

Anwendung	als Pulver geschnupft, in Wasser aufgelöst injiziert (seltener), auch im Wechsel mit Heroin konsumiert, Kombination mit Medikamenten.
Wirkung	Übererregung des Zentralnervensystems, aufputschend, leistungssteigernd, gesteigertes Rede- und Kontaktbedürfnis, Hemmungslosigkeit, Betäubung von Hunger-, Durstgefühl und Müdigkeit, gesteigerte Glücksgefühle.
akute Gefahren und Langzeitfolgen	Herzschwäche, Atemstörungen, Leberschäden, Zerstörung der Nasenscheidewand, Bildung von Geschwüren um die Nasenlöcher, Schwellungen der Nasen- und Rachenschleimhäute (infolge des Schnupfens des Kokainpulvers), Depressionen, Halluzinationen und paranoide Zustände, Schlaflosigkeit, Persönlichkeitsveränderung, Verwahrlosung, körperlicher Verfall, tödliche synergistische Verbindung mit anderen Wirkstoffen, sehr schnelle Gewöhnung und Dosissteigerung bei gleichbleibender (geringer) tödlicher Dosis, Atemlähmung und/oder Herzversagen, Tod.
Abhängigkeiten	sehr schnelle seelische Abhängigkeit.

LSD

Lysergsäurediäthylamid – natürliches Vorkommen als Lysergsäure im Mutterkorn – ist ein synthetisches Halluzinogen. LSD verstärkt die Wirkung anderer halluzinogenen Drogen wie Mescalin (Wirkstoff aus dem Peyotl-Kaktus, in Europa selten, auch synthetisch herstellbar) und Psilocybin (Wirkstoff aus dem gleichnamigen Pilz, sonst wie Mescalin).

Anwendung	als Lösung auf Tabletten, in Kapseln oder auf anderen Trägern wie Zuckerwürfel, Löschpapier o. a. geschluckt.
Wirkung	bereits Milligramm-Mengen bewirken heftige Halluzinationen (vor allem optisch, akustisch), starke nervliche Erregung mit heftigen Gefühlsschwankungen.
akute Gefahren und Langzeitfolgen	erhöhte Risikobereitschaft, unerwartete und unkontrollierte Handlungen, mit der Gefahr der Fremdschädigung, Suizidgefahr, Echo-/Nachhalleffekt (s. Haschisch), Horrortrip (Wahnvorstellungen), Psychosen, Realitätsverlust
Abhängigkeiten	je nach persönlicher Disposition unter Umständen starke seelische Abhängigkeit.

Nikotin

Hauptalkaloid im Blatt der Tabakpflanze, das gestoßen, geschnitten, seltener gemahlen wird, ölig-farblose Flüssigkeit.

Anwendung	gepafft oder inhaliert als Zigarette, Zigarre, Zigarillo oder Pfeifentabak, gelegentlich gekaut oder geschnupft.
Wirkung	(in Verbindung mit Kohlenmonoxid und Teer) bei erstmaligem Konsum unter Umständen Erbrechen und Durchfall, anregend und beruhigend: initiale Blutdrucksteigerung, Anregung, Verstärkung der Magensaftproduktion, bei langen hohen Dosierungen Bludruckabsenkung, Beruhigung, Stimulation der Atmung, Zittern, Vergiftung: Krämpfe und Atemlähmung, Tod.
akute Gefahren und Langzeitfolgen	Benommenheit, spontane Darmentleerung, Übelkeit, Erbrechen, Konzentrationsminderung, Durchblutungsstörungen, in Verbindung mit Kohlenmonoxid, Teerstoffen, Nitrosaminen, Stickoxide, Formaldehyd u. a.: Herz-/Kreislauf- und Gefäßerkrankungen (Herzinfarkt, Raucherbein), chronische Bronchitis, Atembeschwerden, Lungenemphysem (Überdehnung der Lungenbläschen) Magen und Darmgeschwüre, erhöhte Krebsgefahr, Lungenkrebs, Tod, gesundheitliche Schädigung der Passivraucher, bei Schwangerschaft: Schädigung des Ungeborenen, Frühgeburt.
Abhängigkeit	seelisch.

Schnüffelstoffe

sind leichtflüchtige Stoffe, die Dämpfe abgeben, wie Farben, Kleber, deren Verdünner sowie Benzin oder Äther. Ihren Namen haben sie durch die Anwendung („Schnüffeln") erhalten. Gemeint sind in diesem Zusammenhang nicht andere inhalierbare Drogen wie z.B. Kokain.

Schnüffelstoffe sind überall und leicht erreichbar und relativ billig: Nitroverdünner, Nagellackentferner, Fettlöser, Filzschreiber, Haarsprays, Kraftstoff. Ihre Einzelbestandteile sind verschiedene Kohlenwasserstoffe, Alkohole, Ketone, Ester, Äther.

Anwendung	einatmen, oft unter einem Tuch oder mit einer Plastiktüte über dem Kopf, sprayen in Mund und Nase.
Wirkung	Rausch, Betäubung, Bewußtlosigkeit, Vergiftung des Blutes und innerer Organe, Erregungszustände, Euphorie, Selbstüberschätzung, unkalkulierbare Stimmungsveränderungen, Atemnot, Herzklopfen, Blutdrucksteigerung, Veränderung und Störung der Sinneswahrnehmungen, Gang-, Stand- und Bewegungsveränderungen und -störungen, Zustände ähnlich dem Alkoholrausch (Lallen, Torkeln).
akute Gefahren und Langzeitfolgen	waghalsige Unternehmungen mit eigener und Fremdgefährdung, Atemstörungen, Kehlkopfkrampf, toxisches Lungenödem, Erstickungsgefahr (Plastikbeutel über dem Kopf), Sauerstoffmangel und Atemstillstand, Bewußtlosigkeit, Koma, Herz-/Kreislaufstörungen bis zum Herzstillstand,

Krampfanfälle,
Verbrennungen durch Explosion von Lösungsmitteldämpfen bei gleichzeitigem Rauchen,
bei bestimmten Lösungsmitteln: Schäden an Gehirn, peripheren Nerven und Rückenmark,
Blasen-Mastdarmstörungen, Nierenerkrankungen,
hirnorganische Wesensveränderungen,
bei Schwangerschaft Schädigung des Ungeborenen.

Abhängigkeiten seelisch

4.1 Einige Begriffe aus der Drogensprache

abdrücken	Droge injizieren oder Geld (Schulden) bezahlen
abfahren	die Drogenwirkung genießen
Abgang	die Szene verlassen, auch: Tod
Acid	Bezeichnung für LSD
Adam	Deckname für die synthetische Droge MDA bzw. Ecstasy/XTC (s. Designerdrogen)
Affe schieben	o.ä.: an Abstinenz-/Entzugserscheinungen leiden
anfixen	jemanden zum ersten Heroinkonsum (Heroinschuß) verhelfen
angegroovt	unter Kokainwirkung stehen
antörnen/törnen	sich berauschen, eine Droge nehmen
ausgeflippt	durch Drogenkonsum verbraucht sein
Bag (oder Pack)	Tütchen Heroin für den Deal, stark verschnitten
beotzt	im Rausch
Big Man	Drogenhändler der höheren Stufen der Drogenhierarchie
Bing	kleine Menge Haschisch oder Heroin
Biz	Drogengeschäft, Deal
blow	Rauchen, Inhalieren von Drogen
Body-Drugs	Drogen mit starken körperlichen Wirkungen

bombed	teilnahmslos sein nach langwährendem Drogenkonsum
breit	unter starker Drogenwirkung
Briefchen	mit einer Droge (meistens Heroin oder Kokain) gefülltes Papier- oder Folientütchen
Bunker/bunkern	Drogenversteck/verstecken oder sichern von Drogen vor ungewünschtem Zugriff
Bust	Verhaftung wegen Drogenbesitzes
C/C&H/C&M	Kokain/Mischung aus Kokain und Heroin („Speedball"/Mischung aus Kokain und Morphium)
Candy	Deckname für alle Rauschdrogen
China White	weißes Heroin aus Südostasien
Ciba	Bezeichnung für rauschauslösende Medikamente
clean	sauber, frei von Drogen
cold	nüchtern
Cold Shooter	Polizeispitzel, Drogenfahnder
Cold Turkey	Entzug ohne helfende Begleitmaßnahmen
come down	Drogenkonsum einstellen
Connection	„Drogenquelle". Person oder Gruppe, die Drogen verkauft (in der Regel sind internationale Quellen gemeint, z.B. Asian C.)
cook up	Sterilisieren der Injektionsspritze

cool	vertrauenswürdig
Cut	Drogenverschnitt
Deal	Geschäft mit Drogen, Dealer also der Drogenhändler
Deep purple	rote LSD-Pille
diggen	durchschauen, für die Legalisierung von Drogen eintreten
dirty	süchtig sein, bei der Polizei bekannt sein
Dope	Droge
down, to go	verkatert bzw. nüchtern werden
drauf sein	unter Drogenwirkung stehen
Drop out	Aussteiger, vom Drogenkonsum verbraucht
droppen	konsumieren
drücken	Droge injizieren
dry out	langsamer, milder Drogenentzug
Eater	Drogen„esser“
Echo	Halluzination
Exxy/Ex-User	ehemaliger Drogenkonsument
Fabrik	Labor für Designerdrogen
Fallout	Gedächtnislücke nach Drogenkonsum, Wegdämmern

Feeling	Empfindung nach Drogenkonsum
fertig	unter massiver Drogenwirkung stehen
Finger	Drogen in Präservativen, die im Darm geschmuggelt werden
Fixen	Kokain, Heroin injizieren
Flake	Bezeichnung für Kokain
Flash back	Drogenrausch ohne Drogenkonsum, ausgelöst durch Freisetzung von Drogenwirkstoffen im Körper, die dort nach früherer Einnahme gespeichert sind
fliegen	unter Wirkung von halluzinogenen Drogen
flippen	unter Kokain- oder Amphetaminwirkung stehen
gebusted werden	wegen Drogenbesitzes verhaftet werden
Gift	Heroin
Glass/Ice	stark wirksames Amphetamin
Gold	stark wirksames Marihuana
Gold Dust	reines Kokain
Goldener Schuß	tödliche Heroindosis
Goofy	LSD-Papiertrips
Grass	Marihuana
Gun	Injektionsspritze
H (sprich: Eitsch)	Heroin

Head-Drugs	Drogen mit starker Wirkung auf den Geist
Heaven Dust	Kokain
Heu	Marihuana
high/hip	berauscht
Hit/Kick/Rush	schlagartig einsetzende Rauschwirkung
hooked	abhängig
Horror-Trip	angstauslösender Drogenrausch
Jam	Kokain
jappen	harte Drogen injizieren
Joy-Popper	nichtsüchtiger, gelegentlicher Drogenkonsument
Junkie	Fixer: Konsument von Heroin (auch von Kokain)
Key	Drogenquelle: s. Connection
Kick	Einsetzen einer starken Rauschwirkung, ekstatischer Zustand nach Drogeneinnahme
Kickback	Rückfall
kiffen	Marihuana oder Haschisch rauchen
Joint	selbstgedrehte Zigarette aus Marihuana oder aus einer Mischung von Tabak und Haschisch
Kit	Drogenbesteck zum Injizieren (Gürtel oder Schnur zum Armabbinden, Löffel zum Drogenstoffauflösen, Injektionsspritze)
Koks	Kokain

L/Lady	LSD
Lab	Labor für Designerdrogen
Layout	Injektionsbesteck oder Rauchutensilien zum Drogeninhalieren
Lemming machen	unfreiwilliger Tod durch Drogenüberdosis
Load	„Ladung“: Drogenmenge zum Dealen, größere Menge geschmuggelter Drogen
loaded	unter massiver Drogenwirkung
Mehl	Bezeichnung für Kokain
M/M&C	Morphium/Mischung aus Morphium und Kokain
Mickey Finn	Einnahme von Alkohol und Medikamenten zur Rauschmaximierung
Murphy	Morphium
Naht, auf der	sich im Dämmerzustand befinden (auch: abnahten)
Narko-Fuzzie	Spitzname für Mitglied eines Rauschgiftdezernats
Needle sharing	Spritzentausch zur Injektion von Drogen, d.h. gemeinsame Benutzung derselben Spritze, auch unter Inkaufnahme von Infektionen (HIV/Aids)
Peddler	Dealer
Peng	Sammelbegriff für Injektionsdrogen
People	Herion-Großdealer

Pep-Pills	Amphetamintabletten
Piece	kleine Menge Heroin, Stück Haschisch
Pin Shot	Injektion von Heroin oder Kokain
Poly-Drogie	Konsument, der mehrere Drogen zugleich einnimmt
Pot	Marihuana
pushen/Pusher	mit Drogen handeln/Dealer
Quärz	Drogen, die inhaliert werden
Ratte	süchtiger Polizeispitzel
Reise	Rausch (meistens durch Halluzinogene)
Roter (Libanese)	rotbraunes Haschisch aus dem Libanon
schießen/Schuß	Injektion von Drogen, meist Heroin und Kokain, in die Venen
Schnee	Kokain, seltener (weißes Herion)
Schnellmacher	Aufputschmittel
Schwarzer (Afghane)	schwarzes Haschisch (meist aus Afghanistan, Indien oder Pakistan)
Scene	Szene, Drogenszene, Subkultur von Drogenabhängigen
Score	Drogenvorrat
Script	Rezept für berauschende Medikamente und Designerdrogen

le, Arbeitshilfen für Studium und Praxis der Sozialarbeit und Sozialpädagogik, Gesundheit und Erziehung, pädagogische Kommentierung zentraler Schulgesetze in NRW.

Botho Priebe, Lehrer, Fachleiter, wiss. Assistent (Soziologie) an der Universität Hannover, seit 1980 Referatsleiter für Sozialwissenschaften in der Abteilung Lehrerfortbildung des Landesinstituts für Schule und Weiterbildung, Veröffentlichungen in den Bereichen Sucht- und Drogenprävention/Gesundheitsförderung, politisches Lernen, Bildung und Erziehung, zur Entwicklung der Lehrerfortbildung.

6856 10.1.94

Set	geistiger und seelischer Zustand vor der Drogeneinnahme, mitentscheidend für die Wirkung eines Drogenstoffs
Setting	Umgebung, umgebende Atmosphäre des Raumes oder der Örtlichkeit für Drogeneinnahme, mitentscheidend für die Drogenwirkung
Shake	körperliches Zittern nach Drogeneinnahme
Shit	Haschisch
short go	Versorgungsengpaß auf dem Drogenmarkt
sick	unter Entzugserscheinungen leiden
sniffen	Schnupfen von Kokain, Heroin oder Amphetamin durch die Nase
Snow	„Schnee“, Bezeichnung für Kokain
speced	berauscht
Speed	Amphetamin
Speedball	Mischung aus Heroin und Kokain (früher Snowball) oder Heroin und Amphetamin
splitten	rückfällig werden
Square	„spießig“, Nichtkonsument
Star Dust	Kokain
Theke machen	Apothekeneinbruch
Trebe	„Wanderschaft“, Flucht
Trip	Reise: Rausch mit Halluzinationen

tune in	sich an eine halluzinogene Droge gewöhnen
turn/törnen	Haschisch rauchen
User	Drogenkonsument
verpimpeln	Drogen verschneiden
waschen	Geld aus illegalen Drogengeschäften in den legalen Geldverkehr einschleusen
Weckies	Aufputschmittel, Weckamine, Amphetamine
Zombie	Drogenabhängiger, auch: Drogensüchtiger auf Entzug

5. Hinweise auf wichtige Ansprechpartner und Autorenverzeichnis

Wichtige Adressen:

Aus der Vielzahl der mit Sucht- und Drogenfragen befaßten Institutionen und Gruppen sind jene ausgesucht, die Informationen über Sucht, Drogen und Vorbeugungs- und Hilfsmaßnahmen bieten oder an geeignete Einrichtungen weiterverweisen können, von denen Sie in ihrer Region Rat und Hilfe erfahren. Wenn Sie ein Anliegen haben, schreiben oder telefonieren Sie, nennen Sie Ihre Wünsche ganz konkret, oder beschreiben Sie kurz Ihre eigene Situation, damit Ihnen gezielt geholfen werden kann.

Bundeszentrale für gesundheitliche Aufklärung,
Ostmerheimer Straße 200, PF 91 01 52, 51109 Köln,
Tel. 02 21/89 92-1

Landesinstitut für Schule und Weiterbildung,
Paradieser Weg 64, 59494 Soest

Bundesverband der Elternkreise drogengefährdeter und drogenabhängiger Jugendlicher (BVEK),
Bundesgeschäftsstelle: Westring 2, 59065 Hamm,
Tel. 0 23 81/90 15 17 oder 90 15 19

Gesamtverband für Suchtkrankenhilfe im Diakonischen Werk,
Kurt-Schumacher-Str. 2, 34117 Kassel, Tel. 05 61/10 95 70

Deutscher Caritasverband – Referat Gefährdetenhilfe,
Karlstraße 40, 79104 Freiburg, Tel. 07 61/20 03 69

Deutscher Paritätischer Wohlfahrtsverband – Referat Gefährdetenhilfe,
Heinrich-Hoffmann-Straße 3, 60528 Frankfurt/M.,
Tel. 0 69/67 06-2 69

Bundesarbeitsgemeinschaft Aktion Jugendschutz,
Emmeranstraße 32, 55116 Mainz, Tel. 06131/223360

Bundesgesundheitsamt,
Thielallee 88–92, 14195 Berlin, Tel. 030/8308-0

Bundesministerium für Jugend, Frauen, Familie und Gesundheit
– Unterabteilung 34: Gesundheit, Gesundheitsschutz,
Kennedyallee 105–107, 53175 Bonn,
Tel. 0228/3080

Kurzvita der Autoren

Bäuerle, Dietrich, Dr., Vorsitzender des „Drogenvereins Nordhessen e. V. – Gemeinnütziger Verein für Drogenhilfe", Fachberater für Suchtprävention und Drogenfragen in Kassel; mehrere Buchpublikationen zur Sucht- und Drogenproblematik; Mitarbeit am Material- und Medienverbund „Sucht- und Drogenvorbeugung in der Schule" in NRW.

Gampe, Harald, Dipl.-Päd., Schulamtsdirektor in Meschede, Mitarbeit an verschiedenen Materialien zur Fortbildung von Lehrkräften und Schulleitern; zahlreiche Veröffentlichungen (als Mitautor) auf dem Gebiete des Schulrechts und der Schulverwaltung, Fachaufsätze in unterschiedlichen pädagogischen Zeitschriften.

Georg Israel, Sozialarbeiter, Diplomsozialwissenschaftler, Oberstudienrat, seit 1987 Mitarbeiter im Landesinstitut für Schule und Weiterbildung – Abteilung Lehrerfortbildung; Mitglied der interministeriellen Projektgruppe „Drogenpolitik" in Nordrhein-Westfalen.

Knapp, Rudolf, Dr., Dipl.-Päd., Prof. für Erziehungswissenschaft und Didaktik/Methodik an der Kath. Fachhochschule NW, Köln. Mitarbeit an Fortbildungskonzeptionen für Lehrkräfte in NRW, Mitarbeit am Material- und Medienverbund „Sucht- und Drogenvorbeugung in der Schule" (NRW). Schwerpunkte der Publikationen der letzten Jahre: Beratung, Zusammenarbeit mit Eltern, Konflikte in der Schu-

6856 10.1.94

le, Arbeitshilfen für Studium und Praxis der Sozialarbeit und Sozialpädagogik, Gesundheit und Erziehung, pädagogische Kommentierung zentraler Schulgesetze in NRW.

Botho Priebe, Lehrer, Fachleiter, wiss. Assistent (Soziologie) an der Universität Hannover, seit 1980 Referatsleiter für Sozialwissenschaften in der Abteilung Lehrerfortbildung des Landesinstituts für Schule und Weiterbildung, Veröffentlichungen in den Bereichen Sucht- und Drogenprävention/Gesundheitsförderung, politisches Lernen, Bildung und Erziehung, zur Entwicklung der Lehrerfortbildung.